THE SOUL PURPOSE

灵魂的目标

从南北交看你的生命道路

[美] 大卫·瑞雷 著
蒋颖 译

云南出版集团有限责任公司
云南人民出版社有限责任公司

我们生命的秘密，通过无数重复的阶段被揭开又遮蔽。

献　　给

杰夫·焦耳（Jeff Jawer）和
比尔·蒂尔尼（Bil Tierney）

感谢比尔早年的鼓励和在上世纪70年代的友谊，还有他写了那么多令人美慕的了不起的占星书籍。感谢杰夫的友谊、支持和真诚，他的真诚总是我思想和才智的磨刀石。

特别怀念

维尼·考克雷尔（Vernie Cockrell）

感谢他在“每日行星”期间给予的无条件的爱心。

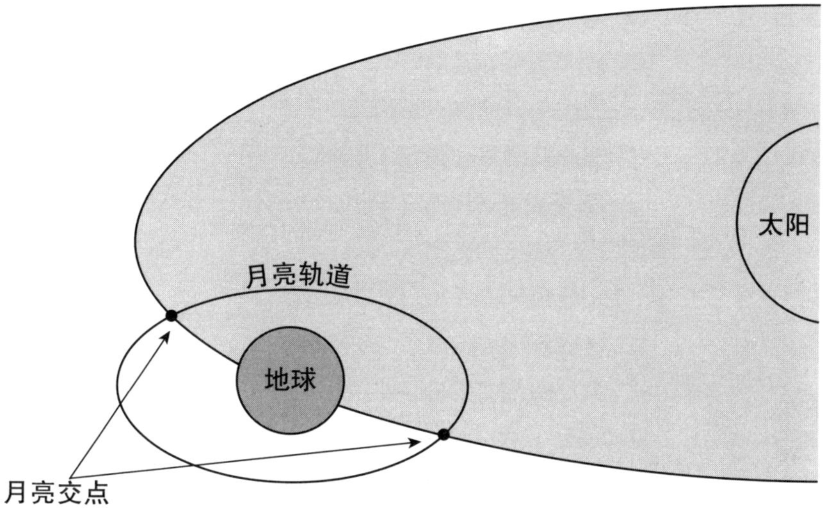

图 1：从以太阳为中心的角度看月亮交点

“在月亮北交点，我们看到命运的作用；在南交点，是人类意志的作用。交点的连线向我们展示了命运的指令、命运的目标，还有在过去，目标的背后是什么。特别是，它告诉我们个人生命的意义，为什么一个独特的自我被投射到宇宙生命的海洋之外，我们为什么出生，意义何在。”

《个性的占星学》，丹恩·鲁依尔著，1936 年第一版，路西斯出版公司，引自 1970 年第三版，双日出版社出版，香巴拉书店／出版商，伯克利，加利福尼亚。

目录

中文版序言

《灵魂的目标》中文版包含了现在出版的英语版的增订，是为了给中国读者提供一些他们耳熟能详的中国名人案例。虽然书中以中国案例取代了部分美国案例，但占星的主题仍然是连贯的，修订的部分可以有机地和原来各个章节融合在一起。如果没有蒋颖，没有立品图书有限公司工作人员的辛苦努力，本书的翻译和东西方文化的调整就不可能实现。我很荣幸和中国朋友分享我职业生涯的精髓。同样，我也很高兴有机会了解中国的历史和她充满活力的当代生活。

我写这本书是为了和大家分享一些我在学习和从事占星咨询过程中所总结的某些原理。因为发现这些原理可以用非常广泛而普遍的方式运用到人们的生活中，所以我决心为那些并不熟悉严肃占星学的大众写这本书。因此，理解本书的内容不需要任何占星学的知识。对于读者来说，只要知道自己出生的年月日或他们所感兴趣的人的出生年月日就可以了。

挑剔的占星学学生或从业者可以放心的是，本书中所提出的月亮南北交点的生命主题是我从 26 年职业占星经验和 36 年占星学习经验中所得出的结论。对那些不了解严肃占星学实践的读者需要指出很重要的一点是，除了年月日之外，一个职业占星师需要根据来访者的准确出生时间（精确到几点几分）和他们的出生地来构建一个太阳系的星盘，这点非常重要。很明显的是，每一占星咨询个案的细节不会同样适用于每个人，而心理咨询时，心理学家与他们的病人所进行的个案咨询更有可能同样适用于坐在候诊室里的人们。当然，在任何一个书店，扫一眼书架就可以看到，心理学家的书都是写给全体大众的，书中的方法可以通用，这些书有时非常成功，虽然常常让同行大为懊恼。

不幸的是，由于某些胡言乱语假借占星学之名大行其道，占星学家更有理由愁眉苦脸。展现在大多数人面前的占星，大多在娱乐占星的标题下，例如算命天宫图、太阳星座预测等类似的东西，这些做法大多源于 19 世纪中后期，那时英国新闻业想要增加报纸发行量，于是就使出娱乐占星的花招。我赞同娱乐，但我也会向我身边的人迅速指出，占星的流行形象会让他们或任何有知识的人都无法严肃对待占星，更不用说了解他们为什么应该严肃对待占星。除非有人深入学习严肃占星学，或向一个可信赖的职业占星师咨询，他们才会发现在占星学的思想中归根到底有一种有意义的相关的“逻辑”。实际上，在上个世纪，占星家们和一些占星组织一起非常勤奋地工作，更新并升级了占星的研究和实践的标准。

我很幸运，当我在 1970 年开始对占星学感兴趣的时候，正好身处培养严肃研究和专业化水准的环境中学习的，因此遇到了形成和发展这本书的观点的最好条件。我最初求教的老师们是亚特兰大高级占星协会组织的成员，这个组织是大都会亚特兰大占星学会的前身。这个组织的初创者推动了亚特兰大市政条例的改革，使政府不仅承认了职业占星执业，而且还设立了法律条例，其中规定职业占星师必须通过由占星考试委员会实施的 7 小时笔试。这个委员会的成员由市长指定，由市议会批准，任期两年，最多连任两期。

当我 1975 年秋天参加职业占星考试时，这个委员会已经成立 5 年了。考试过后，1976 年 1 月，我在亚特兰大市拿到了占星的从业许可证。几年后我自己在委员会服务，后来成为主席。当我学习占星和早期从事职业占星的时候，亚特兰大从全国各个地方吸引来高水准的占星师举办讲座、工作坊和会议，其中有查尔斯・杰恩（Charles

Jayne)，马克·埃德蒙德·琼斯（Marc Edmund Jones），尼尔·米歇尔森 (Neil Michelsen)，雷·迈瑞曼 (Ray Merriman) 和菲利普·塞奇威克 (Phillip Sedgewick) 等人。比尔·蒂尔尼 (Bil Tierney) 在亚特兰大开始他的占星生涯，杰夫·焦耳 (Jeff Jawer) 也是，他在 20 世纪 70 年代中期搬到亚特兰大。简而言之，20 世纪 70 年代亚特兰大的占星论坛为我的思想发展提供了理想场所，当然，实践是证明我思想的实验场。

我在早年不断阅读占星书，其中就有丹恩·鲁依尔（Dane Rudhyar）的《个性的占星学》，我在引言中引用了他的话。鲁依尔有关月亮交点（月亮绕地球运转的轨道和地球绕太阳运转的轨道的交点，见图 1）的那部分内容深深吸引了我。如果鲁依尔的观点是正确的，即月亮交点代表我们来此尘世的原因和目的，那么为什么关于月亮交点的文章那么少？大多数有关月亮交点的文献都很粗略，从伦敦占星学会文章的复印本，到奇怪的有关侏儒症的不知名的奇怪小册子！形形色色的书籍的有关篇章都对这个主题有所阐释，例如伊莎贝尔·黑克 (Isabel Hickey) 在《占星，一门宇宙科学》一书中，列出了交点的宫位和星座位置，用她通常的神智学方式表达“服务或受难”的忠告。我还读了波奈斯·葛瑞波纳 (Bernice Grebner) 的《交点》，虽然这些书的篇幅都很短，不过足以让我确信鲁依尔不是唯一一个认为月亮交点很重要的人。

因为缺乏实证的关键素材，我从 1973 年开始自己的实地调查，通过收集朋友的出生资料和公开的著名人物的出生资料。当然，后来我的例子还包括了不断扩大的客户名单。这些最终导致我开始写这本书。

很早以前，当我开始和人们谈论他们出生时月亮交点位置的时候，我就被他们的反应所触动。当我和某人谈论他的出生星图时，我能预料到人们会有认同的表示，而我没有料到，当话题转向月亮交点时，客户的情绪反应更加明显。显然，当谈到他们的交点位置所表示的事情时，我引起了他们的共鸣。很多次我发现我们之后的谈话都是围绕与交点有关的事情。确实，我是在个人出生星盘的大背景下讨论月亮交点的。不过，我开始关注到，即使只讨论月亮交点所在的星座也能引起他们的关注，仿佛为他们开启深刻的探讨领域。我知道我发现了某个重要的东西，虽然需要很多年的时间才能更好地定义和改进我们对月亮交点及其潜在含义的理解。

我很高兴看到马丁·舒尔曼（Martin Schulman）在 1975 年出版了他的《月亮交点和转世》。这是关于月亮交点的第一本新书，我仔细地研究了这本书。虽然我发现舒尔曼过于主观，而且被他老旧的神智学派、有些灵媒似的模式所拖累，但我发现他对月亮交点的认识和我的认识是一样的。确保不是仅有我一个人这么想之后，我开始围绕月亮交点的主题组织每一次星图分析和演示。我认为我职业上的成功大部分归功于以这种方式解读月亮交点。

从 1976 年以来，在和客户超过一万次的咨询中，我清楚地看到一个人出生时月亮交点的位置和这个人人生故事的发展之间的关系，让我确信鲁依尔最初的断言深刻地切中要害。而且，正如你将在导论中读到的，我通过对月亮交点的研究发现两者之间存在一些新联系。从本质上讲，《灵魂的目标》写的是月亮交点和我们人生目标之间意味深长的联系。在标题中用“灵魂”这个词并不是文字游戏，而是显示此书与一个人的人生道路相关。

不管是人迹罕至的幽经，直达天堂的台阶，还是籍籍无名的街道，我们每个人都在人生旅途之中。愿本书给你一些启发，让你了解你为什么走在这条路上。它无法精确解释你的生命为什么如此，没有书能够做到这点，不过它可以提供发人深省的线索。每一章我都用知名人士或历史上重要人物的人生故事，还有我自己咨询的案例举例。这些传记材料的目的，是为了解释这些生命道路主题的呈现既具有普遍性，同时又有差异性。从某个程度来说，我们每个人既是我们故事的作者也是主角，所以了解自己故事的主旋律颇为有用。每个故事都围绕一个主题展开，以呈现作者的观点。你的生命也有一个潜在的目标。它不仅仅是生物迫切的生存和繁衍目标，而是你内在的灵魂的目标。也许，这是我们所有人最无法抗拒的需求。

大卫·R·瑞雷

2010 年 1 月

作者第二版注：我推荐一本新书，名字是《昨日的天空》(2009 年出版)，作者斯蒂文·弗雷斯特 (Steven Forrester)，这本书可以作为延伸阅读，是一本有关月亮交点的出色的书，特别是在对过去世这一主题的解读上。

导　　论

需求就是所有的一切。

——无名氏

第一部分：主题和目标

你知道那游戏，孩子们不用教也会那样玩耍——就是当海水退却时，在岸边追逐海浪的游戏。你热切地追逐逃离的大海时，脚掌在潮湿的沙滩上留下印记。你停顿片刻，看下一波海浪再次冲过来，直等到最后一秒才飞快地跑开，想要躲开满溢泡沫的浪花。海浪退去又归来，追逐无休无止。在月亮和太阳的温柔哄骗下，大海随时乐于玩耍。生命起始于海洋中，起始于大陆架、潮水的旋涡、拍岸的海浪和沙子之间。大自然的养育有自己的节律、自己的时钟和自己季节的日历。现在仍旧如此。

这是一本关于自然和人性的书。它也是关于节律的——像潮汐一样的人生游戏的基本节律。月亮在人生潮汐中也有影响。在我们熟悉的月相变化的阴影游戏中，月亮就像一个情绪起伏不定的恋人一样围绕地球运转。它先是既挑逗又充满诱惑地经过地球绕日轨道的前面，随后又绕到该轨道后面。它就这么一圈圈转着，每次都经过地球绕日轨道的前面和后面，因此形成两个交叉点，或称“交点”（来自于拉丁词 nodus，意思是节点），标志并预示着我们所知的日食或月食现象。

虽然月亮每 29.53 天就会运行到地球和太阳之间，那时是新月（也就是每个月的农历初一——译者注）出现的时间，但只有月亮和它的交点形成一条直线时，它才会部分或全部地挡住太阳的光线并在地球上投下阴影。在每两年一次的日食期间，对于所有那些沿着月亮阴影的轨道下生存的生命，白天会变成怪诞可怕的夜晚。而在月食发生的时候，大而圆的满月珍珠般的光芒逐渐消失，留下一个半藏起来的月亮，或在满天星空中留下一个奇特的深灰色球体。当满月和它的交点成一条直线且处在地球阴影当中时，月食就发生了。

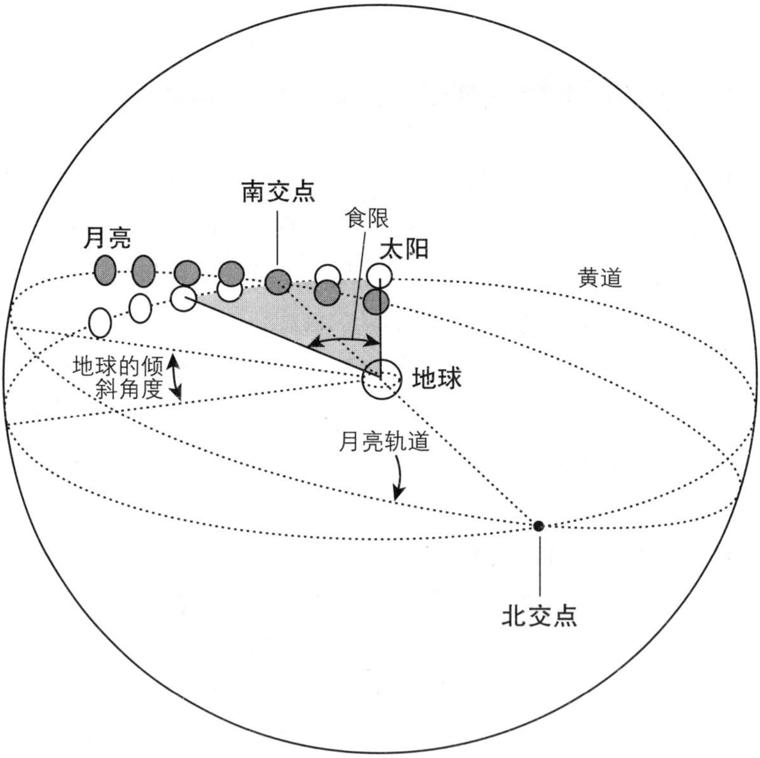

图 2：在以地球为中心的模型中的日食，表现出和月亮交点连成一线。

只有在月亮和它的交点成一条线时，日食和月食才会发生（见图2）。迦勒底人在至少2600年前就观察到这个现象，并记录下来，他们把这两个点称作龙头（北交）和龙尾（南交）。当月亮在地球轨道上方绕行时是北交，即黄道或太阳的视轨迹（apparent path）；而当月亮经过黄道下方时就是南交。天文学家把北交称为上升交点，而把南交称为下降交点。

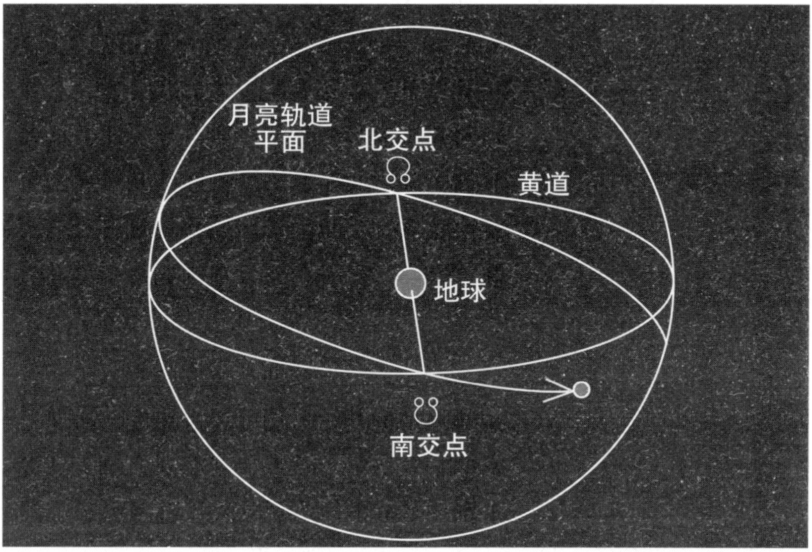

图3：月亮运行穿过地球轨道平面下方的点是南交。月亮穿过地球轨道平面上方的点是北交。

和太阳的视轨迹相比，月亮的路径看起来是弯弯曲曲的，像一条龙一样在太阳路径的周边上下。潮水的冲刷也留下相似的印记：前进的浪在上方，后退的浪在下方——像大海的叹息——呼出去，吸进来。我们同样分享这样的节奏，它渗透了我们每一个人的身心。一个蹒跚学步的婴儿从母亲身边走开，但只会走到不失安全感的地方，然后就会掉头跑回来。生活也充满了前进和后退，交叉和重叠。虽然在情境和细节上，每个人的故事的迂回曲折都是独一无二的，但人们的故事有类似的模式，也有可以依循的周期。我们生命的秘密，通过无数重复的阶段被揭开又遮蔽。

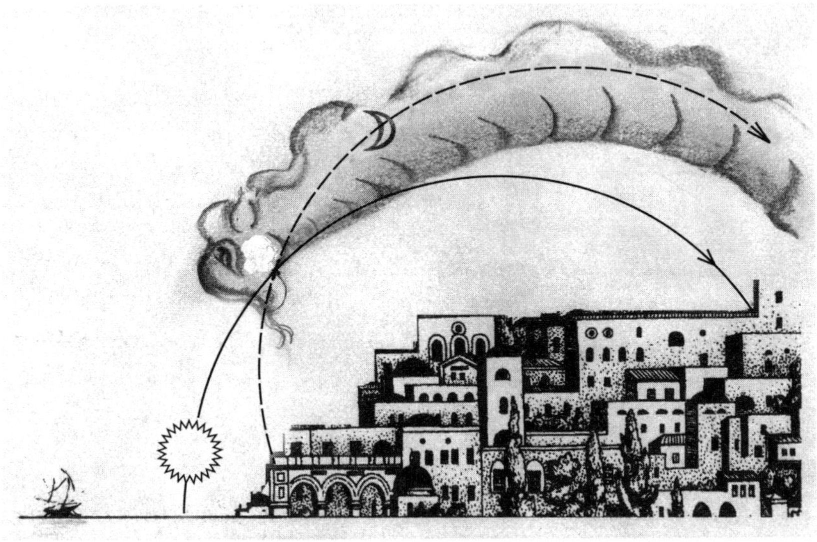

图 4：太阳和月亮穿过可见的地平线的程式化的描绘。注意月亮路径的虚线如何穿过太阳路径，或和太阳的明显路径相交。还有，注意月亮的路径如何改变方向，远离太阳的路径。对普通的观察者，月亮看上去在太阳路径附近绕了一个蛇形的线路，就像神话和传奇中的龙。古代故事说龙吞噬了太阳造成日食（北交日食）或捉住了太阳的尾巴造成日食（南交日食）。在这个图中，当月亮轨迹和太阳轨迹相交时，恰好是背景上龙头的位置。如果月亮在太阳路径前面的龙头穿过，日食将会暂时使天空变暗。

在我们故事显而易见的模式之间，在家庭和童年环境、文化、种族、宗教和教育的影响模式中，一个主题流动着，带我们穿过不同的风景，从始至终把我们各个生命阶段联系起来。这种模式，希腊语中称为 thema，意味着“稳定下来的东西”，像歌曲的主旋律重复着，回响在我们所思想、所感觉和所经验的一切之中。这一节奏，这一熟悉的曲调，在生命的各种情境中响起，在我们生命大戏的幕后吟唱。这是有关情感的主题，在生命的深处运行。这个主题的本质就是人类的需求。

有两种人类天性的基本规则可以定义需求：我们需要获得成就，我们需要有安全感。我认为成就感意味着我们在安全感之外渴望某些东西和某些经验。安全感意味着我们感到安心，和我们已经建立的参与生活的模式协调一致。这个确立的模式总是我们熟悉的。它代表了阻力最小的路径，在那儿我们可以保持联络。在我们熟悉的领域我们很自在，在这个范围内我们了解自己，那些地标加强了我们暂时的幸福感，在这个地方我们可以很好地保护自己。这是我们家的地盘，所以它具有家庭所有的祝福和诅咒。

成就的感觉也是暂时的，不过我们对它不像对安全感那样熟悉，因此它更有吸引力。成就的琼浆玉液充满希望，吸引我们最深的渴望。不过成就的领域并不是我们所熟悉的领域。要在这块新大陆找到出路，我们必须学习。但那片未知领域的吸引可以唤起一种能力，让我们看到自己尚未发现的才华。当然，面对还没有准备好面对的挑战，也将让我们依赖本性中已经经过试炼的才华、它让我们感觉安全，受到保护。

这听起来我像是在描述一种基本的情感或心理动力——在我们每一个人身上不断波动的动力，的确如此。“需求”潮涨潮落，在我们的成就感和安全感之间来来回回。这样的需求在我们每个人的故事中写下主题。当作家在故事中构思一个角色的时候，他要问的一个主要问题是：“这个角色需要什么？”一旦作家知道他们的人物需要什么，他们就理解了这个角色的主要动机。我们不像作家，我们无法确切知道情节怎么开展，一段时间内，我们只能在故事的某一页中生活。不过如果你能回答这个问题，即在安全感和成就感上你最深的需求是什么，那么你就走上了主导自己人生的漫长道路，你将成为自己的作者。

有时，我们对成就的渴望似乎和我们对安全的寻求正好相反，实际上在两者之间有某种反射作用。虽然这两种渴望并非一定互相矛盾，但它们确实像一对极点那样运作。我相信，如何协调我们对安全感和成就感的渴求是获得最佳生活的关键。

这样一个流动的情绪两极，类似在一个游泳池的两头之间游来游去。在浅水区，你可以站起来休息一会儿，你无法如此奢侈地享受。虽然在深水区你可能会没顶，不过想要自由地游动和潜水，浅水区就有很大的局限性。另外，在浅水区你可以站立，这无需学习，而在深水区游泳却是需要学习和发展的技能。在浅水和深水来回游泳可以让你充分享受两边的乐趣。所以，那些协调好成就感和安全感的人可以从两边获益。

听起来是不是很简单？当然，我所提到的这个过程和我们本能的主观感受紧紧联系在一起。我们对这个过程的觉察取决于我们是否能够每天、每时、每刻感知到自己情绪需求的波动。我们经常会陷入一种两难情绪，就好像我们既想拥有一个蛋糕，同时又想把它吃掉。我们害怕自己对成就感的追寻会没来由地毁掉我们的安全感，而同时我们在一成不变和例行公事的生活中，又哀叹缺乏成就感。也许，听起来我好像在说我们人类总是喜新厌旧，所以我们会被诱惑，开始愚蠢的冒险。不过，我描述的动力与这种表层挫折的满足可能无关。这些令人无法抵抗的渴望，不仅创造了我们生命的主旋律，而且也和目标问题相关。

目标这个词来源于古法语 purposer，意思是提议或打算，和意图及设计是同义词。目标感被认为对心理健康和幸福非常重要。失去了目标，我们会不知所措，直到新的目标出现。我们经常会在目标和对家庭或社会有用之间划等号。不过，我的看法是，不论我们是创造了还是发现了自己的目标，它都来源于内在更深的需求。这种需求或必需可以被称作灵魂的目标。

不管你相信灵魂存在与否（在这个领域，有无穷无尽的观点和信仰，甚至可以追溯到新石器时代），大多数人至少同意，灵魂代表着“他们是谁”，这是一个非常重要的、对生命起主导作用的神圣的概念。那些否认灵魂存在的人，或用神经系统幻觉来简单地解释灵魂的人也可能同意某些心理学的定义。当然，心理学中的“心理”一词源于希腊语 psyche，意思是灵魂。因此心理学按字面意思是灵魂学，心理分析是灵魂分析。探测人类心理的深度不过是试图理解灵魂奥秘的现代版本。

大多数试图定义和解释灵魂的观点都注定是不充分的。艺术家更接近于唤醒或传达灵魂的奇迹和真相。这一灵性力量对我们每个人的内在奥秘都敬畏有加。不过，我的确相信灵魂的印记不可磨灭，写在每一丝的需求中。因此，我们最基本的情绪需求——对安全感和成就感的需求——潮起潮落，灵魂的目标在这一涨落所印刻的信息中展现出来。这一信息、这一模式、这一主题，源自基本的心理节律，在我们的一生中重复着。理解这个信息，可以让你和自己灵魂的基本目标相一致。

第二部分：月亮的标记

上述观点源于我对月亮交点如何作用于人生的研究。正如图 1 所示，北交和南交总是彼此相对。我所强调的这种“两极”（或反射），即安全感需求和成就感需求的两极，与月亮交点的两极是相关的。人生中的基本主题或目标看似以一种意义深远的方式和月亮轨道的运行共鸣。我们出生时月亮交点座落的位置可以为我们人生道路的总体模式提供重要的参考，这就像一个罗盘，能够在人生的冒险之旅上为我们提供指引。

月亮交点两极的作用非常简单。北交点与我们的成就感的体验相联系，它指出了我们最根本最重要的渴望，这个渴望激发了我们对成就感的向往。南交点关系到我们对安全感的需求，本质上，南交是我们的习惯，是我们熟悉的行为、情境和体验，我们可以依赖这里获得安全感。此前提到的“自己的地盘”是南交的领域，在这个领域里，我们装备精良、城池稳固。简单地说，北交关系到我们的内心向往，南交关系到我们的习惯。

在北交的作用上，饶有趣味的一点在于，北交是如何显示我们未开发的潜能的。北交领域能够展现出显著的天赋。虽然出生时北交点所代表的潜力必须通过开发才能得到，但只要有合适的环境或鼓励，这种潜在能力或天赋似乎就能充分施展。

有时，年少时就出现了这样的环境，推动他直接进入能够充分发掘北交才华的经验领域。年少有成当然让人兴奋，不过内心的成就感可能会递减，就好像成功时，这个人并未完全理解他的所作所为。这种天真会在当事人心里造成一种错误的假象，错以为虽然自己不清楚这次成功的缘由和始末，但下次还会轻易取得这样的成就。而由南交所驱动的成就就不是这样，即使在年少时，一个人的本能也会让他对南交所驱动的成就有所理解和准备。偶尔，在生命的早年，由北交所代表的杰出成就也会重复，不过这种情况很罕见，无论如何，北交的成就都需要更加成熟和理想的条件。

更常见的是，由北交所代表的天赋或潜力会一直潜伏着，直到在某种程度，已经成功地建立了南交代表的的安全感之后，这些天赋才会在成年浮现出来。在多数情况下，它能否显现取决于一个人进入北交领域的尝试是否顺利。毕竟，在深水区很容易被淹没，鼻子嘴巴进水之后，你可能会边扑腾边咳嗽着游回浅水区。但即使你到了水深只及脚踝的地方，对成就感的渴望仍在水的回流中拖拽着你。

我们的月亮经过 18.6 年会回到它和太阳的轨道（黄道）相交的同一交点。与总体的需求模式相对应，这 18.6 年的周期可以划分为两个不同的阶段——成就需求阶段和安全需求阶段。在每个阶段的“关键年龄”，此阶段的需求会变得表现得特别明显，在这一“关键年龄”，成就需求或者安全需求会极大地影响我们的选择和我们的行为。而转变的年龄标志着每一个阶段的开始和结束。因此第一个安全感阶段开始于 4.65 岁，结束于 13.9 岁，13.9 岁之后，成就感阶段开始。当你把自己的人生和这些阶段比较时，有一点很重要，要记住，在安全感阶段，我们会重温 4.65 岁到 13.9 岁之间习惯模式。而我们在 9、10 岁这个“关键年龄”表现特别明显的习惯会在 27、28 岁时再次表现出来，它可能让我们朝向好的方向，也可能朝向不好的方向。因此，如果一个人在 9 岁时曾经逃学到树林里玩，他可能在 27 岁时表现得非常不安分，工作日不去上班，只要有机会就去露营。同样，那个因目标明确在 9 岁时就获得科学奖状的的小孩，在 27 岁时，可能会因为工作勤奋获得嘉奖和认可。

北交点　　　　　　　　　　　　南交点

年龄进程	成就期	关键年龄	安全期	转换年龄
0 至 4.65 岁				4.65 岁
4.65 至 13.9 岁		9.3 岁		13.9 岁
13.9 至 23.2 岁		18.6 岁		23.2 岁
23.2 至 32.6 岁		27.9 岁		32.55 岁
32.6 至 41.9 岁		37.2 岁		41.85 岁
41.9 至 51.1 岁		46.45 岁		51.1 岁

年龄进程	成就期	关键年龄	安全期	转换年龄
51.1 至 60.4 岁		55.75 岁		60.4 岁
60.4 至 69.7 岁		65.05 岁		69.7 岁
69.7 至 79 岁		74.35 岁		79 岁
79 至 88.3 岁		83.65 岁		88.3 岁
88.3 至 97.6 岁		92.95 岁		97.6 岁

图 5：一生中月亮交点周期的自然循环。每个阶段的关键年龄是该阶段的重要年龄。在阶段转换年龄，从北交阶段转向南交阶段，或从南交阶段转向北交阶段。

由北交阶段代表的倾向，通常在 18 和 19 岁这个“关键年龄”开始变得明显，而在 37、38 岁再度如此。这个年轻人 18 和 19 岁时，在人生各个地方都被反复追问“你想把你的生命派什么用场”，此时他正经历生命目标的第一个版本；此后在 37、38 岁时，他又会重新评估和重新定义生命的目标。而这个周期在 55、56 岁及 74、75 岁会再次重复。这些年龄是高峰时间，在此期间，我们会感到渴望回答生命提出的问题或重拾生命意义，如果无法回答这个问题，我们的方向感和成就感会受到损害。这些有关北交的“关键年龄”彼此间隔 18.6 年，这是运行中的交点回归你出生时的交点位置所需要花的时间。正如图 5 所示，我们对新经验的敞开是北交点的特征，这一阶段始于 13、14 岁，加速持续到 23 岁，那时我们安全感的问题开始增加。当然，北交所代表的问题在我们一生中贯穿始终，有时是藏于心底的渴望，但无论何时，这一问题都存在着，甚至在低潮期或在现实中碰壁的时候也一样。

天赋和才能绝非北交所特有。实际上，南交的位置通常更代表第二本能，这一本能也是自然而然的、自发的反应，所以我们习以为常。南交才华所展现的自信满满与北交虽向往但并不娴熟的才能形成鲜明对比。南交所象征的表达和行为比北交更可靠，在北交的才能方面，我们不像南交所表现的那样令人信服。

南交的才华可能非常惊人。我们在事业上通常将赌注放在这些可靠的才能上，并为适合这些才华的职业所吸引。对于南交的经验，我们经常有一种未尽之事的感觉。我们渴望这些自然发生的能力变得更完美，于是，我们可能会在选择的职业中成为大师。这种专业技能常常伴随着令人满意的成就感。不过，不管这些成就感多令人安心（可能非常让人安心），它仍然和北交经验的振奋人心、甚至如痴如醉的幸福感不同。即使是那些因充分施展南交技能而成功登顶职业高峰的人也常常承认，他们渴望完全不同的经验，这种经验与他们为人所知的成就相去甚远。这样的告白揭示的不仅仅是厌倦，而且流露出另外的、久违的渴望，这种渴望因追求安全感几乎忘记了。

南交所代表的特征和倾向也在各个阶段表现出来（同样见图 5）。第一阶段开始于 4、5 岁，而 9、10 岁则是关键年龄，此时，我们展现出更显著的保守的行为模式，这些模式逐渐固定下来。正常的生活压力从 4、5 岁开始，在 9、10 岁时显著增加。在 9 岁时，我们身体和动作的协调都在快速成长，而此时恰逢父母对我们有更多期待，还有学校和社会有更多要求，因此我们也要面对更大的风险和更多审视的目光。为了应对这些压力，我们往往不由自主地回归本能中更可靠的部分，这时，南交特征变得更显而易见。

在这个阶段，我们行为被强化了，或好或坏，我们往往建立一个身份认同的基准。这个基准可以在青少年时期被延伸到极限，在 18、19 岁时达到高峰（北交回归），那时我们的行为和方向看上去和 9、10 岁时形成鲜明的对比。不过，当我们到 27 岁、28 岁时，我们发现自己又明显表现出 9 岁时的态度和模式。现在为了应对不同的压力，例如，成人早期的压力，我们又回归“我们是谁”的更可靠的特征上。

这些南交的“关键年龄”在 47 岁、48 岁，65 岁、66 岁以及 83 岁、

84 岁再次出现，在这些年龄我们更关注安全感。在每一个关键年龄，月亮交点正好位于你诞生时交点位置的正对面，第一次发生在 9 岁时，下一个在 18.6 年后。在这段时间，有时事情的变化仿佛和此前的方向相互矛盾。我们可能再次感到被召唤，去扮演我们熟悉的角色，以确定我们的安全感完好无缺。同时，完成的感觉可能伴随着低潮的阶段，这取决于当我们生命的骨架在更严酷的现实下曝光时，这副骨架是否完好。

在每一个新的南交阶段中，我们为自己的安全感所做的选择明显回应着上一个阶段选择的结果。在 27 岁、28 岁，当我们更清醒地重新评价 18 岁时所表达的意向时，我们做的决定可能将显著地影响我们 47 岁时的结果。同样，在 46 岁、47 岁所做的决定可能影响我们到了 65 岁所谓的退休门槛时的结果。

在这些交点周期的任何一端，不论是在南交阶段还是北交阶段，都可能发生重要的领悟。虽然这些领悟可能深刻影响我们的决定，但它们并非凭空发生。这更多地取决于一系列的因素，其中很多因素是在你当下的掌控之外的。不过，每个交点阶段的潜在基调将影响你的行动和反应，使你有所侧重。认识你现在处于这些月亮交点周期的什么位置，将会帮助你更好地评估母亲在你的故事里所处的位置，以及你在生命未来的篇章中将可能走到哪里。

例如，人们在 27 岁、28 岁时结婚的动机可能和他们 37 岁、38 岁时（9 年后）的结婚动机完全不同。假设你南交的安全感需要一个亲密的伴侣关系，而北交的动力则是扮演更独立自主的角色获得满足感。在这个模式下，你会感到自己 37 岁时和 28 岁时对婚姻的要求迥然相异。

反之亦然。一个人的习惯模式可能是独立自主的个性，不大会为了安全感而需要婚姻和伴侣，通过个人的独立行动达到理想就可以获得令人满意的安全感。对这个人来说，27 岁到 28 岁最明显的特征是通过个人的努力创建更安全的生活，这种生活中没有任何重要的承诺或重要的亲密关系。但是，当这个人到37岁时，他的重心可能就转变了，成就感可能唤起和另外一个人共同分享的热切渴望。这样的交点模式并不少见。

职业选择也遵循同样模式。例如，一个女建筑师四五岁时，就表现出擅长设计和细节绘图的能力，当她9岁时，这个能力已经得心应手。也许，按照规则画直线或勾画各种各样的几何形状可以给她带来秩序感，平复因为家庭不稳定产生的不安全感。一位老师表扬了她，进一步增强了她内在的设计感和有条不紊的执行能力。

不过，18岁的时候，这个女孩（正如北交所表现的）很想去冒险，渴望离家远行，甚至出国留学。为了满足描绘地中海风景的浪漫憧憬，她启程去意大利。到那之后，她碰见了一位老师，为她打开了一扇通往概念与哲学思考的大门，这大大地扩展了她对人生的理解。

到28岁时，她发现自己在现实生活中又回到画板面前，运用她在9岁时表现出的技能赚钱。她开始完善那些技能，以绘图或建筑为职业谋生。现在她完全沉浸在职业所要求的准确细节里，忙于建立名声和可信度。她的收入可以为一个公寓置办舒适的家具或为一个房子付首期。

虽然她在18岁、19岁时的冒险和领悟看起来离她现在的生活很远，但会继续召唤她。她把钱存下来进行投资，期望投资的回报最终可以供她旅行所需，去追求18岁时尝到的成就感。不过现在，28岁，生活要求她依靠她最熟悉的东西。如果她能存到足够多的钱，到37岁时她可以用这笔钱帮助自己追寻成就感。而这种澎湃的情感，撼动着已成例行公事的日常生活的根基，也会在56岁甚至71岁再次浮现出来。

这些例子虽然简单，但也表现出平衡的问题。平衡在生活中并非静止的。生活是变动的，我们情绪的偏向也是波动的。在向往和习惯的两极之间转变就像坐跷跷板，这个跷跷板不仅沿着9年多的时间段摇摆，而且每天每小时都在摇摆。但正如本章第一部分所说，如果协调好这两极，可以成就最佳的人生状态。

安全感深植于伴侣关系的人，为了使婚姻长久，可能经常让步妥协，但他们在职业中却表现出开拓进取的精神。在职业生涯中，他们可能发展出决断的能力，最终能让他们大胆开拓新业务。在这种情况下，花在得到关系的智慧上的时间和精力，以及花在完成职业中更自主的道路上的时间和精力之间存在着一种平衡。

自然，优先次序会随着时间发生变化。但是，即使在长期的交点周期的起起落落中，也存在着平衡。此前提到的建筑师为了休假旅行而储蓄的行为就是让习惯服务于向往。甚至在安全需求占上风的时期，我们对成就的渴望依然存在。如果压抑这种渴望，我们可能会迷失方向，损伤积极性。当完成了让我们心里安全踏实的事务时，我们可能发现自己感到沮丧，不知道我们这么做目的何在。所以，和自己的向往协调一致，对于保持活力和方向非常重要。

每天，这些潜在的需求不停地变化。为了和这些需求相协调，我们需要每时每刻意识到自己的安全感如何。恐惧、不安、疲倦等都会引起我们倒向南交模式。不过一旦感到安全，甚至 51% 的安全相对 49% 的不安全，情况就会发生转变，我们又回归到北交的罗盘方向。

第三部分：业力和转世

我的客户中相当一部分人表达了他们对转世的兴趣，以及对业力的关心。严格来讲，业力的意思只是“需要做的功课”，也就是这一世需要做的功课。就人生整体目标而言，业力的这个含义可能包含了两个交点的意义。不过南交看似与“需要完成的功课”更相应，即需要了结的功课，而北交则更代表要开始的功课。新事物或正在成形中的事物更和“法”而不是和“业力”相关。“法”是出路，也就是从业力轮回中解脱的道路。部分而言，“法”是解决“业力”的办法，对极端化的习惯起到平衡的作用。

在印度，关于月亮交点有丰富的传说。北交被称作“罗睺”，而南交被称作“计都”。关于日食的天文现象被编入有着隐喻象征的宇宙传说中。罗睺被描述成一个阿修罗。阿修罗是魔鬼，也是众多天神的兄长。在一个版本中，创造之神毗湿奴转动一个巨大的轮子，像一条黄油链，其中流动着琼浆玉液，只有天神才可以饮用。这是长生不老的灵药。罗睺抓住一个机会，把自己伪装成太阳和月亮，并开始喝琼浆。不过毗湿奴识破了罗睺的伪装，让转动的巨轮的尖利边缘把罗睺的脑袋砍了下来。

因为尝过了琼浆，罗睺现在已经长生不老了，不过他的脑袋和身体，即计都，永远分家了。计都也永不停息地跟着他转。时不时（在日月食的期间）罗睺又能瞅准机会篡夺太阳和月亮的宝座，不过只能有一会儿。在佛教传说中，当日食月食发生时，太阳和月亮向佛陀哭诉请求帮助。“罗睺”，佛陀说，“放开太阳，佛慈悲为怀。”罗睺逃跑了，害怕如果伤害太阳和月亮，佛陀会将他的脑袋斩成七段。[①]

在故事中，天文的隐喻很明显，毗湿奴的巨轮代表黄道。同样，罗睺——北交，代表着渴望品尝圣水，成为天神中一员的每个灵魂。而计都是没有脑袋的躯体，就像没有目标的生命。罗睺永不厌倦再次品尝琼浆的渴望。不过他不能代替太阳和月亮。正如我们所知，永远的日月食将会毁灭整个世界，因此生命的游戏继续着。巨轮不停地转动，而罗睺也在等待着他的下一次机会。

从转世的立场看，每一次生命都是另一个机会。虽然在世界的宏图中，我们不是太阳月亮，但我们有我们的时机。这些时机代表着生命中的特定时刻。我们不想在追求成就中失去理智，不过我们也不想茫然失措地游走，在黑暗中摸索永远弃我们而去的目标。

就业力而言，南交可以看做“你从哪里来”的一个大概的线索。

通过进一步分析，过去世的情境可以从和南交有关的出生图通过进一步的分析构建出来。不过这种个性化的细节就不是本书的范畴了。如果你相信转世，或对这种可能性感兴趣，你将在每一章有关南交的部分轻易地认出你或其他人的整体模式。不过，宿命而消极地顺从业力和接受并理解业力是不同的。识别沿袭自前世的习惯模式，可以加强你的洞见和自我认识，而不是提供借口，逃避此生的挑战。

在印度占星学中，对月亮交点及其明显的神话意义的强调突出了这两个轨道交点的重要性。整个东方都流传着关于罗睺和计都的故事，在中国他们被想象成“交点上的两颗看不见的星星”。中国星象学中的行星名称和印度占星学是一致的，南北交和太阳、月亮、水星、金星、火星、木星和土星一起被归为“九曜”。②

不用说，月亮交点不是行星。不过人们意识到，在日月食现象中，有些事情似乎和人生的戏剧有关联。正如在整个引言中所介绍的，这种关联和我们的生命道路有关。下面的关键词总结了到此为止所讨论的基本观点和原则，表现出这两个动力点的动力两极。

北交	南交
成就感	安全感
向往	习惯
方向	保证
引人入胜的	熟悉的
正在形成的	完善的
冒风险	谨慎行事
改变	拒绝改变
向前伸展的	卡住的
学着去信任的	你所习惯的
超出你想象范围之外的	厌倦的

缺乏经验	防御机制
新的	旧的
冒险出去	回到本垒
成为的过程	机械的行为
不完全的	完成的
天资	精通
法	业力

第四部分：星座

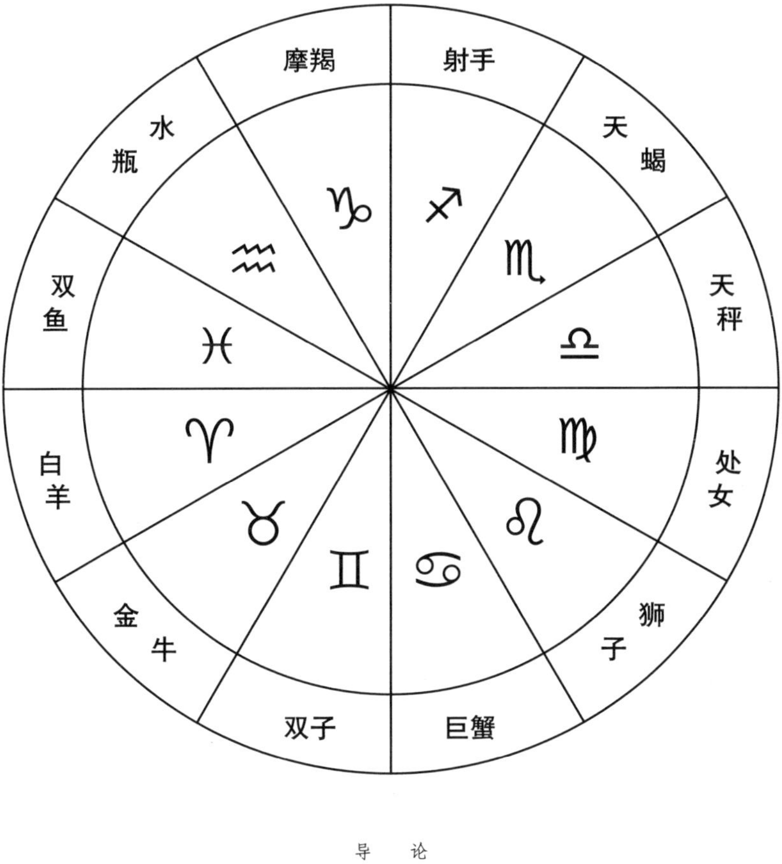

虽然几乎每个人都知道十二个星座，但很少人知道星座到底是什么。实际上，星座是四季的日历，十二个星座就像十二个月。白羊座，第一个月，开始于春分；巨蟹，第四个月，开始于夏至；天秤，第七个月，开始于秋分；而摩羯，第十个月，开始于冬至。一年的这四个时间点，白天和夜晚同样长的春分、秋分，以及最长的白天相对于最长的夜晚的夏至、冬至，标志着关键的时间。古代人类社会围绕它们组织生产生活，并形成大多数历法的基础。英国萨尔斯伯利平原上的史前时期巨大石柱群展示的就是这样的历法，还有在世界各地修建的各种不同的石头构造都是如此。

我简单描述星座，是想强调占星学中很重要的一个道理。因为历法是基于春分、秋分、冬至、夏至这些季节的标志，星座和基本的地球周期同步，而这个周期和地球环绕太阳公转的同时围绕轴心自转有关。因此星座的特征及其与人类心理之间的联系和地球主导的节奏相关，这是一个离我们非常近的现象，比遥远的恒星离我们更近。

我们的祖先虽然没有认识到地球在自转，但是他们很清楚地看到季节的变化。同样，产生了诸如被动攻击、共存、躁狂抑郁等术语的现代心理学观点也不是我们的祖先所引用的理论框架。但是在古代的词汇中也辨别并描述了相似的特征，而那时引用的理论框架是星座黄道。这就是生命的周期，我们仍然在与之协调。

生命的伟大周期当然是黄道，就是此前在月亮交点的天文学定义中提到的黄道。当月亮穿过北交点经过黄道时，它穿过了一个特定的黄道星座。同样，当穿过南交点时，它穿过了另一个黄道星座。因为北交和南交总是相对（参考图 2），所以月亮在一个交点穿过的星座总是和另一个交点穿过的星座相对。当月亮穿过北交在白羊座时，南交将会在对面的星座天秤座。以下就是在黄道面上互相相对的星座，列在相关的月亮交点下面：

北交	南交
白羊	天秤
金牛	天蝎
双子	射手
巨蟹	摩羯
狮子	宝瓶
处女	双鱼
天秤	白羊
天蝎	金牛
射手	双子
摩羯	巨蟹
宝瓶	狮子
双鱼	处女

就像北交点和南交点，这些相对的星座也像一对极点一样运作。不过每个星座所表现的风格取决于他们在哪个交点。例如，当北交在处女座时，处女座对细节的关注是正在发展的特质，而如果南交在处女，这种特质已经表现得很充分了。同样，双鱼座的适应性在南交是防御的方法，但对北交来说却是成就的关键。随后的“找到你和他人的生命道路”的表格，会展示你出生时月亮交点所在的星座。查出自己或你感兴趣的人出生时的月亮交点位置，你就可以在相关章节读到它们了。

找到你和他人的生命道路列表

按照年月日的时间次序的月亮交点 / 生命道路列表。

使用说明：所有在此列出的时间都是美国东部标准时间（与中国时区正八区相隔 13 个小时）。在每一对月亮交点旁边是日期和时间。如果你所查找的生日在所列的那个开始时间或在两个时段之间的某个时间，那么最先列出的月亮交点就是你所查找的月亮交点位置。

请注意：有时从一个月亮交点转变到另一个月亮交点可能会在转换期来回转变。1922、1980、1981、1986 年就是这样的。这种来回的转变是因为月亮交点的逆行和正行，因为表中的交点被称为“真正的交点”，是准确的位置，而不是“平均”或“中值”的交点位置。正如你可能也认识到的，月亮交点沿着黄道向后移动的原因，是在地球完整的轨道上月亮穿过黄道时自然后退的位置。

例子：某人生于 1950 年 10 月 14 日，他的北交是在双鱼座，南交在处女座，因为北交点在 1950 年 7 月 26 日进入双鱼座。这对双鱼 / 处女交点延续到 1952 年 3 月 28 日，那时交点组合变换到北交宝瓶，南交狮子。

1901 年 1 月 20 日，6：36 p.m.——1902 年 7 月 21 日：第八章，北交天蝎—南交金牛

1902 年 7 月 21 日，1：43 a.m.——1904 年 1 月 15 日：第七章，北交

天秤—南交白羊

1904年1月15日，7：40 a.m.——1905年9月17日：第六章，北交处女—南交双鱼

1905年9月17日，10：30 p.m.——1907年3月30日：第五章，北交狮子—南交宝瓶

1907年3月30日，12：09 a.m.——1908年9月26日：第四章，北交巨蟹—南交摩羯

1908年9月26日，10：30 p.m.——1910年3月23日：第三章，北交双子—南交射手

1910年3月23日，11：42 a.m.——1911年12月8日：第二章，北交金牛—南交天蝎

1911年12月8日，2:08 a.m.——1913年6月5日：第一章，北交白羊—南交天秤

1913年6月5日，11:32 p.m.——1914年12月3日：第十二章，北交双鱼—南交处女

1914年12月3日，6:46 a.m.——1916年5月31日：第十一章，北交宝瓶—南交狮子

1916年5月31日，2:15 p.m.——1918年2月13日：第十章，北交摩羯—南交巨蟹

1918年2月13日，1:57 p.m.——1919年8月15日：第九章，北交射手—南交双子

1919年8月15日,4:52 a.m.——1921年2月7日：第八章,北交天蝎—南交金牛

1921年2月7日,8:22 a.m.——1922年8月22日：第七章,北交天秤—南交白羊

1922年8月22日，6:23 p.m.——1922年8月27日：第六章，北交处女—南交双鱼

1922年8月27日，7:13 a.m.——1922年8月31日：第七章，北交天秤—南交白羊

1922年8月31日，1:07 a.m.——1924年8月22日：第六章，北交处女—南交双鱼

1924年8月22日，6:55 p.m.——1925年10月26日：第五章，北交狮子—南交宝瓶

1925年10月26日，8:58 a.m.——1927年4月16日：第四章，北交巨蟹—南交摩羯

1927年4月16日，2:28 p.m.——1928年12月28日：第三章，北交双子—南交射手

1928年12月28日，4:52 a.m.——1930年7月7日：第二章，北交金牛—南交天蝎

1930年7月7日，10:58 a.m.——1931年12月28日：第一章，北交白羊—南交天秤

1931年12月28日，12:23 a.m.——1933年6月24日：第十二章，北交双鱼—南交处女

1933 年 6 月 24 日，11:33 a.m.——1935 年 3 月 8 日：第十一章，北交宝瓶—南交狮子

1935 年 3 月 8 日，12:38 p.m.——1936 年 9 月 14 日：第十章，北交摩羯—南交巨蟹

1936年9月14日,1:29 a.m.——1938年3月3日：第九章,北交射手—南交双子

1938年3月3日,6:15 p.m.——1939年9月11日：第八章,北交天蝎—南交金牛

1939 年 9 月 11 日，5:46 p.m.——1941 年 5 月 24 日：第七章，北交天秤—南交白羊

1941 年 5 月 24 日，2:48 a.m.——1942 年 11 月 21 日：第六章，北交处女—南交双鱼

1942 年 11 月 21 日，12:56 a.m.——1944 年 5 月 11 日：第五章，北交狮子—南交宝瓶

1944 年 5 月 11 日，9:29 a.m.——1945 年 12 月 2 日：第四章，北交巨蟹—南交摩羯

1945年12月2日,1:35 p.m.——1947年8月2日：第三章,北交双子—南交射手

1947年8月2日,5:23 a.m.——1949年1月25日：第二章,北交金牛—南交天蝎

1949 年 1 月 25 日，6:37 p.m.——1950 年 7 月 26 日：第一章，北交白羊—南交天秤

1950年7月26日，3:56 p.m.——1952年3月28日：第十二章，北交双鱼—南交处女

1952年3月28日，5:44 a.m.——1953年10月8日：第十一章，北交宝瓶—南交狮子

1953年10月8日，11:28 p.m.——1955年4月2日：第十章，北交摩羯—南交巨蟹

1955年4月2日，6:06 p.m.——1956年10月4日：第九章，北交射手—南交双子

1956年10月4日，4:36 a.m.——1958年6月16日：第八章，北交天蝎—南交金牛

1958年6月16日，6:43 a.m.——1959年12月15日：第七章，北交天秤—南交白羊

1959年12月15日，12:36 p.m.——1961年6月10日：第六章，北交处女—南交双鱼

1961年6月10日，3:07 a.m.——1962年12月22日：第五章，北交狮子—南交宝瓶

1962年12月22日，10:33 p.m.——1964年8月25日：第四章，北交巨蟹—南交摩羯

1964年8月25日，5:23 a.m.——1966年2月19日：第三章，北交双子—南交射手

1966年2月19日，11:41 a.m.——1967年8月19日：第二章，北交金牛—南交天蝎

1967 年 8 月 19 日，12:23 p.m.——1969 年 4 月 16 日：第一章，北交白羊—南交天秤

1969 年 4 月 16 日，1:54 a.m.——1970 年 11 月 2 日：第十二章，北交双鱼—南交处女

1970 年 11 月 2 日，3:13 a.m.——1972 年 4 月 27 日：第十一章，北交宝瓶—南交狮子

1972 年 4 月 27 日，3:03 a.m.——1973 年 10 月 26 日：第十章，北交摩羯—南交巨蟹

1973 年 10 月 26 日，9:00 p.m.——1975 年 7 月 9 日：第九章，北交射手—南交双子

1975 年 7 月 9 日，8:20 p.m.——1977 年 1 月 7 日：第八章，北交天蝎—南交金牛

1977 年 1 月 7 日，1:05 p.m.——1978 年 7 月 5 日：第七章，北交天秤—南交白羊

1978 年 7 月 5 日，5:41 a.m.——1980 年 1 月 5 日：第六章，北交处女—南交双鱼

1980 年 1 月 5 日，9:55 a.m.——1980 年 1 月 6 日：第五章，北交狮子—南交宝瓶

1980 年 1 月 6 日，9:32 p.m.——1980 年 1 月 12 日：第六章，北交处女—南交双鱼

1980 年 1 月 12 日，1:22 p.m.——1981 年 9 月 20 日：第五章，北交狮子—南交宝瓶

1981 年 9 月 20 日，2:20 a.m.——1981 年 9 月 21 日：第四章，北交巨蟹—南交摩羯

1981 年 9 月 21 日，5:22 a.m.——1981 年 9 月 24 日：第五章，北交狮子—南交宝瓶

1981 年 9 月 24 日，1:32 a.m.——1983 年 3 月 15 日：第四章，北交巨蟹—南交摩羯

1983 年 3 月 15 日，9:06 p.m.——1984 年 9 月 11 日：第三章，北交双子—南交射手

1984 年 9 月 11 日，12:02 p.m.——1986 年 4 月 6 日：第二章，北交金牛—南交天蝎

1986年4月6日,12:32 p.m.——1986年5月5日：第一章,北交白羊—南交天秤

1986 年 5 月 5 日，5:53 p.m.——1986 年 5 月 8 日：第二章，北交金牛—南交天蝎

1986 年 5 月 8 日，12:18 p.m.——1987 年 12 月 2 日：第一章，北交白羊—南交天秤

1987 年 12 月 2 日，12:14 a.m.——1989 年 5 月 22 日：第十二章，北交双鱼—南交处女

1989 年 5 月 22 日，6:55 a.m.——1990 年 11 月 18 日：第十一章，北交宝瓶—南交狮子

1990 年 11 月 18 日，2:20 p.m.——1992 年 8 月 1 日：第十章，北交摩羯—南交巨蟹

1992 年 8 月 1 日，5:07 p.m.——1994 年 2 月 1 日：第九章，北交射手—南交双子

1994年2月1日,4:11 a.m.——1995年7月31日：第八章,北交天蝎—南交金牛

1995 年 7 月 31 日，7:32 a.m.——1997 年 1 月 24 日：第七章，北交天秤—南交白羊

1997 年 1 月 24 日，7:50 p.m.——1998 年 10 月 20 日：第六章，北交处女—南交双鱼

1998 年 10 月 20 日，12:52 a.m.——2000 年 4 月 8 日：第五章，北交狮子—南交宝瓶

2000 年 4 月 8 日，7:11 p.m.——2001 年 10 月 12 日：第四章，北交巨蟹—南交摩羯

2001 年 10 月 12 日，8:48 p.m.——2003 年 4 月 13 日：第三章，北交双子—南交射手

2003 年 4 月 13 日，6:44 p.m.——2004 年 12 月 26 日：第二章，北交金牛—南交天蝎

2004 年 12 月 26 日，2:31 a.m.——2006 年 6 月 22 日：第一章，北交白羊—南交天秤

2006 年 6 月 22 日，4:05 a.m.——2007 年 12 月 18 日：第十二章，北交双鱼—南交白羊

2007 年 12 月 18 日，3:04 a.m.——2009 年 8 月 21 日：第十一章，北交宝瓶—南交狮子

2009年8月21日，2:24 p.m.——2011年3月3日：第十章，北交摩羯—南交巨蟹

2011年3月3日，7:37 a.m.——2012年8月29日：第九章，北交射手—南交双子

2012年8月29日，10:23 p.m.——2014年2月18日：第八章，北交天蝎—南交金牛

2014年2月18日，6:45 a.m.——2015年11月11日：第七章，北交天秤—南交白羊

2015年11月11日，6:55 p.m.——2017年5月9日：第六章，北交处女—南交双鱼

2017年5月9日，1:06 p.m.——2018年11月6日：第五章，北交狮子—南交宝瓶

2018年11月6日，11:55 a.m.——2020年5月5日：第四章，北交巨蟹—南交摩羯

2020年5月5日，12:53 a.m.——2022年1月18日：第三章，北交双子—南交射手

2022年1月18日，1:44 p.m.——2023年7月17日：第二章，北交金牛—南交天蝎

2023年7月17日，5:29 p.m.——2025年1月11日：第一章，北交白羊—南交天秤

2025年1月11日，6:56 p.m.——2026年7月26日：第十二章，北交双鱼—南交处女

2026年7月26日，6:33 p.m.——2028年3月26日：第十一章，北交宝瓶—南交狮子

2028年3月26日，11:14 a.m.——2029年9月23日：第十章，北交摩羯—南交巨蟹

第一章

♈北交白羊——南交天秤

自我的显露

出生时间：

1911 年 12 月 08 日，02：08 a.m.——1913 年 06 月 05 日 11：32 p.m.

1930 年 07 月 07 日，10：58 a.m.——1931 年 12 月 28 日 12：23 a.m.

1949 年 01 月 25 日，06：37 p.m.——1950 年 07 月 26 日 03：56 p.m.

1967 年 08 月 19 日，12：23 p.m.——1969 年 04 月 16 日 01：54 a.m.

1986 年 05 月 08 日，12：18 p.m.——1987 年 12 月 02 日 12：14 a.m.

2004 年 12 月 26 日，02：31 a.m.——2006 年 06 月 22 日 04：05 a.m.

最重要的当然是，在这个世界上只有一个你，仅此一个，如果你无法实现自我，那么你就失去了某些东西。

——玛莎·格雷厄姆

焦虑是当下与其他时刻之间的距离。如果你活在当下，就不可能焦虑，因为当下自发行为中立刻会充满振奋感。

——弗雷德里克·皮尔斯（完形治疗创始人）

我们想要生活在当下，而唯一有价值的历史是我们今天所造就的历史。

——亨利·福特

此刻的冲动，你的此时此刻，行动会结束没完没了的拖延和犹豫——这就是生于北交白羊 / 南交天秤的你的灵丹妙药。行动——纯然的、当下的行动，就在现在，让自我美妙地、有时甚至盲目地通过行动显露出来。我，现在，这一秒，纯粹根据我的自身利益行动。嗯，生活可没有那么简单。我的行为会给他人带来怎样的影响？我的所作所为会怎样影响你，然后影响我，从而又影响你呢？

这个交点两极间主要的矛盾是“我”和“你”的矛盾，或“我”和“我们”的矛盾。因为你的安全感根植于伙伴关系和分享基础之上，所以即便在确认你当下的自身利益时，也会因你能强烈感知到和其他人相关的事情而变得复杂。但是，在你内心深处有某种东西，就像随时准备喷发的泉水，或是弯曲的小树苗一样——为了合作，小树苗已经弯曲到不能再弯曲的程度，它会像鞭子一样弹回来。你会本能地环视生命中的人并且说：“我认识你。我理解你。我倾听你。我同意你。不过现在轮到我了！”那么前进吧，轮到你了。到底什么在阻碍你呢？

如果你在压力较小、鼓励个人主动进取、充满关爱的环境中长大，你可能早于其他人发展出这个交点模式最终会呈现的坚定自信的个性。不过这个交点模式的讽刺意味是，即使家人鼓励你自己做主，你这么做的原因不单纯是你内心确实喜欢行动和做事，也是因为你想要讨好身边每一个人。“爸爸鼓励我打棒球，所以我就打了。结果发现我在这方面挺有天赋的。”“妈妈鼓励我坚持自己的立场，因为不想让她失望，我克服了最初的难为情，后来就学会坚持到底了。”在这些理想情况下，即便一半的动机出于合作的渴望，坚定自信和个人主动进取的潜能还是被发掘出来，并得到正向的强化。

一位北交白羊的年轻人就是在类似的理想环境中成长的。20世纪三四十年代他出生在加州乡村地区一个稳定的中产阶级家庭，很早就表现出运动天赋。充满爱心的父母也鼓励支持他，但同时这又让他感到压力。后来，一位热心的高中教练说服这个谦逊、随和的少年参加美国奥林匹克十项全能队，虽然他此前从未拿过标枪，而100天后奥运会就要在伦敦开始了。不过，这个少年的纯真很快成为他传奇的一部分。17岁的鲍伯·马蒂亚斯成为最年轻的奥运会十项全能冠军，大多数人认为这10场让人筋疲力尽的竞赛是对一个运动员的最高考验。4年后在赫尔辛基奥运会上，21岁的鲍伯·马蒂亚斯经受了伤痛和寒冷天气的考验，在决定性的白羊戏剧中再次证明了自己，又一次夺得这个项目的冠军，成为唯一一个一生中两次取得奥运会十项全能冠军的人。①

从这里出发，他在美国众议院连任4届，最终成为科罗拉多州奥运训练中心的董事。在这些和人事有关的角色中，他成就了自己。选民和朋友都说马蒂亚斯这些年来对朋友、员工、邻居一直非常坦诚、好交往、没有架子、待人亲切、充满关爱。②前中国男子体操队教练乔良也经常被他的学生们如此称赞，他不仅作为一个运动员取得了不起的成就，而且作为“乔良体操和舞蹈学院”的教练也取得了巨大成就。他的网站强调他的学员们置身于安全和爱的氛围里，他总是微笑、乐观、嬉闹的。他最著名的学生，2008年女子平衡木金牌得主萧恩·约翰逊说：“他是有趣的人，是个好玩的、有爱心的、体贴的家伙。”在从事他所热爱的充满活力的体育运动的同时，乔良也依赖着他南交天秤的人际关系技巧。③

如果认为超凡的体育才能为北交白羊的人所独有就错了。不过，如果他们的潜能在早年就得到充分发展，某种天生的体育才华将显露出来，有时这种才华会在现场爆发，似乎非得打破过去的纪录不可。就像1972年获得7枚奥运金牌的游泳选手马克·施皮茨，还有1984年获得个人体操十项全能金牌的美国体操选手玛丽·雷顿，以及在2004年亚洲艺术体操锦标赛上获得5枚奖牌的中国艺术体操运动员孙丹。

北交白羊的奥运会选手还有神枪手杨凌，他在1996年米兰世界杯比赛的10米移动靶赛事中获得冠军，随后又在1996年亚特兰大奥运会的这个项目中创造一项世界纪录，4年后他成功蝉联了这个项目的冠军。其他著名的北交白羊运动员还有乒乓球运动员乔红，平衡木体操运动员范晔，平衡木和自由体操运动员张楠，女子跳远运动员熊其英，三级跳运动员邹四新，女子标枪手徐德妹等。在2008奥运会上参与竞赛的部分运动员名单中，北交白羊的中国短跑运动员就有陆兵、陶宇佳、王金苹和张培萌。

在我的客户中，生于北交白羊的人对运动的需求和从体育锻炼中得到的益处非常明显。不消说，对每一个人而言，经常运动都是健康生活方式的重要组成部分，但是对这组交点的人来说，其心理上的好处非常显著。在获得更好体型的同时，自尊也常常得到提升，而且增强了直接面对生活的能力。运动使这组交点的人的决断力甚至进取精神都得到增强——很多客户说他们通过运动，生活自主的能力、处理与他人矛盾的能力都增强了，同样，也更渴望通过新的个人奋斗来开拓未来。对这组交点的人来说，养成健康的体育运动习惯的回报是：和自身利益保持连接，在决定时减少犹豫，更早而不是更迟采取行动。

对某些人来说，发现过去从未意识到的对体育运动的渴望可能让他们开始认真从事某项特定的运动。一位女性在离婚后，养成了对每周心理治疗的依赖。后来，她在32岁那年开始了人生第一次慢跑。不久，又开始第一次5公里长跑。到她37岁时，她已经成为同年龄组的10公里长跑冠军。最初对她有帮助的心理治疗早就停止，而在上一次婚姻关系中表现出的妥协和默许的模式也不再自动出现了。

我的一位客户是其公司的客户服务经理，职业要求他必须表现得很圆通。他喜欢拳击，打沙袋，或在场内击打。另一位客户特别喜欢在周末或傍晚骑马，因为骑马可以帮助她平衡白天和人连续谈判的职业要求。对于这些北交白羊 / 南交天秤的人来说，不论是跑步、游泳、举重训练、山地车还是有氧体操、跳舞，锻炼身体不仅有助于平衡他们职业中必须经常和人打交道的要求（这是这个交点经常会从事的职业的要求），也可以显著磨砺他们的自信。

在中国，有一位北交白羊的名人，那就是毛泽东。有趣的是，毛泽东发表的第一篇文章，即 1917 年春发表在《新青年》上的讨论体育锻炼优点的论文——《体育之研究》，[④] 简直就是他自己白羊北交的表白。毛泽东一生都是体育锻炼的积极推动者，他认为体育锻炼对个人和社会都有好处。当他年轻的时候，看到学生和知识分子缺乏身体锻炼，可能激起他内心极大的焦虑，因为他认为这个社会已经很衰弱，而且过于妥协。毛泽东对妥协的反应符合南交天秤的特性，对南交天秤的人来说，在妥协和行动之间，他们并不喜欢妥协，之所以妥协是因为必须妥协。不过通常，他们会在两者之间找到一个平衡。北交白羊的袁隆平早年曾想成为一个职业运动员，甚至差点成为飞行员，但最终成了科学家。不过即使现在，无论工作多么繁忙，他都会抽出时间参加体育锻炼。

自然，任何事都不能走过头。过度的体育运动，以至于影响了社交和工作业绩，可能是严重情绪问题的表现。不过，明显过度的体育锻炼不是这个交点应对紧张情绪的典型反应。为应付压力而导致过度的体育锻炼，甚至出现反社会行为，更有可能发生在相反交点，即北交天秤 / 南交白羊的人身上。对于生于北交白羊的人来说，养成锻炼习惯更是一个需要学习才能获得的特性，而不是防御性的反应，即便自身具有体育天赋也是如此。

对这组交点的人来说，不论把运动作为职业还是作为爱好，运动本身就有可能成为他们的成就。现代舞蹈家玛莎·格雷厄姆令人惊叹的一生就是生动的典范。她很晚才开始跳舞，22 岁时才进入露斯·圣·丹尼斯学校学习舞蹈，不过她的才华很快显现出来。32 岁时，她住在纽约，一直处于贫困之中，不过已经开始为一生的工作做初步规划。她的计划非常大胆且充满个人主义。她决定绝不仅仅为了钱而参与表演，因此她需要建立一个舞蹈团。这个舞蹈团只表演她的作品，然后还要维持一个学校来训练这个舞蹈团。她不允许任何没有经过她的教学方式培训的人跳她的舞蹈，也不和其他任何舞蹈团体合作。最终，这个一根筋的计划造就了玛莎·格雷厄姆舞蹈团。⑤

"动作从不撒谎。"她说，"灵感可以让你快速抵达此刻。"她接着说："我们唯一拥有的就是当下，你从当下开始。"玛莎·格雷厄姆对舞蹈的投入代表了北交白羊非常成熟的一面，不过她对身体动作的迷恋并不代表她在个人生活中没有妥协。在纽约早年的困难时期，她仅仅教着五六个学生，却和一个在经济上无法支持她的男人生活在一起，这个人还得供养另一个加州的女人。然而她仍维系着这段关系，不仅因为这段关系给她的内心带来安全感，而且因为这段关系不要求她付出时间。⑥

后来，在经历了其他关系后，玛莎说地下情是无与伦比的幸福的来源。地下情尽管带来美妙的令人陶醉的感觉，却是在婚姻的常规要求之外，也因此更少干扰个人的追求。虽然玛莎安于这样的情事，使她至少能够与某个人形成一对一的亲密分享关系，这种关系对南交天秤的人至关重要，但这种关系的达成并不容易，比她愿意承认的难度大得多。她的一位亲密老友提供了以下洞见："玛莎是愤怒个人的代表。她是个受伤的女孩，非常孤独，而且可能吓坏了。虽然她提倡并实践自由恋爱，但其实她渴望婚姻。"自主权与伴侣关系之间的矛盾是典型的白羊 / 天秤模式。然而，像玛莎这样的极端案例并不常见。玛莎·格雷厄姆的选择只不过代表了她处理这个基本问题的方式，这种方式也让她成为现代舞蹈的先驱和佼佼者。[7]

这种白羊的能量在那些最先踏上新领域的人中很有代表性。把旗帜插上新领域的北交白羊人中，没有比登上月球的第一人——宇航员尼尔·阿姆斯特朗更好的代表。是的，除了技能和所受到的训练，让尼尔有资格带领阿波罗 11 号的宇航员们登上月球的不仅仅是他的积极进取精神，还有他的人际沟通能力。让大家都能愉快相处是南交天秤的特点，在一个狭小的空间范围内，在无数个月肩并肩的准备过程中，这是至关重要的能力。其他著名的北交白羊先行者还包括罗伯特·彼利，第一个到达北极的探险家，当然还有亨利·福特，他开拓性的努力使美国人能够用可承受的价格购买汽车。同样，中国导弹之父钱学森也是属于北交白羊的先行者。

当代舞台上，流行歌手莎拉·克劳克兰凭自己的努力成为先行者，她在 1997 年发起了莉莉斯音乐节，一个全女性的巡回音乐节日。莎拉那令人难忘的旋律和抒情曲调，酸楚地唱出她对关系中更深挣扎的洞见，我的许多南交天秤的客户也表达过同样的洞见。同样，她的所有作品中也回荡着自我展现的白羊主题。白羊 / 天秤两极在《丰盛》这样的歌曲中显而易见。在失落的爱的哀叹中，它们的抒情曲调成功地唤起并展现了全新的、无拘无束的自我。在《别处》这首歌中，白羊的主题更为明显。尽管母亲不赞同，但克劳克兰强调她选择了适合自己的生活。莎拉从未想过自己能取得如此大的成就。她说："我从不多想，我只不过做了我正在做的事情。我总是希望发出自己的声音，并尽可能诚实地面对自己。"这位极富才华、忙碌、独立自主的女性至少在 29 岁生日的一周后为自己找到了一段短暂的关系——她嫁给了她的鼓手。[8]

对人性中复杂和黑暗角落的洞见是南交天秤家族的特性，这一家族中恰恰包含了西蒙·弗洛伊德、卡尔·荣格和弗雷德里克·皮尔斯。

从白羊的意义上来说，三个人中的任意一个都是新领域的拓荒者，然而他们工作的影响力却是最符合天秤南交的特征了。天秤是咨询师的星座，是自然倾听他人，然后给出解释和阐释的星座。不论你是否接受弗洛伊德、荣格还是其他心理学家，心理学都是解释和阐释的科学。

弗雷德里克·皮尔斯博士不如弗洛伊德和荣格有名，他是一个训练有素的精神分析师，1933 年他和妻子劳拉及大女儿一起逃离希特勒统治下的德国。他和劳拉在随后的几十年中在约翰内斯堡定居下来，合写了《自我、饥饿和攻击性》，从而为此后被称为格式塔疗法（又称完形疗法）的治疗方式奠定了基础。1946 年，他和妻子及全家搬到纽约，不过几年后皮尔斯离开了家庭。

弗雷德里克·皮尔斯到处传播自力更生的思想和激进的个人主义信条，他的影响超出了 20 世纪 60 年代的一代治疗师，让很多人寻求自我肯定。皮尔斯清晰定义了他的目标：“我作为治疗师的作用就是帮助你意识到当下，任何企图让你逃离当下的行为都将使你沮丧。”所谓格式塔治疗的“祈祷词”现在看起来幼稚、简单，但“我做我的事，你做你的事”的开场白无疑是白羊座的口吻。人们对这个格式塔信条的烂熟，证明心理治疗的主流思想多么吸收和接纳皮尔斯的观点。那一代人都强调“我”的重要性，似乎他们都被这些基本观点买断了。⑨

但是，这段祈祷词最古怪的是最后一句：“如果我们偶然找到了对方，那很美妙。如果没有，也无能为力。”这句话有微弱而又特别的天秤调子，仿佛皮尔斯也想安抚自己，这是南交天秤对自己大胆的白羊信条的自然反应。皮尔斯的生活清晰地反映了白羊 / 天秤的二分性。“活在此时此地，”他坚持，“我们必须让自己从对他人的紧紧依赖中解脱。”皮尔斯忠实于自己的哲学，离开了妻子及家庭，大众对他观点的赞赏和接纳也强化了他对自由的追求。但是，他并不是一个孤独的人，他喜欢听众、聚会、弟子，也喜欢短暂的性关系。在生命的最后阶段，他在温哥华建立了一个乌托邦格式塔社区。在那儿，病人、治疗师和培训生聚集在一起。[10]

即使他声明“我仅对自己而不对其他任何人负责”，表明他迫不得已而必须强调新的自我。他几乎害怕自己潜在的安全需要，因为那需求还是以关系为导向的。他抗议得太多。毕竟，他是一位治疗师，尽管唤醒他人进入更真实自我的当下很棒，但矛盾的是，治疗是一种双方的互动。[11]

另一个20世纪60年代的白羊座明星是理查德·艾尔帕，他更为出名的称呼是巴巴·拉姆·达斯。艾尔帕以前是哈佛大学的心理学教授，因为和提莫西·李瑞一起应用和推广迷幻剂被哈佛大学开除，从此声名狼藉。在他的第一本书中，他诚实地探讨了在哈佛大学的早年生涯，那本书被恰当地冠名为《此时此地》。艾尔帕在其中写到，作为朝九晚五的心理学家，他感到生活缺乏真实感，每天五点钟，当他与另一位心理学家一起下班回家，他感到自己和上班前一样神经质。“整个生活太空虚了，不够真诚。”[12]

使用迷幻剂的经验是他一生觉醒的开端。不过，尽管积极参与提莫西·李瑞的试验和活动，他扮演的却是一个安慰性角色。“人们走过来对我说，嗨，你能否让提莫西·李瑞平静一些，他走过头了。”艾尔帕总是避免引起摩擦。“我看上去总是能站在边界上，黏合两边。我从来没有做过太疯狂的事情。”

不过，他回忆被哈佛大学开除后召开记者招待会，说记者们看他的神情，好像他是刚刚输掉一场重要比赛的职业拳击手。艾尔帕感到他那时比过去任何时候都更清醒。尽管同事和其他人都很害怕，但他认识到，一种令人振奋的新的疯狂很快会推动他走向一条发现和成就自我的探险旅途。[13]

写完《此时此地》14年后，艾尔帕自我启蒙的伟大历程将他引到成为拉姆·达斯的道路上。他的书《我能做些什么：故事和反思》清晰地回应了他在白羊和天秤之间反反复复的转变。

就像拉姆·达斯与当权者之间的矛盾关系一样，学者梁漱溟敢于直接站起来公开反对毛泽东的观点。即使面对他强大的北交“兄弟”的指责，他也拒绝改变自己的看法。具有讽刺意味的是，正是来自于同一交点的两个人之间的对抗反映出他们磨砺灵魂边缘的共同需要。在抗日战争结束后，虽然梁漱溟未能成功调和国共两党争端并推进一条中间道路，但他的生命以另一种方式提供了南交天秤的范例。甚至梁漱溟的最后一本书——《这个世界会好吗》，也花了大量篇幅论述如何使人们更好地相处。虽然有这些天秤的特点，但梁先生一直忠实于自己的哲学，他被美国学者艾恺称为最后的儒家，用一种白羊的存在方式在这个世界的炎热和混乱中锻造一个新的自我。[14]

无论如何，不管是拉姆·达斯、玛莎·格雷厄姆、弗雷德里克·皮尔斯还是莎拉·克劳克兰，北交白羊的生命共同回荡着他们对真实的渴望，渴望当下和行动的真实性。即使在白羊/天秤的主题下，忠实于自己也意味着很多事情。自我表现的领域多种多样，可以是体育、舞蹈、作曲、表演，也可以是心理学和客户关系。在这个交点模式下，生命中的关键时刻既考验他们是否能决绝地站出来，也测试了他们在人际关系中有多机敏。当然，响应白羊的行动召唤就会增加与他人摩擦的风险。不过，学习如何有效战斗对个人成就很重要，就像对个人的安全感而言，学会与他人成功达成共识很重要一样。关键是了解什么是合适的时机。

不安全感和疲劳将会让天秤产生和他人好好相处或寻求他人意见的渴望。对短期问题的妥协可能带来暂时的安全感。向别人咨询当然让自己更安心。同样，扮演顾问或调停人也是南交天秤熟悉的角色，这让他们觉得理所当然。关心他人，在主要关系或婚姻中尽到协商的本分会增加他们的安全感。对于南交天秤的人来说，所有这些习惯做法都可以让他们重新感觉到基本的幸福感，也很有效。但是，如果妥协占了主导地位，内在的某种东西会使得这个人进行防御。这种东西当然就是恐惧。消除不安全、焦虑和害怕的情绪是生存的首要条件。但是长期容忍恐惧情绪可能加重一个人的悲惨处境。采取行动是脱身的办法，不过对于这个交点的人来说，嘴上说说比真的去做要容易。

等待一个合适的行动时机可能导致你一直等待下去。同样，等着看另一个人会怎样行动也顶多是短期策略。在大部分情况下，答案是尽管去做！不管事情的结果如何，最终，行动不仅能释放被抑制的焦虑，而且让你熟悉自己的肾上腺冲动——当下的冲动。如果你生于这个交点，将发现这种冲动能带来成就感，并令人兴奋。你越练习这些决断的力量，你越擅长运用它。你也并不会因此失去南交天秤的亲和力，你增加的仅仅是正在发展的自我决断能力。

北交经验是一个人此生新增的特征，它们不会抵消或消除南交的特性和能力，而只会增加你在这个世界生存的新方法。北交生于白羊并不意味着你会变得自恋。即使有一定程度的自私，对这组交点模式而言，也是健康的标志。在自我主导行为和南交天秤特有的社交需要之间进行协调是非常重要的。从一个极端走向另一个极端，从可悲的容忍到凶猛的攻击，有时会短暂发生。但是在这个交点谱系的任何一个极端停留过长时间，都暗示着企图拒绝自我的另外一半。蔑视个人基本动机会创造出一种不平衡，最终损害情绪甚至身体健康。

关爱他人不仅有利于南交天秤的人获得安全感，而且可以成为个人最大成就和贡献的领域。弗洛伊德和荣格是最显著的南交天秤例证。我的客户中生于南交天秤的咨询师和治疗师的比例很大。一位客户为盲人一对一服务了20年，帮助他们在失去视力后重新找到方向。在这些年中，他用举重、太极平衡工作对心理的要求。

就寻找平衡而言，某杂志对白羊 / 天秤北交人物吉莲·安德森——《X档案》的主角的采访，看上去几乎借鉴了我的档案。大部分采访是当她在临近墨西哥的一条山麓小道上徒步旅行时做的。对于伴随她成功而来的巨大的关注，她强调，当这种关注所带来的挑战非常大的时候，她可以把自己和外界的关注隔绝开，处在平静、和平、不执著的状态。她说："找到平衡的关键是，处在当下。"[15]

谈论到体重波动和锻炼，安德森说："这和我看起来怎么样无关。重要的是我感觉如何。当我照顾我自己时，我感到强壮、自信。"在放下斯嘉丽这个角色后，她结婚了，生了一个女儿，两年后又离开了她的丈夫。对于她成年生活中的第一个单身阶段，她以真实的南交天秤的方式说："关系中的某种东西可能是安全网。我正处于重新定义自我的过程中，这很有趣。"[16]

这些白羊 / 天秤主题有鲜明的相似性，而多种多样的表达和经验也同样有趣。虽然演员和他们所扮演的角色不一样，但有些角色很符合生于这个交点的演员的特质。比如，刘玉玲在《霹雳娇娃》中令人信服地用她的武术技能与罪犯斗争，而在《杀死比尔》中用了刀和棍的武术，还有攀岩、骑马、滑冰的技能[17]。《异形》中的西格尼·维弗和《超级坏》中的帕姆·格里尔也是两个明显的例子。对于北交白羊的杰出演员梅丽尔·斯特里普来说，虽然正剧是她的主要表演形式，但她也扮演了一些需要体力的角色，如《走出非洲》和《狂野之河》。在《狂野之河》中，斯特里普令人信服地表演了一个女性依靠激流驾舟的技能，从心理上智胜坏蛋，并努力拯救儿子和丈夫生命的故事。很难想象一个北交白羊的女性看到故事中梅丽尔·斯特里普的角色不产生共鸣。

其他生于白羊 / 天秤交点的名人包括温斯顿·丘吉尔爵士和米哈伊尔·戈尔巴乔夫这样的世界领袖。丘吉尔反抗希特勒的事迹比他的外交技巧更为著名，当涉及家乡的防御和安全时，脾气火暴的丘吉尔想方设法和异常奸诈的斯大林搞好关系。"如果希特勒侵略地狱，"丘吉尔说，"我至少也会在下议院为魔鬼美言几句。"如果有人可以成功地和魔鬼协商，那一定是一个生于南交天秤的人。但是，需要注意的是，丘吉尔从来没有和希特勒达成任何协议，反而勇猛地和他作战。丘吉尔对希特勒的战斗给他的生命带来了意义和方向，把他从荒野年代的政治低潮中解救了出来。丘吉尔定下他的目标后，和斯大林的结盟就是必然的结果。依赖南交方面的能力，更多因为必须如此，而不是想要如此。当我们的南交能力可以支持北交点指向的目标时，我们生命能量中的情绪流动通常处于最佳状态。

感到必要可以带来南交特性最好的一面。米哈伊尔·戈尔巴乔夫认识到前苏联所必须面对的经济和政治问题，他的开放政策，对美国的和平友好姿态明显是南交天秤的特征。一方面，他努力为了他的人民争取更好条件，另一方面，当他面对国家中政治和军事反对力量时，他前所未有的勇敢行动带有北交白羊的特征。虽然戈尔巴乔夫曾经在旧制度中谋取到最高位置，但一旦处在只要行动就会改变一切的位置时，他渐渐不再与旧有制度合作。可能在他最终当上总书记的时候，他终于可以释放对这个不公正的制度的内心感受。“戈尔巴乔夫世界和平中心”，以及他为了加强国际合作而进行的外交努力，继续彰显着这个了不起的人物对世界和平的真情实意，这是天秤模式所特有的。

其他让世界增色的人物还有温莎公爵，他的一生生动地体现了白羊 / 天秤主题，他为了和心爱的女人结婚而放弃了王位。历史学家曾经指出，公爵从未感到成为王子或未来的国王就会幸福安适。他小时候是一个友善而令人愉快的男孩，并已经逐渐适应了来自他人的期望，但是成年后，他对成为王子一直抱有矛盾心态，而不满的情绪也越来越明显。在成为爱德华三世之前，他最明显的白羊式举动是参加越野障碍赛。他有时充满热情地参与这个运动，有时又冒失地放弃比赛，似乎他最大的成就感来自于这种运动所带来的兴奋及其对体力的要求。

他成为国王后宣布要娶沃利斯·辛普森为妻，在与皇室的斗争中，他表现出坚定的决心。在白羊 / 天秤固有模式中，他最终选择了自己的私人利益而非国王的责任。但是，在保护这段让他最终找到爱和安全感的的过程中，他与沃利斯之间爱情纽带的力量帮助他唤起走自己的路的勇气。他们的婚姻持续终生，35 年中他一直爱着沃利斯，同时为皇家持续的指责愤怒不已。

在当今舞台上生于北交白羊、南交天秤的名人还有科学家钱伟长、袁家骝、吴健雄，音乐家马思聪、聂耳，书法家启功，哲学家金克木，翻译家朱生豪，演员周慧敏、胡军、刘玉玲、詹姆斯·厄尔·琼斯、詹妮弗·安妮斯顿、威尔·史密斯、杰西卡·兰格、休·杰克曼，新闻主播丹·拉瑟，导演徐克等。任何一个交点部落中，虽然每一个人的人格、境遇和选择都像指纹一样独一无二，但是相似的模式清晰地显示了这个交点部落的基本动力。这个交点主题的人，都非常渴望走自己的路，甚至面临他人的质疑和反对时也是如此。这样的决定有时会被来自伙伴或伴侣的支持所强化，但即使独自行动时，他们也常会考虑自己的决定对他人可能造成的影响。

职业：

白羊 / 天秤交点的人的职业道路经常只有两个阶段。第一个阶段倾向于在一份工作或职业中利用他们天生的社交导向获得自我认同。

他们有显著的社交能力。在谈判、咨询、建议、外交干预中，这种内在才华可以帮助他们加强最初的职业优势。支持性工作在早期职业领域中比较典型，其中与他人的合作更重要。当自信增长后，他们可能与团队和同组的同事合伙发展事业。最终，个人的积极进取可能让他们创立自己的公司。靠个人才能闯荡更倾向于是第二个阶段的特点。不过，体育职业是例外，因为体育需要年轻人。在那些以职业运动为生的人当中，生于这个交点的人可以用他们天秤的特性促进或改善团队关系。

我的档案中除了先前提到的咨询师和治疗师，还有无数依靠人际交往能力帮助职业发展的例子。一位客户利用她天生的社交能力，很早就了解了职业招聘行业的详细情况，然后她在这个行业创立了自己的公司，并成功经营了20年。她把成功归功于她愿意承担风险开拓当时还是全新的细分市场。她还能依赖她的电话技巧、谈判能力和对员工潜能的把握发展企业。尽管有时候为必须要培训新员工感到恼火，但她在这个竞争激烈的市场一直占据顶尖位置，她把时间有效地分配在寻找新业务和激励自己员工的支持性工作中。

另一个类似境况的客户，用他在为别人工作过程期间，完善买卖的谈判技能，然后在成衣业与人合伙建立了一家企业。他依靠合伙人照料他不情愿管理的公司业务中的事情，而自己可以脱身出来干喜欢干的事情，以此帮助业务发展。虽然与人合伙，并非是开展创业或创立小型企业的必要条件，但这种形式可以提供物质和心理上的安全感。不过如果选错了合伙人，就可能走弯路。花太多时间想让合作伙伴开心会耗费很多精力，并且从一开始就剥夺了自我激励的能动性。

这个交点其他可能的职业包括律师（特别是离婚律师）、企业顾问、金融投资顾问。生于这个交点的人的一个动力特点是，他们最终倾向于做某种形式的独立顾问。在这种情形下，白羊的能动性就被南交天秤的咨询头脑所支持。各种各样的支持性角色，如老师（特别是学校的咨询师）、职业顾问，甚至高校教练都在这个类别中。在这些相关领域的客户常常流露出对成就的满足感，他们常常感到自己做了重要的事情。

不过，他们很多时候明显流露出想做其他事情的渴望。但“其他的事情是什么”常常是一个熟悉的谈论话题，一个他们争论了很久的话题。冒着风险去做那些能够表达或界定个性的事情，和开创一个新的心理治疗学派或倡导修建独具一格的景观建筑没什么两样。关键在于学会信任你对自己喜欢的事情的渴望将把你带到的方向。

不仅在个人职业生涯初期，而且在有经济压力的阶段，你都有可能又会回到妥协的道路上以让自己可以生存下去。但是，你最终还是不能忽视想要走更个性化的道路所带来的内在挑战。甚至在公司中的晋升，也取决于你如何显示决断能力。习惯性的默许最终会造成在升职的时候，别人会无视你或跳过你。害怕制造纠纷也许只能保持现状，而择机而动则更可能让你取得更大成就。许多生于这个交点的人会让那些从未见过他们决断行动的人大吃一惊，这样的能量常常产生于长期被压抑的激情的渴望中。

关系：

几乎每个人最终都会花很多时间和精力追求或维持一段亲密关系。不过，如果要论为了安全感以及婚姻或伴侣生活所投入的精力，没有其他月亮交点能和这个交点相比。毕竟，这组交点中有一位国王为了结婚而放弃了王位。如果你生于这个交点，并因此而烦恼甚至生气的话，请冷静一下，没人说你必须结婚。如果你确实为此而烦恼，可能因为你还没有从一段关系中解脱出来，在那段关系里，你尽了一切努力，就差把肾脏捐给对方了。

很多生于这个交点的人拥有长久美满的婚姻，让他们感到安全和踏实。不过，在那些看起来婚姻生活最美满的人中，成功的秘诀似乎是能够在生命中创造平衡，使得他们干自己事情的时间和投入夫妻生活及家庭生活的时间保持平衡。这听起来简单，但几乎需要每时每刻保持当下和自己同在的觉知。在“我”和“你”之间进行调整一般比较困难，但关键是随时和自己的兴趣保持联结，这样你就不会总是陷入伴侣的问题中而迷失自己。记住！你只是伴侣而非治疗师！

这组交点跷跷板的两极各不相同。那个发脾气的人发誓再也不和伴侣牵扯在一起了。他为了更好地理解对方，或发现某种尚未尝试的办法以让他们更亲密，阅读了大量书籍，却在其中迷失了自己。这样做对谁更好？对另一个人更好。为什么？因为似乎“他”或“她”感觉好些，也会让“我”感觉好一些。啊，现在我们有点眉目了。在妥协和适应的泥潭中有一个“我”,甚至在想让其他人幸福的情形下,“我”也是一个很好的开始的地方。

认识到在关系中寻找安全感和通过自我实现获得成就有所不同，对生于这个交点的人是巨大突破。对某些人来说，这种突破可能导致离婚或分居，不过对另一些人来说，这个改变可能为过去陷入过度依赖的关系注入新的生机。如果你生于这个交点，非常重要的一点是，不要在离婚或分手之后过于严厉地批评自己。要意识到，对你来说，为了安全感寻求伴侣关系很正常，和他人分享是你获得暂时的幸福感的一种方式。同样，也要接受你新发现的肾上腺的渴望，并运用它前进，去做那些你一辈子都渴望做的事情，而当下就是最好的时机。

如果你和某个生于这个交点的人在一起，最让人困惑的事情可能是，当你们的关系变得很安全的时候，你会发现伴侣所考虑事情的优先顺序发生了转变。开始，他们可能会想方设法使关系很好，看上去急于讨好你。但一旦相信你不会一下子消失，并且确信你看起来很幸福，他的日程表可能会突然改变。当他把更多时间用于自己的事务，你可能感到被忽略甚至被忽视，特别和你曾经受到的关注相比，你会倍感失落。即便这种困扰在你看起来已经很明显了，但对你来说很重要的是要让你的伴侣知道你受到困扰。当然，你要确知自己想要得到什么，以及愿意为之付出什么代价。

白羊 / 天秤交点的人是杰出的谈判者，可能在你还不知道发生了什么事之前，他们就获得了你的许可。他们通常非常公平，但如果认为你不赞同的那件事情对他们非常重要，就可能会发火。如果他们心理健康，你可以放心，他们会在争执或反对之后寻求和解。不过，那些心存恶意或有未解决的情绪伤痕的人，可能会把怒气发泄在你身上。在这种极端的情况下，作为伴侣的你成了他一生中所遭遇的所有不公的替罪羊，即便他自己不能做到说话算数，他也可能期望你能够在讨价还价中说话算数。不过，那些已经非常自信的人，会很好地表现出他们天性中的合作倾向，并且将是你所可能拥有的最佳伴侣。

父母指南：

如果你的孩子生于这个交点，你可能很容易发现，他们在合作期和反抗期表现出正好相反的行为。从 4 岁半到 13 岁，你基本上都可以和他们谈判或协商。他们很和善，到 9 岁时，已经养成一种公平的态度，善于与人和解。当然这种态度很大程度上取决于他们早期环境是否稳定和充满爱心。在不和谐的家庭，他们通常扮演和事佬的角色，退回到他们想要通过讨好每一个人以获得安全感的本能方式上。但是，一旦父母中的一个经常挫败他们的公平感，他们就会宣战。除非经过一场激战，否则他们不太可能偃旗息鼓。不要把这些战争看得毫无意义，他们在学习如何斗争，而你正是他们的老师。

通常，频繁的发怒是因为他们已经失望到了极点，他们已经尽了最大努力帮助家庭成员好好相处，这时一个反应动作就会刺激他们走到另外一个极端。在父母离婚后，他们可能出现长期的不良行为。这些孩子认为自己莫名其妙地失败了，所以父母才离婚。如果是这种情况，一定要让他们知道所发生的事情不是他们的错误。除非在最糟糕的情况下，辱骂和忽视深深地伤害了他们对大人的信任，否则很容易通过协商的方式接近这些孩子。不过要记住信守自己的承诺，否则他们会帮你记住。他们是以牙还牙的孩子，对不公正很敏感，会迅速指出不公正所在。

没有任何交点比这个交点的孩子更善于达成交易。万一你忘记了，这些孩子会提醒你。“记住，你说过如果我这周做完所有的家庭作业，我今天可以熬夜看最晚一场的电影。”或者是：“我已经在你的语音信箱留言，让你知道我放学后在萨利家。这不是我们说好的吗？你忘了看留言，这可不是我的错。”他们很小就能把你摸透。他们是狡猾的操纵者，似乎本能地知道什么能够取悦或推动你。而且看到他们这么友善，当需要你坚持自己观点的时候，你几乎讨厌打破这种平和。

然后青春期来了。在最初的 4 年，你可能偶尔担忧他们会大胆反抗，因为他们一贯听话的态度可能让父母对在 13 岁到 14 岁发生的事毫无准备。在很大程度上，针对一个十几岁的孩子的反抗行为，重要的是用何种方式把他们新出现的攻击性引导到别的地方。像舞蹈、武术这样的运动或身体训练会使这些孩子发生很大改变。参加剧团或戏剧演出可以提供一个安全的行动舞台。他们渴望能够迅速产生结果的行动，这些行动能够帮助他们保持个性。他们可能变得明显自私自利起来。他们渴望增加体力上的冒险。这个交点比其他交点更容易在 10 多岁时和父母及权威发生摩擦或冲突，不过对抗程度不像那些北交天蝎南交金牛的人。

对我们每一个人，青春期都是伟大的觉醒时刻。月亮交点周期也向我们展示，在 14 岁到 23 岁之间所展开的一切将帮助我们定义我们的方向感和目标。对生于北交白羊的人，这个目标就是成为更自我鞭策的、更自我主导的人。在 18 岁到 19 岁这个决定性的年龄，很少人明确知道他们一生想要干什么，但是在这个阶段发展出来的果断自信将会在未来对他们帮助很大。这些少年的父母如果认识到，冲他们而发的怒气并非完全和他们有关，而是和这些少年需要获得自信以便与他人斗争有关，他们就会做得很好。你可能在一段时间内哀叹这个你过去了解的孩子失去了合作能力，但是他们和你之间的斗争将可能帮助他们完成灵魂的目标。

生命周期：

在23岁到24岁之间，当一个人变得不再积极坚持自己个性的时候，会发生逐渐的转变。我行我素的渴望开始消退。有时会有一种因为冒险进入未知领域而陷入困境的感觉，因此开始环顾四周，看看自己身边还有谁，于是天秤对关系的关注又开始变得重要起来。在23岁到34岁之间，婚姻和伴侣关系会比前一阶段和后一阶段都更让你关注。这不是说你需要在这个阶段结婚，不过对于生于北交白羊的人，建立健康的社会纽带在这个阶段至关重要。

在27岁到28岁，在一段重要的关系中，你可能恰好对浪漫生活有了重要的领悟和发现。订婚、结婚、和某人同居常常发生在此时。当然，重要的决定也包括分居或离婚。经常在这个周期中，痛苦的分手后会紧接着发生另外一段更有话力、更合适的关系。

他们在23岁到32岁之间也会有职业上的收获。南交和北交周期的不同就在于一个是整合巩固，一个是新的开始。在南交天秤阶段，他们倾向于更多地依赖天生的合作技能。这时候合作常常是出于实际的需要。一个有这个交点的心理学学生将要毕业，开始实习，他参加考试并获得从事心理治疗的执照。到32岁时，他可能已经拥有了一个可以谋生的客户基础。这些行为都是非常实际的成就，但是是建立在遵循已有社会制度的基础上。

一个有着南交天秤交点的学生或实习生不太可能故意惹麻烦。不管与上司或老板之间出现什么样的紧张关系，他都会尽力缓和，并用尽量减少直接冲突的方式解决问题。当然这样的摩擦预示未来要发生的事，但在这个周期，惹是生非不利于巩固个人在职业上的努力。此外，这个心理学学生可能已经结婚，并在这一个9年间有了孩子。到32岁时，至少每件事都已按部就班，他们可以走向新的道路，开拓新方法和新的治疗技术。

虽然对这些生于白羊 / 天秤的人来说，到 32 岁时，想要结婚的渴望开始消退，但并不是说 32 岁之后他们就不可能结婚了。不过，和前一个阶段相比，在 32 岁到 41 岁之间缔结的婚姻或伴侣关系完全出于不同的动机。这个周期的特征是需要更多时间干自己感兴趣的事。只有他们的伴侣对于关心和互动的需求很少，这个阶段的关系才可能持续。这些人会抗拒他们伴侣强烈要他们给予更多时间的要求。

拥有共同的兴趣和活动有时可能在这些年点燃一段关系。不过冲突是不可避免的，而且争斗将磨砺他们的个性。常常，这个阶段形成的关系是出于自私的原因而发展出来的。比如，有人帮我照料我的小孩，有人帮我减轻经济压力，有人帮我做一些事，这样我能更自由地做我想做的事。因为需要更多属于自己的时间，在这个阶段之前形成的关系常常会面临挑战。不过 32 岁之前形成的安全的关系基础，也可能为这个积极开拓的时期提供重要支持。

在 37 岁到 38 岁之间，个人导向的行为加速了。对那些遵循他们自己目标的人，这可能是非常有成就的时期。新的开拓或职业冒险将测试出他们的决心和决断力有多强。在这个阶段，不必要的优柔寡断和犹豫可能暗示着严重的情绪问题。不过就大多数人而言，这是一个加速自我成长和发展的时期。

卡尔·荣格在 37 岁时发表了《力比多的转化和象征》，标志着他和弗洛伊德心理分析学派分道扬镳。荣格对弗洛伊德精神分析的迷恋开始于 32 岁，在他完成医学和精神科学习之后。他随后开始和弗洛伊德交往，展开了热切合作，然而荣格对自己观点的坚持最终导致他们之间出现摩擦。在 38 年后写的一段话里，荣格评价道："这本书写于 1911 年我 36 岁之时。那是个关键的时刻，因为思想上的转化经常发生在此时，标志着我生命第二篇章的开始。那时我敏锐地意识到，我失去了和弗洛伊德之间的友情以及我们共同工作的同志般的友谊。我妻子在这一困难时刻给予了我实际的帮助和精神上的支持，对此我铭记在心，永远满怀感激。”

荣格认为36岁是他关键的思想转化时刻，他强调了这个交点周期的重要性。他因为失去与弗洛伊德之间的友谊而感到悲伤，并对妻子表达了感激，这完全是南交天秤式的反应。看起来，从32岁到41岁，他正在清晰地朝一个全新的方向出击。

接近42岁时，个人的动力将从上一个9年的开拓性阶段发生转移。安全感和伴侣的安慰再一次变得重要起来。现有的关系得到新的关注。和伴侣在一起，通过度过有质量的时间，比此前他们追逐的个人兴趣来得重要。42岁到51岁这个阶段类似23岁到31岁。不过在这个阶段开始的关系比先前更有觉察力，更成熟。在这些年，他们表现出明显的感激和分享的能力。度过了上一个9年的婚姻或关系在这个阶段将迎来回报。46岁到47岁，他们常常对伴侣关系作出一个重要决定。

白羊/天秤交点模式的人在他们生命周期中对亲密的一对一关系非常重视，有时候这看起来像是他们唯一关心的领域。显然并非如此。家庭和朋友关系同样重要，有时甚至更重要。在南交的周期中，他们将对社会和家庭关系投入新的努力。

巩固关系基础将帮助改善个人生命中已经达成的协议。在职业生涯中，寻求同伴支持和认同自己的观点变得很重要。他们也有可能为了减少工作压力而寻找合作伙伴。虽然现在对表扬和肯定的需求不像23岁到32岁那个阶段那么关键，但在这一阶段又成为一个重要的动力因素。

到第二个整合阶段，他们对自我已经有了很好的定义。决定是否要生儿育女时，他们会更多考虑为此需要作出哪些妥协。对一个女人来说，这是最后的生育阶段。对于南交天秤的女性，在这个阶段成为母亲的决定通常需要一个愿意共同养育孩子的长期伴侣的强有力支持。在这个阶段之前获得的经济独立，可以在经济上支持她们做一个母亲，她们可以承担雇佣帮手照看孩子的开销。不过对于这个交点的女性来说，在 42 岁后成为母亲是一种不太可能考虑的妥协。

到 51 岁，第二个整合阶段结束，而另一个开创性的阶段又开始了。从 51 岁到 60 岁，他们又恢复了此前我行我素的干劲。他们重新追求在不太成熟的年份里失败的试验或未竟的事业，这种热情会让其他人大吃一惊。他们也可能成立全新的事业。不管一个人渴望的是更多的成就，还是享有更多的自由时间做自己的事，他们的向往是一样的——这又是我的时间了。某些人可能感到这是生命中最后一个机会，去实现长久以来为了迎合别人而被压抑的渴望。在 55 岁到 56 岁，冒险行为增加了。关键的事件将会凸显他们如何界定自我发展的道路。

到 60 岁，对安全的关注又成为不容忽视的现实。这个阶段在 65、66 岁的关键年龄变得特别明显，这是传统的退休时间。那些南交天秤的人在这些年将会发现伴侣和朋友的关系特别令人安慰。此时社交纽带令人满意，回报了过去那些年所谈判和维持的契约。在这一阶段，和他人的互动对个人的幸福感非常重要。

接近 70 岁的时候，情形又会发生转变，在下一个 9 年，他们又开始坚持自己的观点。在这个阶段荣格重写了《力比多的转化和象征》(题目变成《转化的象征》)，在这个北交白羊周期，他对 38 年前大胆发表的著作进行了修订和增补。后面阶段的经验和成就取决于个人的健康和兴趣。生于这个交点的人学会活在当下。对当下的兴奋和敬畏每一年都有所增长，使他们越来越不会回顾过去。过去和将来在每一个当下融合，让他们在当下永远年轻。

第二章

♉ 北交金牛——南交天蝎

筑就永远的遗产

出生时间：

1910 年 03 月 23 日，11：42 a.m.——1911 年 12 月 08 日 02：08 a.m.

1928 年 12 月 28 日，04：52 a.m.——1930 年 07 月 07 日 10：58 a.m.

1947 年 08 月 02 日，05：23 a.m.——1949 年 01 月 25 日 06：37 p.m.

1966 年 02 月 19 日，11：41 a.m.——1967 年 08 月 19 日 12：23 p.m.

1984 年 09 月 11 日，12：02 p.m.——1986 年 04 月 06 日 12：32 p.m

1986 年 05 月 05 日，05：53 p.m.——1986 年 05 月 08 日 12：18 p.m.

2003 年 04 月 13 日，06：44 p.m.——2004 年 12 月 26 日 02：31 a.m.

让我们带给这个世界和平与欢乐而非死亡与悲伤。

——特蕾莎嬷嬷

最终衡量一个人的不是在舒适和方便中他站在哪里，而是在挑战和争议的时候他站在哪里。

只要我没有牢牢地、不可撤销地拥有投票权，我就没有拥有我自己。

——马丁·路德·金

除非我们找到一条路可以急剧改变我们的文明及我们对人类与地球之间关系的看法，我们的孩子继承的将会是一片荒原。

——阿尔·戈尔

我喜欢的一句老话是：如果你仍旧只是揣着双手，你就没法卷起袖子开始工作。

——希拉里·克林顿

你早就知道没有什么会永恒，而且比其他人更了解这个道理，即使你暂时忘了，生活也会用某种方式提醒你。不过，尽管你内心清醒地认识到事情可能变得更糟，内在的某种东西还是顽固地坚持着。尽管经历过损失、背叛和拒绝，但你不仅活下来了，还学会了如何活得更茁壮。在灾难后，你创建稳定富足生活的能力给人留下深刻印象。像烧焦的山坡上一朵盛开的花朵，你有很强的生命力。虽然天性多疑、充满忧虑，但你可能慢慢发现地球并不是一个那么糟糕的地方。最终在你的生命中，建造比拆除多，赢比输多，拥有比失去多——但是要费很大劲儿让你相信这点，而有些人永远也没有完全相信。

放下受伤的感觉，从被他人拒绝的伤痛中恢复过来，有时需要一生的时间。你时不时会回到被背叛和抛弃的感受中，再一次感受到伤害所留下的刺痛，那刺痛感从未得到安抚，但复仇的渴望逐渐消退。你要与人算账的想法随着时间流逝变得越来越淡，虽然你从来不会忘记。慢慢你意识到最好的报复就是过上幸福而有成就的生活，不再让悲痛阻止你去经历生命可以提供的最美好的一切。

你在危机中足智多谋。当事情失控时，别人会把方向盘交给你。无疑，危机以某种方式唤起你内心非常熟悉的东西。很早就有的恐惧伴随着你已发展良好的生存技巧。即使在最糟糕的情况下，你也知道情况还可能变得更糟。你了解，在灾难的余波后，最难做的是再度信任生活。你也知道另一种选择是行尸走肉般活着，你痛恨这样。向深渊凝视后，你转过身来，惊讶于最简单的快乐是多么有价值。像许多生于北交金牛、南交天蝎的人一样，你可能从儿时就体会到了生活悲剧的一面。

吴敬琏不到两岁时父亲就死于肺病，母亲在悲痛面前下定决心要创造更好的生活。吴敬琏的母亲邓季惺女士是《新女性周刊》的创办人，而此前她已经获得法学学位，并创办了南京第一所幼儿园。吴敬琏 7 岁时，母亲就成为《新民报》的管理者和财务负责人。吴敬琏在纪念母亲时深情地说："她以实事求是、坚持不懈、努力追求自己的梦想来做我们的榜样，为我们留下了宝贵的遗产。"[①]

邓女士为她儿子一生努力的目标树立了榜样。吴敬琏一生的特色是在混乱中保持坚定，在人生的起起伏伏中保持平静，这都是金牛的特色。虽然母亲和祖父都认为科学和实业是中国未来繁荣的关键，年轻的吴敬琏还是选择学习经济学，这展示出金牛运用物质资源的天然倾向。在最高意义上，北交金牛代表了管理员的职责，也就是为所有人开发和维护资源的职责。天蝎也和共享资源相关，但是天蝎座要么全部，要么一无所有的激情，从赤贫到富翁的波动和金牛座对和平、稳定、富足生活的渴望正好相反。[②]

值得注意的是，就经济学理论来说，很少人比卡尔・马克思的影响更大，他也有同样的金牛 / 天蝎交点。马克思显然很关注社会如何应用资源,这部分原因是他亲眼目睹了19 世纪滥用资源所带来的问题。因此在他的著作中，南交天蝎的激情显而易见。但是马克思预想的社会并非混乱的社会，而是在共同富裕的经济架构中的安定的社会。

同样，年轻的吴敬琏读了大量马克思著作，期望中国能转变成为一个理想的社会主义国家。他把自己的学术生涯投入到为他所热爱的中国寻找一条更好的朝理想社会演化的道路中。但在"文革"中，吴敬琏发现他在重新检查自己的理念，特别在顾准的影响下，他说："我的生命发生了根本的转变。"这样强烈的重新审视自我和暂时回归天蝎转化主题的特性相符合，是极端不安下的常见反应，个人对现实的认知将会在自我审视中得到显著修正。③

在当今中国，人们亲切称他“吴市场”，当初这个称号却是对他倡导市场化改革的一种讽刺。吴敬琏在各种挑战中饱经风霜，最糟糕的一次是2001年股市崩盘时，有人为市场的暴跌责备他，有人甚至说他有意搞垮改革成果。在经历了这一切之后，他仍旧全心全意为改革服务，称自己是那种“老一代的共产党员”。他坚持建设一个健康的股票市场（金牛），对改革可能走向歧路始终保持警觉（天蝎），而且一直注意极端主义可能给国家带来的危险。这种跌宕起伏的人生是这组交点两极的特征。不过在吴敬琏那里，他为中国建立一个公平公正的市场经济所做的切实而建设性的努力，是北交金牛的一个美妙例证。

每一个生于北交金牛的人都有与物质世界和平共处的需求，但表现形式却是各种各样。一种方式是拥有物质财富，尽管物质拥有和灵魂需求多少成正比。并不是只有北交金牛的人有积累财富的需求，但显然这个位置不会阻碍他们获得财富。在现代中国，东方希望集团董事长刘永行、香港瑞安集团董事长罗康瑞、比亚迪股份有限公司董事局主席王传福都是属于这个交点家族。其他成员还包括18世纪罗斯柴尔德家族财富的奠基人罗斯柴尔德男爵、钢铁巨头安德鲁·卡内基、多元化集团帝国的J.P.摩根、狂妄的石油大亨保罗·盖蒂、铁路大王杰伊·古尔德。舒适物质生活的欲求通常伴随着对稳定生活的渴望，也很大程度取决于他认为真正有价值的是什么。对某些人来说，因为害怕再次变得一无所有，他们会不停向外攫取。

偏执更像是天蝎的表现。和生存有关的未解决的心理问题显然会让他们无法对已拥有的财富抱有感激之心。在这种情况下，占有的欲望永远无法得到满足，总是担心灾难降临可能真的会带来最恐怖的财务灾祸。一直做到极限边缘是天蝎座的另外一个特征，把危机放在眼皮底下，这样就可以提醒自己，他们是在拿什么冒险。在极端情况下，这种基于恐惧的习惯可能会毁掉一生的努力。这里最极端的例子是2006年被处死的北京富豪袁宝璟，他雇人杀死一个警官以灭口，而他此前正是雇佣这个警官杀死他的一个生意伙伴，但这个警官在计划失败后又向他勒索。他是被处以死刑的最富有的中国人之一，他的阴暗的、未被解决的、对损失的恐惧最终让他失去了一切。

不过，即使经过灾难，大多数北交金牛的人最终还是保住了他们的财富。另外，那些富有的人经常对社会作出外在贡献，像卡内基的捐赠和保罗·盖蒂博物馆。不管是对资源的操纵还是对资源的管理者的感觉，都会以无穷多的方式展现出来。另外，记得金钱和财富对于这个交点的人的象征意义很重要，它们是代表生命富足的切实的证据。对许多人来说，这种富足将会使老旧的恐惧平静和放松下来，治愈他们和生命之间最根本的关系。

与物质世界的和谐可能会延展出发自内心的对地球的感激之情。在我的客户中，许多从来不相信他们有什么天赋的人也发现他们对园艺和种植有天然的亲近感，而这些也会增加他们的生命成就。就像那朵在焦黑山坡开放的花朵一样，这些人心中有某些东西，即使在被彻底摧毁的景象中也能够感觉到新生命的潜能，并能从未来的损失中拯救出我们所拥有的东西。

北交金牛对环境怀有欣赏感激，南交天蝎对损失非常敏感，而阿尔·戈尔是这两个特点的著名代表。他在环境问题上所做的努力影响很大，因而获得2007年诺贝尔和平奖，又凭着关于气候变化的纪录片《难以忽视的真相》获得奥斯卡奖。前美国副总统戈尔在他1992年出版的书《平衡中的地球》中非常清晰地表明了自己的观点。虽然他有关后代继承荒原的警告反映出天蝎的幸存主义者的恐惧，但戈尔也在书中列出了金牛座的切实可行的办法，让每个人可以为拯救我们的环境做些什么以使一切有所改变。另一个北交金牛的环境主义者贾克斯·康斯陶，因为一生的环保主义活动获得无数奖项和奖励，他是第一批对海洋的危险状况发出警告的人，因为他总是遇到原来纯净的地下水源环境被污染的可怕状况。比戈尔名气小一点的英国环保主义者还有在政界的汤姆·斯宾塞。作为前欧洲议会成员，他投身于提高有关环境改善问题的国际协调活动中。斯宾塞一直努力在分歧很大的政治和区域里建立一个共同的基础。他支持伦敦的全球公共资源研究所的奥布里·梅耶的努力，他们的碳排放模型——“紧缩和趋同”模型可能成为国际协议和政治共识的基础。

我的许多客户，有非常简单但对个人非常重要的表达金牛/天蝎交点主题的方法。一个客户发现，在他的住宅后面建一个砖墙和露台对他离婚后的苦闷心情有很好的治疗作用。他说：“当每一块砖都砌到位的时候，我觉得我的一部分生命得到了重建。”另一个客户在母亲死于癌症后重新装修了房子。还有一个客户在丈夫心脏病发作后，种了一小丛矮苹果树。“给孙子们的，”她说，“这个他们现在可以享用，而在我离去以后，他们仍然可以享用很久。”

对生活的感激之情并非一定要发生在失落和悲剧之后，不过对生于这个交点的人，这个主题很常见。阿尔·戈尔在《平衡中的地球》的序言中提到一件事，这件事“促使我对自己和生命之间关系的想法发生巨大的转变”，因此写了这本书。1989年4月，当他在棒球场外散步时，目睹了6岁的儿子阿尔伯特被一辆车撞上，在空中飞行了20步，然后又在马路上擦了20步，才停在他面前的一条水沟里。他低头看着他的儿子，他说：“他的眼睛大张着，充满了死亡的虚无。”随后的很多个月里，当他的妻子为儿子的康复耗尽心力时，戈尔经历了一次根本的转变。他说他儿子和死亡擦肩而过是一个催化剂，让他对他所珍视的一切感到有一种新的紧迫感。他的妻子也生于同样的交点。

在公众人物中，没有人比杰奎琳·奥纳西斯更能戏剧性地体现这个交点的本质。在经历恐怖事件和丧夫之后她所体现出的优雅，正是她善于随机应变的证明。做了很长时间约翰·肯尼迪的寡妇后，她下嫁船王奥纳西斯，这不仅突出了北交金牛对舒适的渴望，而且也体现了南交天蝎需要一个很有权势的伴侣带来熟悉的激情和安全感。

虽然后来肯尼迪婚姻中风流韵事的曝光让我们看到杰奎琳作为第一夫人必须要处理的私人情感动荡，但她至少避免了另一位有同一交点的第一夫人——希拉里·克林顿在公众面前所遭遇的尴尬和屈辱。处理丈夫明目张胆的背叛无疑大量耗费了希拉里的情感资源。不过，非常显著的是，这个交点模式的人有很强的能力渡过不利的风暴继续过富有成就的人生。希拉里后来成功竞选参议员并成为国务卿，就是一个清晰的例证。

前总统里根是南交天蝎生命力的又一例证。里根在被刺后仍旧完成了总统任期，而且在伊朗门事件和储蓄贷款纷争中保持了稳定的路线。就他北交的特点而言，里根的顽固和顽强为他赢得了更多朋友而非敌人。很多历史学家认为他坚定的领导是加速苏联垮台的重要政治因素。

在我们这个时代有三个伟人的生命代表了这个交点最为著名的遗产：马丁·路德·金、宋庆龄、特蕾莎嬷嬷。金博士的非暴力遗产强调了在追求幸福的过程中要用和平的方式取得平等权利。他并没有教导人们破坏或推翻这个制度，他要的仅仅是让被剥夺了权利的人可以和其他人一起好好生活。金博士并非来自于贫困阶层，他是浸理会牧师的儿子。不过因为在种族隔离的南方长大，他很清楚非裔美国人显然被剥夺了公平的待遇。

作为最年轻的诺贝尔和平奖获得者，金博士一直坚持坚定的、矢志不渝的非暴力原则和方法。不过，在他生命最后的几个月里，他对极端主义组织将获得更强有力的支持表示非常担忧："他们将利用黑人的绝望。"据他的妻子讲，他经常对孩子们说："如果一个人认为没有什么东西值得他为之而死，那他就不配活着。"他还说："重要的不是你活多久，而是你活得好不好。"金太太说："他从不憎恨，从不对幸福绝望，他也鼓励我们这样做。他以这种方式不断让我们准备好面对悲剧。”

马丁·路德·金找到一个办法平衡金牛/天蝎的对立力量，让天蝎的激烈为金牛的坚韧加油。他的动力并非出自报复的渴望，而是出自想要所有人都能获得和平与幸福的根本愿望。只需要听听他的声音就知道，他的声音里应和着宿命的混乱和激情，以及他所找到的用以克服内在外在仇恨的力量。在本章开头所引用的马丁·路德·金的那句话强调了舒适（金牛）针对争议（天蝎）的交点主题。还有在另一句类似的引述中，金博士强调了“拥有”这个金牛的关键词。

宋庆龄被称为现代中国的母亲，她的贡献通过宋庆龄基金会的许多慈善项目持续着。基金会为学生提供助学金，为中国和世界的母亲、婴儿、儿童提供慈善援助。作为著名的宋家三姐妹中的老二，她的一生既反映了现代中国的编年史，也是她的交点生命道路主题的证明。

宋庆龄生于一个富有的家庭，父亲事业很成功，而她则想要为建立一个和平富裕的中国贡献一份力量。在美国佐治亚州梅肯市威斯里安女子学院上大学时，她就表达了对有关女性权利的强烈看法。22岁的她回到祖国，通过和孙中山的婚姻，她的命运和历史紧紧交织在一起。孙中山比他年长26岁，宋庆龄描述她和孙中山的关系更像“学生和老师的关系，对他的感情就像一个忠实的学生”。她在给朋友的一封信中描述在她结婚第一年的生活中如何和丈夫一起勤奋工作：“我忙于帮助丈夫工作，回复信件，负责所有的电报并把它们解码成中文。”她接着表达了她的渴望：“我渴望有一天我所有的努力和牺牲都能得到回报，让中国从专制和独裁统治的束缚中解放，从最美好的意义上，作为一个共和国站立起来。”④

她几乎不停地跟着孙中山旅行，和孙中山在一起的10年是在危险，有时甚至是极其痛苦的逃亡中度过的。在1922年6月躲避广东军阀陈炯明的攻击时，一颗子弹呼啸着擦身而过，宋庆龄因而流产，并被告知无法再有自己的孩子。不到4年后，孙中山死于癌症，宋庆龄此后再没有嫁人。在丈夫去世后的几个月中，宋庆龄在一封信中清晰地表露了这个交点在金牛和天蝎之间的矛盾：“我的脑海里现在都是非常痛苦的想法，我的情感非但没有死去，想到自己失去的，反而加重了悲哀。不过，我试图在我丈夫一生的工作——建立一个新中国中忘掉我自己。”忍受这些损失，是如此明显的南交天蝎主题，而宋庆龄接下来就像北交金牛一样努力，坚定地把一生贡献给了建设一个更好的社会。⑤

任何研究过宋庆龄生平的人都会熟悉她为受苦难的人所做的努力，例如1938年她创立中国福利基金会。日本人轰炸香港时，她逃到“自由中国”，在那儿继续努力工作，帮助伤员和5500万从乡下涌出的难民。在这段时间，她还帮助建立了孩子的培训学校。她做了很多类似的事情，履行自己要让孩子们过得更好的承诺。

在20世纪50年代早期，她创立的杂志名称是《中国建设》（现改名为《今日中国》），再次表明宋庆龄对中国新生活的认同。她的灵魂渴望成为焦黑的山坡上盛开的花朵，为和平及生命的出现再次带来希望。在她生命的最后18年中，她工作和生活在北京的一座很舒适的大宅院中，一个有金牛座感觉的环境中，在那里她继续为全中国年轻人的教育和福利而努力。她过去的住所现在已经成为她的纪念馆。1981年去世后，她被追认为国家名誉主席。虽然她一生的工作通过基金会持续下去，但我们仍然能在她的故居和围绕故居的花园的宁静中，感到她所找到的满足感。在那儿，日历永远停在了1981年5月晚春的一天。

特蕾莎嬷嬷原名艾格尼斯·刚察·博加丘，在一个富有的阿尔巴尼亚裔天主教家庭长大，是三姐妹中最小的。她的父亲在她9岁时就意外去世了。他是一个成功的生意人，也是地方议会的成员，他对社区服务的重视给他的女儿留下深刻印象。曾经拥有这么一位活力十足且有影响力的父亲，然后却又失去他，以及每天目睹自己家庭的舒适生活和那些不那么幸运的家庭之间的鲜明对照，这就是她童年的两极。每天的宗教活动和母亲的慈善榜样又塑造着情感上的两极。她总是陪着母亲在城里看望那些需要帮助的家庭，为那些无法漱洗和吃饭的人漱洗吃饭。当一个有六个孩子的寡妇去世时，他们收留了那些孩子并把他们当作家人抚养大。

18 岁时她决定加入爱尔兰罗雷托修会，这个组织在印度的活动非常活跃。她的工作最终让她来到加尔各答，在 37 岁到 38 岁时她感到召唤，让她去住在城市最糟糕的贫民窟中，给最需要帮助的人直接带来关爱和帮助，并在那里建立秩序。不像以前提到的那些人，他们出于恐惧生活在灾难边缘，把灾难放在眼皮底下，特蕾莎嬷嬷选择每天用爱面对街头的恐惧。她的遗产扩展到她建立的秩序之外，为世界树立了一个榜样。

当然，对特蕾莎嬷嬷也有非议。她的反堕胎立场让很多钦佩她的人苦恼。除此之外，1994 年一个英国电视台拍摄的名为《地狱天使》的纪录片为围绕她的媒体打上“夸张和轻信”的标签，说她提供危险的医疗服务，向穷人宣扬臣服和屈服。[⑥]

从某种程度而言，几乎对每个公众人物，围绕他们的争议都是生活的一部分。不过，除了相反交点（北交天蝎，南交金牛）之外，生于这个交点的人似乎比其他交点的人更容易吸引争议。吴敬琏、马丁·路德·金、杰奎琳·奥纳西斯、希拉里·克林顿、罗纳德·里根、阿尔·戈尔都有围绕他们各自的争论。很多人忍受了这些争论并继续他们的生活，但并不是所有的人都能做到。19 世纪爱尔兰诗人和剧作家，奥斯卡·王尔德，试图澄清对他同性恋的诽谤而上诉，但却败讼，结果身心破碎地度过了生命的最后几年。

这些人骨子里的激烈会在他人身上激起或好或坏的强烈反应。围绕着他们的抛弃和背叛越混乱，所激起的风暴也就越强烈。在现代舞台上，表现恶劣的、失控的迈克·泰森目前就排在那些带有未解决的南交天蝎问题的名单顶端，是的，他有一个可怕的童年。但是那么多有这样交点的人却过着非常有成就的生活。

乔治·福尔曼从和泰森类似的环境出来。他在休斯敦第五区的简陋街道上长大，小时候经常惹麻烦。一个职业公司顾问看到乔治老是打架，就说服他把他的能量投入到可以产生回报的事情——例如拳击中。1968 年福尔曼获得一块奥运会金牌，1973 年又获得了国际重量级拳击冠军。在 1977 年卫冕惨败后，福尔曼因为一次宗教经历而觉醒，离开拳坛，成为一名积极的牧师。后来为了筹集资金以支持他正在为休斯敦的年轻人所做的工作，他在 10 年后重新登上拳坛。

他在 37 岁到 42 岁之间的回归被看做拳击历史上的一个最引人注目的事件。仍然积极活跃在职业拳击中的福尔曼运营了一个青年中心，设法帮助孩子们远离外界的混乱。福尔曼把生活的快乐辐射出去，与生活和解。而泰森则仍然陷在向生活报复的、以恐惧为基础的周期里。泰森越恐吓、控制和操纵，生命的祝福越远离他。

回顾历史纪录也揭示了其他动荡的人生故事，如沙漠之狐隆美尔，当他被牵涉到一个推翻希特勒的谋反案中时，他选择自杀以把家庭从死刑判决中挽救出来。还有前西班牙独裁者弗朗西斯科·佛朗哥，当他是年轻士兵时，从一次致命伤中活了下来，这个求生的传奇故事进而演化成金牛耐力的一部分。他最终超过所有欧洲第二次世界大战的独裁者——希特勒、墨索里尼和斯大林，统治了西班牙 40 年。

但是，对大多数这个交点的人，生活的快乐远远超过了对危机的恐惧。虽然有这组交点的客户经常会谈到在他们生活中发生过的悲剧事件，但他们所创造的生活通常都是富足而稳定的，相比之下甚至是安宁的。对有些人来说，当他们意识到自己处理危机和面对恐惧的能力有多强后，他们会深深放松下来。当他们意识到他们拥有处理任何事情的内部资源时，一种踏实的感觉油然而生。

我在一位社工和游泳教练身上看到有这组交点的许多客户所具有的另外一个特征。她和积极参加社工活动、事业有成的丈夫一起，抚养了两个孩子并送孩子们进了大学。“我每天都尽可能地投入生活。你不知道明天会发生什么事情。担忧那些事情是浪费生命。”

演员克林特·伊斯特伍德通过扮演消灭冷酷无情的罪犯的硬汉形象确立了银幕的声誉。但在实际生活中，他曾竞选卡梅尔镇镇长。他支持当地市民边在人行道上散步边吃冰激凌。不管他令人信服的表演是否和有点算过去世的天蝎经验共鸣，在此生中他并不是枪手、治安官或警察。他是个演员，一个希望人们享用他们的冰激凌的成功的演员。

当提到格蕾丝·凯莉的一生时，常常提到的是她迅速从摄影模特成为著名演员，然后又与摩纳哥的储君发生童话般的浪漫爱情，然后才是那场致命的车祸。很少有人像这位充满优雅和激情的女性一样度过令人惊叹的富足而充实的一生。作为摩纳哥皇后，她抚养了三个孩子，而且是她所居住的国家的文化和慈善事业的不知疲倦的推动者。[7]

在其他皇室中，还有查尔斯王子。虽然他在和戴安娜的离婚事件中被媒体大加指责，但此前他因为保护英国古典建筑的立场和积极支持建设更有美感和更符合生态标准的社区（金牛）而被关注。在戴安娜离世后，他担负起了抚育儿子们的全部重担。这是一个既需要金牛的力量也需要内在天蝎应变能力的角色，以帮助他的儿子们应对失去母亲的悲剧。从各方面的报道来看，查尔斯王子到目前为止应变得还不错。

生于这组交点的每一个人身上都有很深的矛盾。他们下决心享用劳动成果，并为自己和所爱的人创造美好的生活，而命运总是测试他们的精力和耐力，以及他们用以获取精力和耐力的仿佛取之不竭的应变能力。

在思考这组交点的最高表现形式时，了解围绕佛陀生平的占星传统是很有意义的。据说他出生和开悟都是发生在天蝎座满月的月食期间，那时北交在金牛，南交在天蝎。这位年轻的王子，生长在王室的庄严和享乐中，却放弃了王子的生活去直面村民的疾病、贫穷、痛苦和死亡，这个故事阐释了这组交点的动力作用。对佛陀来说，最终的开悟揭示的是一条中间道路，对生命中的欢欣和苦难、快乐和痛苦的深深的接纳对于灵魂的道路是必需的。纵然完全了解黑暗和绝望的深度，但仍能感到满足、安宁和真诚的喜悦，这就是佛陀开悟的精髓。

每个在这组交点道路上旅行的人都可以学会以他自己的方式重新拥抱生活。当他们发现栖居于他们灵魂之中的力量再一次更新时，他们会体会成就感。这个力量可以使他们与生活和睦相处，并帮助他们接受带来养分和滋养的简单的、脚踏实地的快乐。这样他们可以允许自己去爱和被爱，去给予和接受，了解诸事无常，没有什么可以长存，也不再允许死亡的阴影和失去的恐惧欺骗他们放弃生活。

我的一个有这组交点的客户在电子日程表中存有《旧约诗篇》第23篇。他说，这是他的真言，他的歌。而这一节诗篇清楚地回应着共同拥有这一生命主题的人生："耶和华是我的牧者，我必不至缺乏。他使我躺卧在青草地上，领我在可安歇的水边。他使我的灵魂苏醒，为自己的名引导我走义路。我虽然行过死荫的幽谷，也不怕遭害，因为你与我同在；你的杖，你的竿，都安慰我。在我敌人面前，你为我摆设筵席；你用油膏了我的头，使我的福杯满溢。我一生一世必有恩惠慈爱随着我；我且要住在耶和华的殿中，直到永远。"

职业：

拥有所有权通常有助于生于这个交点的人获得成就。渴望拥有和需要控制是双重动机，要么互相配合达成目标，要么互相敌对，摧毁成就和安全感。在积极的意义下，这些人的足智多谋为自己提供了一个安全网。在20世纪80年代末90年代初的公司裁员风潮失去工作的人中，不论从心理上还是从其他方面，这个交点的客户比其他交点的人恢复得快。首先，他们不会毫无准备。实际上，甚至当公司重组的第一个信号出现之前，有些人已经开始准备了。

一位客户把她的遣散费中的大部分投资于一个她已经研究多年的小企业，并开了一家香皂和沐浴油精品店。3年后她开了第二家，这两家店的业务都蒸蒸日上。另一位客户投资在房地产上，买下旧房子，重新装修后出售。8年间他自称赚了比他之前那个中层管理职位的薪水多两倍的钱。

但是，在另一个例子中，一个人租了个铺面开店，而当那个铺面的主人愿意把这个地方卖给他，他却没有敢买下，最后这个地方被卖给了另一个人。尽管他的小店在这个小区很不错，业主卖的价格也合理，但他还是害怕借钱。向银行或他人借钱的恐惧比他想要拥有那个店面的渴望更大。后来，当跟店面的新主人谈判时，他发现自己要付比之前高三倍的租金。不得已，他只好换到另一个更便宜的地方去，但很快就干不下去了。害怕事情可能失控的偏执想法会阻碍稳定和繁荣。生存恐惧可能把个人的生活圈子缩小到只能满足基本需求的地步。

对大多数人来说，持之以恒和决断力经常会为这个交点带来回报，不管是经营自己的企业还是为他人工作，他们依赖不懈的努力和遇到困难时能够坚持的能力。虽然这样的力量和自信需要学习才能获得，但从一开始他们就有这样的能力。自我价值的困境将被即时克服，而吸引财富的能力也同样会提高。

在我的档案中，这组交点看不出特别的职业领域，不过相似的主题常常出现。在失落和职业动荡期之后，常会伴随稳定的收益期和资源积累期。有些人有奇异的能力，可以看到其他人看不到的价值。心理顾问似乎有拯救迷失灵魂的天赋，承包商可以在烧光了的快要倒塌的建筑上看到其他人看不到的价值，投资银行家能看到重新振兴一个被毁弃的区域的潜力。律师会感觉到一个案子的价值，接下其他同行不会接的案子。他们不是等着天上掉馅饼的人，而是精力充沛的幸存者。他们幸存下来，带着实际的技能，而这种技能很少人拥有。就像在矿藏中的钻石商人，他们能够在粗粝的岩石中看到钻石。

的确有某些这组交点的人会时不时招来职业或经济上的灾难。丑闻、调查、税务审计、破产等等真的即将来临，威胁着要倾覆，有时的确倾覆了他们靠着巨大努力建立起来的城堡。但关键不是他们是否被击倒了，而是他们能否站起来。这些人有办法重新站起来而且拒绝再次被撞倒。这样的恢复能力和精力不会在职业上没有回报，特别当常识的判断力与日俱增时。

如果你生于这组交点，又正处于职业决定的两难选择之中，请考虑两件事：第一，值得吗？第二，如果我错了，我还能生存下去吗？通常，如果你第一个问题答对了，你就不必答第二个。不过即使你错了，你也会熬过来，并且不会再犯同样的错误。知道什么值得什么不值得，可以让你留在正确的职业道路上。你们中的大多数人将建立很有成就的事业，而且会坚持到竞争的最后。你们的成就很有可能持续下去，同时因富有而喜笑颜开。

关系：

生于金牛/天蝎的人渴望稳定持久的关系，很多人看起来能够实现他们的愿望。不过，要获得真正的满足感可能要经历动荡的关系考验。所有亲密关系当然都是建立在信任的基础上。不过，因为这些人正在学着信任生活，他们也同样必须学习如何信任他人。因为本能易于期待最糟糕的结果，他们经常对另一个人抱持着最坏的猜想，把背叛和遗弃的恐惧投射到伴侣身上。他们可能会因为猜疑和指责毁掉一段关系。

通常的情况是，关系变得越好，他们的恐惧变得越深。“噢，上帝，我们真的相处得不错。如果现在出什么事，该怎么办？”在这种情况下，他们可能开始做些事情破坏这段关系，以此终结紧张和害怕，因为他们相信这段关系不会奏效。然后他们对自己说：“我还是继续向前，把这件事忘了”，他们通过操纵事情获得暂时的安心，不过这种控制的做法最多提供短时间的解脱，通常，随之而来的是再熟悉不过的悔恨。基于恐惧的行为模式一般会随时间流逝而逐渐消失。把关系之桥烧毁的倾向更多发生在他们不那么成熟的人生阶段。

另一个模式是吸引来一个很有力量、有魅力、掌控性很强、性感的伴侣。在这种情况下，另一个人强烈的性格让他们宽心。周围有这么一个人让他们感到自在。不管是好是坏，一种似曾相识的情绪像磁石一样吸引着他们。“这是一个可以与之产生联系的人，一个既能让我兴奋也能与我对抗的人，一个可以应付我的激烈的人。”这种激情纽带的核心安全感形成一个原子核，围绕这个原子核他们可以建立一段关系。这样一个原子核会因为对抗和控制战而激动，不过也为创造一段持久的、有活力的婚姻增加了燃料。

不幸的是，同样的模式也会在充满辱骂的婚姻中上演。原来认为是命定的吸引力最终会变成要命的吸引力。一个有这组交点的人如果在辱骂的家庭长大，可能会认同施虐者或受害者 / 幸存者。在任何一种情形下，这种熟悉的、暴力的动力模式都可能会导致一场悲剧。不过，也可能发生转变。想要破坏的习惯可以被改变，在被改变之前，他们常会走到一个极端。最终，对那些在这个问题上挣扎的人来说，想要创造更为平和的生活的动机对他们大有帮助。

南交天蝎的人天性中的渴望很明显。与其他交点的人相比，他们的性需求更与安全需求划等号。性不是这个交点的人的目标，但对他们消除恐惧、疑虑和感到幸福很关键，也很重要。他们的欲望、激情需要表达出来。奥斯卡·王尔德说：“摆脱诱惑的唯一途径是向它投降。”

南交天蝎女演员梅·韦斯特把性暗示作为自己的标志。她一语双关地说：“不是你生活中的男人，而是你在男人中的生活。”她说自己是有利于健康的因素，因为她把性带到明处。同样，很多客户看起来对他们的性生活一点也不害羞。就是那些不那么直白的人对性暗示也不反感。这样的行为暗示着情感上的联络。提到性问题可能会暂时让这个人感到熟悉，并促使他们接着谈论其他事情。

在婚姻中缺乏亲密的性关系会让婚外情对这些人极具诱惑。他们并不想让婚姻不稳定。实际上对某些人来说，婚外情看起来有助于他们维持一个本来很成功的伴侣关系和他们努力创造的家庭生活。在某些情况下，婚外情可能会导致分居或离婚，但他们并不想这么做。通常，他们伴侣出轨才是决定性的因素，使他们感到没有什么值得挽回了。在我的档案里的好几个情况，有这个交点的人最终又和前伴侣复婚，或在离婚后搬回去住在一起。

对于这个交点的人来说，伴侣出现婚外情让婚姻不稳是他们最害怕出现的情况。不过显然，一旦面对这种情形，因为他们有能力处理这个问题，这些人的恐惧反而消除。危机让他们重新精神抖擞，发现自己又回到了熟悉的地方，会操纵情况向对他们有利的方向发展。通常，他们的目标是保留他们的婚姻，如果实在不可能，他们会以相当大的热情重新构建生活。

如果你对生于这个交点的某个人产生浪漫情感，别让对抗吓倒你。他们在试探你，看看当他们变得激烈的时候，你是否能够应付。性方面也是一样，他们在测试你。通常，这些人婚后会放松很多。性仍是非常重要的，但是他们会成熟一点，想慢慢品尝愉悦而非对它上瘾。如果你已经成为他们的伴侣，这个交点的人将会一直与你风雨同舟，祸福共享。在危机中，他们会陪伴在你身旁，但如果是你把危机带给自己的，他们稍后会让你吃点苦头。

父母指南：

如果你的孩子生在这个交点，控制权的战争不可避免。当这些孩子感到不安全、疲倦或处于防御状态时，他们可能会固着在恐惧上面，要求父母有足够的证据证明一切都是安全的。他们通常会害怕黑暗，对拒绝很敏感，对被遗弃很恐惧。他们有时会执著于让他们恐惧的东西，甚至表现出有点病态的好奇心，仿佛被那个最让他们感到恐惧的东西吸引住了。不过这些孩子不是胆小鬼，在真正的危险面前，他们会表现出令人惊讶的无畏。在危急中，有这个交点的孩子会自动知道该怎么做，变得镇定或勇猛，正如情况所需要的那样。强烈的生存本能栖居在这些灵魂中，他们从伤害和病痛中康复的能力也是显著的。

当孩子出现破坏的倾向或变得激烈，这是一个预警。父母经常对这些孩子的管教很严厉，希望以此吓住他们以让他们服从或合作。这是很大的错误！此前提到的控制权的战争，用恐吓的办法只会让情况更糟。

这些孩子会考验你的耐性，不过他们对坚定、言行一致和耐心有最佳的回应。试着不要陷入他们的情感漩涡。你会被拉下去，就像试图去救一个溺水的人，而他会反抗你的努力。

给这些孩子展示一个让他们摆脱困境的方法。只要有可能，就展示给他们看另一种平和的、愉快的选择。奖励而非贿赂比惩罚的效果要好。当你考虑惩罚的时候他们会想办法报复，形成消极的、破坏性的纽带。贪婪、嫉妒和报复通常是基于恐惧的反应。同样，适应力、足智多谋、激情和忠诚是天生的特征。他们会在任何不利情况下保护家庭。他们对兄弟姐妹很嫉妒，但又是第一个跑过去帮忙或保护他们免受伤害的人。

一个稳定的、平静的、有着舒适的物质生活的童年环境可以给这些孩子展现“生活可以多么美好”的范例。他们有时候似乎会和你慈爱地提供的平和富足的生活发生冲突，不过最终你的努力将会给你和他们带来回报。小时候他们总是把积木撞倒而不是把积木垒起来，总是嫉妒其他孩子的玩具而不是喜欢他们自己的，总是嫉妒你对其他人的关注而不是感激你在他们身边。随着时间推移，实事求是、以身作则的榜样将会让他们把精力转向更有建设性的一面。有条件的时候，让他们参与到你的活动中。把你的女儿带到你的工作场所是一个很好的点子，向你的儿子或女儿展示你是怎么赚钱的，让他们熟悉物质被提供的过程，鼓励他们做家务或能使他们赚到零花钱的项目。

自然，不稳定的环境、离婚或经济困难都会加强他们的幸存者身份，使他们不那么相信这个世界。不过，许多有这组交点的孩子还是会从这样的环境中成功走出来。最关键的要素常常是有人向他们展示了一条更好的道路，有人说服他们去试着做那些可以实实在在有所回报的事情，并提升他们的自尊。学习实际的技能使他们可以看到辛苦劳动的结果，比如兼职工作、社区工作或运动都可能是他们少年时很重要的经验。从富裕家庭出来的孩子也可以在类似的课程中获益，特别是和社区有关的活动。目睹不那么幸运的家庭的状况可以给这个交点的孩子留下强烈的印象，提高他们对自己所拥有的一切怀抱感激之心，并唤起他们作为资源和财产的管理者的感觉。

很有趣的是，这些孩子最可能的混乱期不是 15 岁到 19 岁，而是从 5 岁到 14 岁。9、10 岁可能是最麻烦的年龄，常常和家长或权威进行权力斗争，让每一个人都感到恼火。不过在这种挣扎和混乱中建立起来一个可供参考的底线，仿佛通过对抗最糟的情况，他们现在知道可能发生什么，也悄悄地感到宽心。

虽然他们仍然对抗，继续试探控制底线，但他们在 13 岁到 14 岁时开始发生转变。他们越来越不再试图推翻这个体制，不再想捣乱，而是想拥有自己的东西。并不是所有有这个交点的青少年都会变成消费狂人。在很大程度上，这取决于他们的榜样和被灌输的价值观。对这些十几岁的少年来说，长大成人意味着拥有成年人拥有的东西，拥有东西等同于拥有成年。这样，衣着变得越来越重要，还有那些昂贵的东西。所有权变得很酷，因为它象征了成熟（特别是拥有那辆非常重要的汽车）。

对这些少年人，占有欲可能就是谚语中的“大棒上的胡萝卜”。去挣得他们想要的东西，可能帮助他们培养起日后将在生活中对他们非常有用的耐力和精力。不过，也有明显的危险——除了暴富的诱惑，例如非法收入之外，他们想早点挣钱获得现在想要的东西，而不是在学校学习提高挣钱的能力。太早安稳下来可能会严重降低日后创造富裕生活的机会，或至少让日后的生活有更多挣扎。

在 18、19 岁这非常关键的年纪，渴望拥有成年人拥有的东西可能导致成本很高的错误。许多有这组交点的人继续接受高等教育而且学得很好，在大学里一直不断努力，超出父母预期，有时和小学、初中的表现反差很大。当然，获得学位并非成功富足生活的保证，就像挣钱不是成就的保证一样。它更多取决于你认为什么有价值。特蕾莎嬷嬷在 18 岁时选择做了修女。马丁·路德·金进入大学时决定像他父亲一样成为牧师。乔治·福尔曼 19 岁时获得奥运会重量拳击冠军。父母给这些孩子最大的帮助就是让他们发现什么是真正有价值的东西，而回报是惊人的。

生命周期：

在 23 岁到 24 岁期间，他们对前一阶段的价值和成就开始有所反思。对有些人来说，这意味着追寻一条与他们的专业有所不同的职业道路；对另一些人来说，可能生存问题开始出现。如果此前的努力没有回报，他们会感到很痛苦。大学毕业生发现自己在餐馆端盘子，高中毕业生或大学肄业生感到陷入工作的僵局，他们的汽车和小公寓已经失去了光彩。

在 23 岁到 32 岁之间，他们的才能再次受到考验。前一个周期结婚有孩子的人可能感到特别无力，对未来充满忧虑。有些人会在这个破釜沉舟的阶段离婚。那些在这个阶段选择结婚的人更多是因为性、生存或两者兼有的原因。在这些年里的关系特征常常是狂乱的激情。

同时，早婚只是把他们引向更深的水域，使他们改善亲密关系并最终加强关系纽带。这些年的试炼要么造就、要么会毁掉一段关系。

在 27 岁、28 岁容易出现最严重的对抗倾向。没有被解决的情感问题浮现上来。类似 9、10 岁时的恐惧出现了，而现在失去的更多。有些人简化他们的生活，去掉那些他们认为不再需要的东西。另一些人挖土，种下种子，期望有一天能结出果实。有些人借钱投资。有些人会对一个点子、一个行业、一个产品进行研发，有时这些是秘密进行的。那些有明确目标的人将会用这些年加强他们的权力根基。在商业中他们用低价来竞争。在公司或政治领域他们会和有同样渴望的人结盟。

当然，在这个周期失败和挫折也会发生，特别在 27、28 岁，那时他们会度过很多灵魂的暗夜。不过，在此期间所获得的教训将给从 32 岁开始的下一个周期带来收益。在下一个周期，他们将抱有更保守的态度，通常更不情愿拿已有的财富冒险。从 32 岁到 41 岁是他们享受劳动果实的时候，享用此前辛苦创造的舒适生活。

拥有一个家，建立一个家庭是这个交点族群在 32 岁到 41 岁之间通常的追求。现在他们通常拥有了更多的收入——可以管理的负债和稳定的职业收益。在越来越稳定的生活中，女性通常选择要个孩子，或再要另一个孩子。有些母亲说他们非常享受晚孕，因为这样不用经历 32 岁之前常有的怀孕的紧张和不安，父亲和母亲更喜欢孩子了。

此前的婚姻困难到 33 岁的时候通常会消退，并建立起更稳固的婚姻。32 岁以后他们常常凸显重要的成就，这是此前艰苦工作和努力的结果。在决定性的 37、38 岁，在决定方向的关键事件里，他们将品尝到成功的滋味。他们重要的决定建立在有价值的目标上。

41 岁之后出现了新的变化。对安全感的关注再次唤醒生存本能，舒适的工作可能受到威胁。他们也可能失业。此前的稳定根基现在开始晃动了。很大程度上，现在的情况取决于此前建立的安全措施或储备的资源。关系或婚姻经常要涉过困难的水域。亲密的伴侣关系会经历混乱，然后更紧密地联系在一起。不过，婚外恋在 42 岁到 51 岁相对普遍，特别对已经失去了激情的婚姻来说。有很多性能量的关系能够在这个困难的时期提供安全感，让人踏实。在现有的关系或婚姻中也会发现新的激情，带来令人满意的转变。

46、47 岁类似此前的 26、27 岁。对有些人来说这可能是从头开始的时间。不过，出现这种情况的人通常已经准备好踏上新的职业旅途。有些客户在这些年重新回到学校，获得新的学位或完成过去放弃了的学业。同样，他们在这个阶段会进行新的职业训练，为从 51 岁开始的下个阶段做好准备。

到此为止，可以明显地看到，对这些生于北交金牛、南交天蝎的人来说，生命周期的特征是失败的阶段和成功的阶段之间的对比，繁荣的周期后接着生存奋斗的周期。每个人的荒年和丰年有无穷多的表现形式，荒年和丰年的程度也不可能预测。有明确价值观的足智多谋的人易于以某种方式安然度过这些起起伏伏，这种方式不但能够加强他们的决心，同时还可以减少年轻时明显的混乱。

从 51 岁到 60 岁又是受益的年份，而且回报很丰厚。更成熟或老练的自信现在引导着这些人。他们的力量和耐力给年轻的同事留下深刻印象。在任何年纪这些人都想与生活和平共处，在这个过程中他们让地球成为比他们出生时更好的地方。

这组交点的人求生的本能和精力使他们能够维持很有效率的生活，度过60岁到69岁这个周期可能会有的挑战和损失。在69岁那个转折性的年纪，罗纳德·里根开始了他的总统任期，在69岁到78岁的北交周期内忠实坚定地服务了两个完整的任期。他的73岁到74岁期间被许多人认为是他任内最有成效的总统时期。

梅·韦斯特80岁的时候仍然干得很好。她说："在两种邪恶中选择，我总是选择过去我从没有尝试过的那种。"类似的让人开心的恶作剧的话语显示了她的南交天蝎传承。她戴着银白色假发，穿着束腰长裙，肩膀上披着皮草，总是由膀阔腰圆的男性护送到好莱坞的社交活动中。她和像特蕾莎嬷嬷那样的人形成鲜明的对照，不过两者都有同样的决心，同样的耐力。两个人在他们的晚年都一直保持着高效和应变能力。

特蕾莎嬷嬷的故事精确地遵循了这个交点的生命周期。她在18岁决定成为一个修女，在27岁发了最后的誓言，在37岁听到召唤去建立她的秩序，在38岁被允许这么去做。生于这组交点的故事可以有无穷多的变化，不过对每个人来说，这一次是疗愈他们与血肉存在之间关系的机会。在拥抱和平与富足的生活的同时，许多人留下了持久的遗产。

第三章

♊ 北交双子——南交射手

表达你的真理

出生时间：

1908年09月26日，10：30 p.m.——1910年03月23日，11：42 a.m.

1927年04月16日，02：28 p.m.——1928年12月28日，04：52 a.m.

1945年12月02日，01：35 p.m.——1947年08月02日，05：23 a.m.

1964年08月25日，05：23 a.m.——1966年02月19日，11：41 a.m.

1983年03月15日，09：06 p.m.——1984年09月11日，12：02 p.m.

2001年10月12日，08：48 p.m.——2003年04月13日，06：44 p.m.

有趣的是当我们遭受痛苦的时候，我们清晰地体味到痛苦和快乐的差异是那么黑白分明，但当我们有所收获时，在快乐的边缘却有灰色的暗影。

——劳拉·施莱辛格(美国著名电台主持人,生理及心理学家)

写第一稿的最后一页时是写作中最快乐的一刻。在一段时间内，这是生命中最快乐的时刻。

——尼古拉·斯派克斯（美国畅销书作家，电影《瓶中信》的小说原作者）

尽管存在不公正，人们还是想继续游戏。

——克拉伦斯·托马斯（联邦大法官）

我不是什么政治利益集团，我只是一个商人。

——马云

你不安分的内在心理领域是一个广阔、凌乱的地方，歪歪倒倒的书籍散乱在皱巴巴的杂志和墙上的格言中间。你快速扫一眼门口，看到那里扔着一个贴了很多旅行标签的破旧的皮箱。信仰和理想满地都是，微风从敞开的窗子吹进来，火车票和飞机票的票根在风中飞扬。窗外，远山在召唤，大海在想象中闪闪发光。奇异的香气，和一位圣人谈话的片断一起，不断飘到你的思绪中来，让你倍感烦扰。自由而狂野的时光，热烈而放荡的情事舞蹈着狂欢而过。摩西正从山上下来。

电话铃响了，你的孩子要从学校坐车回家。开车去接他们途中你告诉电台谈话节目的主持人你的观点。在车流中穿梭时，你为自己的聪明沾沾自喜，要是你的孩子用比斯芬克斯还要古老又如赛博空间的道德礼仪那般现代的问题难倒你时，你也能如此聪明就好了。有时你在夜里突然醒来，好像忘了做什么事，忘了到什么地方，忘了给什么人打电话。哦，对了，下个星期有场演讲，还有个报告要写，还有一封你发誓下次一定要发给编辑的信。当书从手指中滑落时，你边想着休假，边美滋滋地进入梦乡。

怎样才能成功？答案很短："沟通。"怎么才能有安全感？答案没那么短："理解、真理、自由和诚实。"为了找到生命中最令人疑惑的问题的答案，你在权宜之计和信念之间挣扎着，做着痛苦的抉择。一方面，每一天都意味着需要对一系列特殊情况给出立刻的解决办法。另一方面，立即的解决之道可能是在拿原则冒险，你必须要考虑你深深信仰的信念。在你看来，生活更优待那些聪明人而非勤勤恳恳的人。

问题是，到底什么让你没法既聪明又勤恳呢?

道德的相对主义和专制者的教条主义代表了这组交点的两个极端，你们中的大多数人学会了认识并接受生命的永恒真理中的可变因素。你们不会因为不同意见感到威胁，欢迎其他人参与有意义的讨论。而那些能够一直学习探索的人会不断修正生活法则，并欢迎能够加深生活理解的经验。幸福的内在核心在于真理和做正确的事，你们中的大多数看起来都是围绕这个核心让生活安定起来。当然，当处于防御状态时你可能固执己见、自以为是、表现得高人一等。你常常会对人性的可笑之处既好奇又愤怒。尽管虚伪看起来不再和你自然期待的相反，你还是希望人们能让你吃惊。你必须把握地图和地形之间的不同，这种差异常常让你抱怨。

你天性好奇，观点交流让你振奋，因为这可以挑战或肯定你对这个世界的看法。很多人可以汲取某些深不可测的知识源泉。这种知识随时可能被唤醒，就像记起了一些非常重要的事情，你简直不敢相信已经忘了它们。因此在你被补充和打消疑虑之后，你几乎无法抗拒向他人表达自己所发现的事物的急切渴望，大多数人要情不自禁告诉人们自己的发现。知道真理还不够，你还得为它说点什么。即使你们中间那些沉默的人也会找到一个办法，通过艺术、写作、电影、音乐，传递那些你们认为非常重要的信息，必要时才会有所保留或沉默。

被倾听或让他人听到你们的声音，对你们的成就感至关重要。发展好的交流技巧，例如倾听和演讲技巧，是需要学习才能获得的能力。你们中的大多数人都在自己所选定的领域展现出了不起的能力。不过，即使那些拥有百科全书的知识或天生就有深刻智慧的人也常常遇到挑战，让他们学习什么是相对性。在物理课上教时间相对论是一回事，而当被简单问到现在几点时教相对论就是另外一回事了。大多数人了解这个道理，而且已经成为出色的沟通者。当表达对你们来说是非常重要的真理时，你们能够选择与当下话题相关的重点来说，并且能够切题地、机智地表达。

在本章开头的前三个引述来自于当代三个著名的美国人，他们都是这组交点旅程的很好的例证，但是没有人能像马云那样表现出这组不安分的交点两极之间的矛盾。

马云生于 1964 年 9 月 10 日，他的生命阐释了在不断扩张的冒险的射手和不断发展聪明才智的双子交点之间自然摇摆的特征。这个人现在在许多中国的创业者看来都是一个英雄。马云 12 岁时就开始为外国旅行者做向导，不论刮风下雨，都要骑 40 分钟自行车到杭州西湖附近的一个宾馆，免费为观光者当导游，练习英语。在 8 年中（大多数年份在他的北交周期），他和来自世界各地的人交流信息和想法，马云自己说："那 8 年改变了我。我变得比大多数中国人更国际化了。"[①]

让我们看看他那么年轻时的灵魂动力是什么：骑着自行车到宾馆做免费导游学英语——背后有怎样的动机？是好奇心？这代表双子座。渴望学习不同的交流方式？这仍代表双子座。自然被来自外国的人所吸引？国际化？这代表射手座。做向导？这又是多么鲜明的双子特征啊。而这一切不过是马云的开始。他和旅行者的交谈打开了他的国际化思路。以双子的写作方式，他在 1979 年和偶然遇到的两个澳大利亚孩子成了笔友，并在 21 岁生日前的夏天被他们邀请去澳大利亚玩。在地球另一侧的大陆，马云的 31 天旅行拓宽了他对世界的理解。

曾有一度，躁动不安而又没有生活焦点的马云参加了杭州师范学院的考试，他一共考了 3 次才成功。本来他的计划是成为高中英语老师，这个职业当然和导师 / 老师这种相当于信使的代表双子 / 射手的生命道路主题相合。不过毕业后，虽然可以在学校当老师，但马云感到很无聊，而且对微薄的工资也不满意，他渴望做让他赚钱更多的事。在 20 世纪 90 年代早期不断发展的市场中，马云找了很多工作，甚至应聘过肯德基经理秘书——不过都被拒绝了。[②]

许多有这组交点的客户也表现出职业上的动荡不安，他们在找寻某种可以让他们发达的聪明的点子，某种技巧，某种发明。这样做的部分动机是他们希望获得自由，摆脱他们深陷的模式化生活，这是南交射手惯有的恐惧。同样，自由的生活方式，自由旅行，自由探索，都等同于南交射手的安全感。不过，对这些人来说，没有比找到一种令人兴奋的、能够把人们连接在一起的新方法更富有成就感的了。

因此，1995 年在做随行翻译去西雅图的旅行中，马云发现了互联网。马云在雅虎上搜索“啤酒”这个词，发现没有中国啤酒的信息。这是一个顿悟。虽然此前他从没有摸过计算机键盘，但马云在回程中借了 2000 美元，建立了他的第一个网站“中国黄页”。在接下来的 4 年中，马云了解互联网竞争的详细情况，并离开了与中国电信建立的合资公司，因为他们一直拒绝他的想法。随后他创立了阿里巴巴，这个电子商务的构想将马云推向世界舞台，并在国际上获得成功。不过，成功不是一夜间实现的。由于过度扩张，阿里巴巴在互联网泡沫破灭中受到极大影响，并在马云戏说的“1001 个错误”中挣扎。2002 年底，阿里巴巴只有 1 美元利润。但 2007 年上半年，它赚了 3900 万美元。2008 年成功融资 15 亿美元后，公司市值超过 260 亿美元。[3]

显然，生于这个交点的大多数人的公司市值或自己银行账户的小数点前不可能有那么多零！实际上，对于这个交点的人来说，金钱常常不是重点。是的，金钱等同于自由，但问题是你需要多少自由？马云的故事很有启发意义。注意，他离开了与中国电信建立的合资公司的董事位置，就是因为他们不肯听他的。需要被听到，需要被倾听对他们来说非常重要，甚至意味着即使离开很滋润的职位也在所不惜。最终，在不安分的黄道星座双子和射手的持续矛盾中，双子频频胜出。同样值得关注的是马云在过于快速的扩张中遇到的射手问题，双子倾向于让好奇心超过头脑，马云开玩笑说：“开始我们没有计划。”也道出了双子目光不够长远的两难处境。现在，马云有了一个简洁的哲学观念：国际视野，本地获利。这句话表达出了射手的国际性和双子的本地性。

这组交点的另外一个特征是此前提到的相对性，既在相关的层面上，也在相对道德的层面上。在本章最前面所引用的马云的话：“我不是什么政治利益集团，我只是一个商人。”并不仅仅是语言上的说辞，这是马云在回答有关政府对互联网的管制时说的。管制大概在所有国家都多多少少是一个问题，而他的回答很符合常理。对马云来说，这个相对性就是他是个商人，不是一个因为政治原因站起来大发议论的人——特别如果这么做，可能会损伤他在电子商务世界中交流中介的能力。美国最高法院法官克拉伦斯·托马斯很早就知道了同样的教训。本章开头在引述马云的话之前是引述他的话。当他还是一个小孩的时候，有一次和小伙伴在邻居房子后的走廊上玩扑克牌。其中一个孩子一直赢，克拉伦斯就起了疑心，最终发现那个男孩用有标记的牌作弊。其他孩子知道后，立刻和克拉伦斯一起和那个男孩对峙。游戏在愤怒的叫喊声中结束，当大家都去贪婪地抓钱的时候，纸牌飞得漫天都是。混乱的结果是，最后钱少了的人对着钱多了的人大喊大叫，而且威胁他们。不过，他们还是又拿出来一副牌，接着洗牌，这次大家都保证不再作弊。克拉伦斯把这件事当成人生的一个教训，他写道：“尽管存在不公正，人们还是想继续游戏。”④

很可能马云和克拉伦斯持同样的观点，不过并不是生于这个交点的每个人都这么看。实际上，关于真理、信仰体系和哲学的辩论经常是南交射手习性中未解决问题的一个部分。因此，不奇怪很多生于这个交点的人成了记者，而他们总是受到如何才能最佳报道新闻的挑战。记者要考虑的问题很多：我的观点是什么？我有何偏向？谁是我的听众？什么问题和我的读者相关？这个故事会怎样影响社会？所谓客观的新闻报道当然只是一个理想，没有人生活在真空里。和仅仅做一个观察者不同，报道行为本身就会对正在报道的情况产生影响。

范长江，中国最著名的记者之一，很清楚地认识到新闻的影响。

他在这个行业干了 37 年，所报道的故事记录了从 1933 年到 1961 年间中国发生的不可思议的社会动荡。对于政治上和新闻上的观点，他都非常诚实。他的冒险经历，比如在 1936 年西安事变中抓住机会采访周恩来，还有他早期和毛泽东的对话，他对长征的新闻报道，现在都成为传奇。

范长江是中国青年记者协会和国际新闻协会的创立者之一，后来又成为中新社的主编。他写了很多有关新闻业的杂文和书籍，列出了新闻的基本原则。这些原则最终发展成为中国青年记者协会的六个基本原则。范长江人生的冒险经历和他所辩论的原则反映了南交射手的主题，但是却是他想要和大众交流连接的双子需求使他成为一个优秀的记者。为了纪念他，1991 年设立了范长江新闻奖。⑤

另一位著名记者、作家、翻译家萧乾的一生也同样在射手和双子的追求中波动。不过在萧乾的例子中，除了旅行和在国外生活之外，他的射手特征主要表现在学术领域。萧乾的父亲在他出生之前就过世了，而母亲也在他 7 岁那年过世。童年的不安全感在小萧乾身上表现出来的是非常真实的南交射手反应：对学习的如饥似渴。对于生于这组交点的许多人来说，知识意味安全感。某些人总有潜在的恐惧，总是害怕他们知道得不够多。萧乾很小就用半工半读的方式支付学费，做些送牛奶或在学校管理办公室做油印课堂笔记的杂事。15 岁时他到一个书店工作，这扩大了他的文学眼界。

1931 年，他开始在辅仁大学读书，后来又到燕京大学新闻系，他就这么一直努力着，最后在 1936 年到剑桥大学攻读硕士学位，后来成为伦敦大学的讲师。在学术生活的安适中，萧乾提高了写作能力（这个交点的自然反应）。他还是大学生的时候，就参与出版了一本英文杂志《中国简报》，尽管只出了 8 期，但是备受称赞。萧乾在早年记者生涯中所做的工作吸引了中国的读者对山东难民潮的关注，而他对绥远战役的报道激起了更多公众的辩论。

萧乾在 1940 年到 1990 年间写下的许多文章和报道现在都为中国文联所珍藏，它们的历史价值也为中国学术界所珍视。萧乾多产的文学成就无法一一列出，包括他在英国和西欧旅居时记录第二次世界大战经历的三本书，他的 50 册获奖的新编文史笔记丛书，还有他在 1946 到 1948 年间用笔名塔塔木林发表的嘲讽当时社会事件的 20 篇知名杂文。后来在晚年的时候，他又在妻子文洁若的帮助下，翻译了詹姆斯·乔伊斯的《尤利西斯》，在 1994 年出版并成为畅销书。⑥

不过，就像许多有双子 / 射手交点的人一样，萧乾的观点，特别是此前提到的杂文，使他在 1957 年成为右派。另一个有这组交点的记者储安平也被打为右派，不过后果更为严重。储安平作为著名的《观察》杂志主编和《光明日报》主编而出名，然而他在 1957 年发表的《给毛主席和周总理提点意见》的讲话却成为他不幸遭遇的祸根。储安平的讲话第二天发表在报纸头版，而 1958 年 1 月的反右运动开始时，他很快就被揪出来，因为他是“反党、反人民、反社会主义的资产阶级右派”。在“文革”中，他受到残酷迫害，人们相信他在 1966 年自杀，虽然他一直下落不明。⑦

对于那些生于北交双子、南交射手的人来说，接受真相可能甚至意味着毁掉一生的成就。美国 1970 年早期，有一位叫凯伦·斯克伍德的女工每天在克尔麦柯机钚冶炼工厂打卡上下班、过周末，但直到她想在工厂组建工会时，才突然意识到生产存在安全问题。当她真诚地想把自己发现的公司滥用权力的情况公之于众时，她失去了工作和朋友。随后她又惊恐地发现自己可能受了严重的辐射。她拒绝被吓倒，决定把自己的发现透露给媒体，可惜她还没来得及这么做，人们就在一条僻静的高速公路旁，在她被轧烂的汽车里发现她被撞死，当时她只有 28 岁。虽然很多人怀疑这是刑事案件，但最终这件事还是被判定为交通事故。后来随着媒体把焦点放到凯伦身上，克尔麦柯机钚冶炼工厂被关闭，而她的故事在 1983 年的电影中得到了生动展现。

发现自己的声音对生于这组交点的人来说非常重要。不过，宣告自己的信念有时必然会导致和他人的争论。虽然避免对话就不会有人受责难，但却导致自己被误解，而造成的危害可能使当事人认同被误解的身份，永远陷在孤独的圈子中，并且会用居高临下、不愿对牛弹琴的态度做自己的面具。对很多人来说，一旦有机会就说出心里话可以让内心顺畅，释放在灵魂求索的一生中所压抑的观点。

在我的这部分客户中，除了相反的交点组合（北交射手、南交双子）之外，他们比其他交点的客户更经常提到道德困境。许多人说他们有一种要做正确的事的强制性需求。负疚感很常见，除非有更多道德上的确定感或哲学上的理解，否则他们会一直无法释怀。这个道德立场常常根植于他们想要明白原因的需求。“如果我能够理解到底在发生什么或为什么会发生这样的事，我就能够处理它。”这样的灵魂求索可以为真正的智慧建立基础。哲学或宗教学习的热情很明显。那些此前因为知识差异或反对虚伪而离开宗教的人，后来可能重拾他们童年的信仰。另一些人则在新的宗教和哲学中寻找答案和安慰。

此前的狂野行为可能纠缠这组交点的某些人。在智慧/愚蠢的射手业力的固有讽刺中，对无条件自由的渴望有时可能压倒常识。抓住机会就去冒险，这令人熟悉的感觉刺激着放荡的行为。他们的行为就像一个旅行者，认为当地的习俗不适用于他们。而他们惊人的好运会增加老旧的赌博习气，让他们相信自己是受到护佑的。甚至理解力和知识也被他们视作许可权，好像他们和上帝之间达成了私下的理解，于是可以得到豁免不受因果影响。因此，牧师、长老可能会和教区居民或教区居民的家人有私情，法官或州的领导可以模糊对错之间的界限。当教条压过情感的真诚或自以为是导致自我膨胀时，对真理的熟悉反而会滋生对真理的轻慢。

当然，新发展出来的双子的合理化和便利化的技巧会进一步使得未解决的道德问题复杂化，为内在和外在问题提供借口，那些发展了交流能力的人能够在狡猾的反驳中闪躲。不过不论有意还是无意，内心深处对真理的需求可以最终让真理显露出来。所有在这样一个道德范式中被逮到的犯人都渴望忏悔。对生于南交射手的人来说，感到自由是幸福最基本的关键要素。真理对他们的安全感的重要性就像一个松散的线头，一丝一毫的不真诚都可以拆散一块成就一生的织毯。

或好或坏，生于这个不安分灵魂家族的公众人物容易与道德问题产生密切关联。两个著名的美国人——前总统比尔·克林顿和乔治·布什都发现自己成了公众道德争论的中心。比尔·克林顿在总统任期内的性丑闻刺目地表现了此前所讨论的未解决的道德困境。更有趣的是，负责对克林顿进行调查的联邦检察官肯尼斯·斯塔尔也生于同样交点。作为检察官，肯尼斯·斯塔尔狂热地投入。他常常挂在嘴边的是“没有人能凌驾法律之上”，反映了射手天生服务于真理的心态。当然斯塔尔是敌对政党成员，因此有政治上的动机，所以很多人会带着怀疑看待他的正义行为。所以，至少从表面上看，克林顿和斯塔尔表现了同一个交点极端相反的两极，像一条空中钢绳的两端。

同样来自于南交射手的乔治·布什在竞选第一任总统时，想要把他自己和鲁莽的青年时代的酗酒问题远远区隔开来，正如他自己所说，最好“不要再列举年轻时犯的错误”。候选人布什向公众兜售其早期皈依宗教的经历，让自己和正统宗教结盟，不仅稳固其政治基础，而且还试图稳固他自己。习得了北交双子回避问题的能力，布什会说：“当我年轻不负责任时，我是年轻不负责任的。当我娶了我的妻子后我变了，当我有了孩子后我变了。”⑧

不过，南交射手的另外一个防御特征是依赖哲学和概念让自己感到安心。对这个交点两极来说，基本的问题是他们的概念没有和实际情况进行核对。这是地图（射手）和实际地形（双子）之间的典型矛盾。在“九·一一”巨大的心理压力下，布什总统紧紧抓住他此前所拥抱的哲学、信仰和概念。因此，他的决策不仅被明显错误的世界观所破坏，而且看起来他甚至不懂应该怎样问问题以让这些错误暴露出来。布什的总统任期是一个坍塌的交点两极的悲剧例子。恐惧如此极端地阻碍了这个人进入正确的思维模式，以至于他无法运用这个交点本应具有的寻找并处理信息的能力。所以，让人震惊的是，布什总统看起来完全缺乏好奇心，变成一个越来越笨拙的演讲者，甚至到了被公开嘲笑和尴尬的地步（好奇心和爱讲话本应是基本的双子特征）。同样，双子座快速应变的能力，也在他 2004 年 12 月 26 日对海啸的迟缓的反应中可悲地消失了，他对卡特里娜飓风的反应也是一样迟缓。

在另一代人中，激进的 20 世纪六七十年代非主流文化的偶像，苏格兰心理分析家、哲学家、作家 R. D. 莱恩则从他个人生活的风暴中汲取了非常有洞见的教训。莱恩 7 岁时，他父亲指责他偷了自己的钢笔，尽管他强烈抗议，但父亲根本不相信他。他的母亲介入此事，似乎为了把他从更严厉的惩罚中解救出来，告诉丈夫莱恩已经向她承认他偷了钢笔。但莱恩坚持自己是清白的，因此被痛打了两次——他父亲认为他既是小偷还撒谎。因为父母两人的做法都好像他偷了钢笔而且说他承认自己偷了，小莱恩开始怀疑自己对这件事的记忆，而且也变得不那么肯定自己到底偷了没有，承认了没有。不久他的母亲找到了那支丢失的钢笔，向自己的儿子偷偷承认她知道他被冤枉了。

不过，她并没有把事实告诉莱恩的父亲，所以他的父亲仍旧相信最坏的情况。然后，她不但没有请求儿子的原谅，反而对他要求说“过来亲亲妈妈，咱们和解吧”。尽管拥抱妈妈的诱惑非常强烈，但莱恩感到如果那么做自己就被扭曲了，因此抗拒了那个诱惑，默默地站着直到母亲放弃这个企图，离开房间。⑨

7 岁的莱恩坚持自己的正直，即使在母亲固执的压力下，也没有原谅谎言和大人对真相的背叛。不用说，莱恩从很小的时候就学会依赖自己的眼光来看待事情。他在 14 岁时就从阅读柏拉图中得出结论，那时他认识到对知识的热爱可以作为解放灵魂的方式。当他是大学新生时他仍旧不相信权威。“大多数老师在我看来都荒唐可笑，他们想告诉我怎样写作，谁写得好，谁写得不好。”[10]

为了理解精神痛苦和童年时所受的双重束缚，莱恩选择做一个精神科医生。他对交流沟通和意义传达的不同层次着迷。在和精神病人交流的过程中，他发展了新的更激进的技巧，允许病人走入他们的疯狂来重新发现自己。他开始更精确地定义沟通，创造了诸如“默会沟通”和“隐寓意义”这样的词。他的杰出才华从他的书籍，如《分裂的自我》、《生活的真相》、《自我和他人》中汩汩流出。他最畅销的一本书——《经验的政治学》使他在 20 世纪 60 年代后期和 70 年代赢得了大量的读者，那时他常常在挤得满满的房间里做讲座。[11]

除了心理学领域，北交双子中的作家还有各种各样的信使。环境作家、中科院植物研究所教授蒋高明写了一百多篇文章和论文，教育人们日益变化的环境所带来的复杂问题，展示旅游、城市化所带来的影响，并对城市生活提出可能的生态解决方案。其他这个交点的中国作家还包括亦舒和宗璞。有国际声誉的双子北交作家还有《哈里波特》的作者 J. K. 罗琳，多产的侦探小说家阿加莎・克里斯蒂，法国作家茜多尼・加布里埃尔，她在文学界被称为科莱特，1944 年出版的小说《GIGI》被拍成电影。还有玛丽・雪莱，她是诗人雪莱的妻子，小说《弗兰肯斯坦》的作者。

很多有这组交点的人在古代就是他们部落的说书人，知识和智慧的保存者，他们将信仰和传奇传递给人民。除了这些作家，电影制片人和电影导演也是现代社会说故事的人，像吴宇森、侯孝贤、杨德昌、许鞍华、北野武、斯坦利・库布里克、大卫・里奇、奥利弗・斯通、里娜・韦特缪勒，还有史蒂文・斯皮尔伯格，都是生于双子 / 射手交点。斯皮尔伯格是完美的讲故事的人，喜欢拍摄诸如《紫色》、《辛德勒的名单》和《拯救大兵瑞恩》这样的电影，用令人心碎的真相表达自己的观点。其他通过职业完成他们信使角色的人还有电影评论家，如柯灵。生在这组交点的著名人物还有：政治家朱镕基、李鹏、钱其琛、格洛丽亚·阿罗约，企业家李嘉诚、张欣，演员张曼玉、郭富城、郑少秋、秀兰·邓波儿、阿诺·施瓦辛格，歌手埃尔顿·约翰，体育运动员刘翔、林丹，宇航员杨利伟，艺术家安迪·沃霍尔、林怀民，翻译家及思想家严复等。

职业：

从生于这个交点组合的客户和朋友的职业列表中，展现出一种宽泛然而可以识别的模式。这个列表包括作家、记者、出版人、编辑、老师、教授、讲师、学校图书馆管理员、治疗师、牧师、占星师、金融顾问、商业顾问、广告业人士、演员、公共关系顾问、录音室老板、房地产经纪人、汽车销售员、旅行社人员、语音专家。

职业追求不限于上述领域。还有几位有这个交点的客户在其他职业中也很成功。当然，有好几个人自己单干，喜欢来去自由，不用回应任何人。自由等同于安全感，职业选择也会因此而被掂量。

当然，道德和原则不但在职业决定中起作用，在对工作轨迹很关键的事件中也有很重要的作用。他们避免从事和原则相冲突的行业。同样，雇主和公司管理层违反道德和公司政策的行为也会导致他们提出抗议，甚至辞职。

对这组交点的客户而言，关键在于知道这种行为何时是在合理地挑战或对抗有问题的道德事件，而何时实际上是出于防御和不安全感的典型过激反应。清晰的沟通思路对防止对有关政策问题的误解很重要。不过，坚定的信仰也有适用的时机和地点。

例如，一个小镇的一位邮局雇员喜欢和在他的窗口等着寄包裹的客户讨论政治话题。他看上去不在意客户是否愿意参加这样的讨论，常常把他的观点强加到客户头上。有时，这会引起争论，甚至激怒客户或让他们沮丧，最终他受到了谴责。后来，他就开始写自己的政治简报，并在当地散发。当引起社区的兴趣和支持后，他在镇议会成功竞选到一个席位，后来又在竞选镇长中以微弱票数败选。有时，政治或宗教兴趣能让爱好最终变成副业，甚至成熟的职业。

不过，切合场景情况很重要。一个有悲剧意味的幽默事件反映了南交射手的意识形态极端。一个非常认同激进政府和自由理念的人，因为小的违章问题被高速公路巡警拦下。当巡警要求他出示驾照时，他回答他不带驾照。他声称自己是一个独立主权国家的个体成员，而他的主权国家不再承认这位警官的权威，因此没有义务携带驾照。

开始时巡警吃了一惊，不过很快就照直记录了他的违规。“好吧，你可以有你自己的国家，如果它适合你。”警官在克服了最初的挫败感后回答道，“而且你也可以为此成为其中唯一的成员，不过你的国家的唯一成员将要坐牢了。”

职业安全感取决于此前提到的各种因素的任意组合，例如独立性、弹性工作时间、政策和道德协议、强烈的信念以及是否带来冒险的感觉。但是，职业成就最终都和用一种相关的有意义的方式和这个世界相连接有关。不管个人的工作和职业是什么，如果你生于这组交点，提高沟通能力将有助于你的事业。比如学习如何更好地为你的生意做广告，如何做一个网络页面，倾听你的雇员，在当地大学的课堂传授你的专长，参加销售课程或开办工作坊和研讨会。

随着不断实践，你将发展出很强的商业常识。讨价还价的能力和在商场上抓住瞬间而逝的商机的能力可以迅速发展起来。有些人再次回到他们对旅行的喜爱上，开始涉足海外业务。和进出口相关的事业以及海外营销的拓展可以满足冒险的渴求，同时也能因为新的联络刺激出新的创意。不过，通常情况下，最大的商业机会还是在他们自己的“后院”或周边区域。

不管是在国内还是国外，把信息传递出去是最重要的。幸运的是，这个适应力很强的交点组合能够利用很多职业机遇。被好奇心、学习语言的能力以及擅长走生活的捷径的能力所引导，生于这组交点的人不断根据实际地形更新他们的职业地图。

关系：

尽管在任何亲密关系中，良好的沟通都是非常重要的，但对生于这个交点组合的人来说，关系的满足感取决于此。“我发现她是一个非常体贴、聪明、有趣的人，一个很好的倾听者，”布什总统在刚刚遇到劳拉·布什几天后就这么说，“因为我是那种很喜欢说话的人，所以我们是绝配。”有趣的是，第一夫人劳拉·布什也生于这组交点，非常适合乔治·布什的南交，总是给予布什诚实的回馈。一次，布什在国会竞选后，当他们靠近新家的车道时，他问劳拉：“说真的，我的演讲怎么样？”劳拉回答：“你的演讲不太好。”听到这话，布什的车直接撞到了车库的墙上。

同样，哲学或宗教的契合对于安全感也很重要。拥有共同的信仰，而非事事保持一致是关键。实际上，思想上的刺激可以点燃或更新他们的兴趣。他们喜欢机智的对答。当在共同的信仰体系中感到舒适时，自在融洽的关系有助于亲密关系保持活力，并促进个人成长。活泼的交流，从深刻的洞见到最近的八卦，鼓励他们表达想法，虽然通常他们几乎不需要这种鼓励。

在这个族群中，即使那些沉默寡言的人（也有这种人）也非常需要被别人理解。在这种情况下，信息的传递可能更微妙，有时伴随着焦虑。他们害怕被误解，就像他们渴望被倾听一样。不论是安静的、吵闹的，还是居于两者之间的人，他们对拒绝的感觉通常表现为感到被误解。这在争吵或分手后尤其明显。“我不过是想帮助他们看到他们哪里错了”，或“他们就是做不好，不管我告诉他们多少遍”。当然还有道德判断：“我总是这样，想做正确的事情，不过看起来丝毫没用。”

在居高临下或自以为是之下是一颗渴望连接但不知道该如何连接的灵魂。沟通的双行道可能变成“我知道一切”的单行道态度，让他们的伴侣感觉他们过于武断。对于有这组交点的人，倾听伴侣，发现伴侣此刻是否真的对他们所说的感兴趣，或是问问题以明确伴侣实际所说的是什么，这些都是他们要学习的。

不过，当伴侣对他们必须要说的话不感兴趣时，他们很快就表现出不安。这种不安常常被忽视，因此有时他们会产生想去闲逛的强烈愿望，结果却招致不幸。不过，通常情况下，和不是伴侣的某个人边喝咖啡边进行一场有意义的谈话并不是一场情事的开端，他们不过是需要听众和反馈罢了。

自然，对这些家伙来说自由是件重要的事。占有欲强的、黏人的、嫉妒的或喜欢控制的伴侣或恋人通常不会长久，不管他们之间的化学反应有多强。他们和独立自主的人相处更自在，对于这些人来说最好的关系和婚姻扎根于真正的自由，而这又来自于对伴侣抱有真正的诚实态度。有些人和伴侣之间达成了对开放关系或开放婚姻的理解。在这种情况下，伴侣纽带实际是由接纳彼此感情上开小差的行为来维持的。不过，这样的共识不多见，特别在美国。宗教或哲学信仰通常界定和鼓励了他们强烈的道德立场。不管信仰什么宗教，诚实和真挚比其他事情更被珍视，即使自由也不例外。

不过，冒险始终在召唤他们。自由时间很重要。当这些人有些自己的时间远离所有一切时，可以和他进行更为敞开的谈话。远足、慢跑、骑自行车、徒步旅行等运动都能释放压抑和局限感。恐惧和没有安全感经常会以感觉自己受困的方式体现出来。短途旅行、周末远足对于释放焦虑和改善关系特别有帮助。休假很有用，可以让他们在更自由的气氛中重新充电。

有时，他们在离婚或分手后，可能会到处旅行或去很远的地方。似乎被古老的需要迁徙的需求拉扯着，有些人离开故土，直到他们感觉已经痊愈并可以建立一种新的生活。“伤心地”让他们感到压抑，许多人会有幽闭恐惧症的感觉，直到他们换个地方，这种恐惧感才消失。被其他文化吸引或对语言的天生兴趣，可能导致和其他国家的某个人发生一段浪漫爱情，有时甚至是婚姻。有些人会在分居或离婚后返回大学，除了获得学位外，还在熟悉的学术环境里找到安慰。有个例子，一位女性因为离婚受到很大伤害，于是重新回到学校，取得了硕士学位。在毕业两个月后，她和在同一个学位项目遇见的一个人结婚了。

虽然婚姻对这个交点族群的人来说常常并非热烈追求的目标，但他们通常认为：“如果有一个能够交谈并理解我的人，的确很好。一个我可以信赖且真诚待我，但是不试图一直控制我的人。”不过，有些这个交点的人在关系中扮演老师的角色，在某种程度上非常满意扮演导师或皮格马利翁（希腊神话中的国王）的角色。不过，除非他能够成长，接受和他们此前的学生 / 伴侣更为平等的互动，否则这种关系很可能会结束。同样，学生也可能成长而不再需要一位老师。不管是哪种方式，都不会有太大问题。因为这种循环几乎肯定有解决之道，其出口有明显的标志——一段新的关系旅程在召唤，比如，出现了一个新的学生。

其他人被能够充当睿智的咨询师或道德裁判的关系所吸引。他们可能想要引导那些任性的，甚至不诚实的伴侣。这样的情形通常令人失望。善意的建议可能不被尊重或被憎恨，又一次使得他们感觉被误解、拒绝、不被感激和欣赏。很多时候这样的模式来源于童年的环境，父母之一或父母两人倾向于不听或忽视他们所说的话。或者，父母中的一个可能是道德权威，而另一个则是行为不端的人。

所有这些模式，包括周期性成为导师，会一再重复直到实在无法忍受，迫使个人关系模式发生突变。这个过程的核心是意识到不管你知道多少，不管你多正确，你也只是人而已。你有自己的需求。如果你的伴侣是个骗子，不要浪费时间转变他们。为什么和一个对你不诚实的人待在一起呢？同时，也要保证你没有过分武断。在伴侣向你坦白之后，你的愤怒、谴责和惩罚会打击伴侣的真诚态度。接受你自己也是个普通人，不仅仅在理论上而是在实际中，拉近你和他人之间的距离。学会说其他人的语言，而不是要求他们说你的语言。对他们的观点少作判断，是让彼此相互连接的办法。那些了解这些奥秘的人可以享受最好的二人世界，既分享关系中冒险的一面，也在开放有意义的对话中享受兴奋的亲密感。

父母指南：

生于这组交点的孩子，本质上都是有很强适应性的，不过适应性并不意味着合作。对大多数事情，这些孩子需要知道事情为什么是这样的。当然，他们会找到自己的答案。谈话的范围可能从上帝的本质到“为什么约翰叔叔每次在家庭聚会时都带一个不同的女人”，要准备好长长的讨论。这些孩子想要明白概念、规则和原则，他们经常对简单的回应不满。即使暂时有一个答案让他们平静，他们也可能以后带着更多的问题回来。他们并不是为了获得关注而制造噪音，他们是真的有话要说。至少他们认为他们有话要说，他们稚嫩的评论常常非常深刻。

这些是不安分的孩子，他们到处乱跑，在每个人都出去找他们的时候却在出现在街边，和邻居一同吃晚饭。这可能是个问题——让他们知道告诉父母他们在哪里很重要。不过，用一个 7 岁孩子的话说：“我怎么能告诉你我在哪儿呢？因为我自己也不知道我将去哪里啊！”显然，为他们确定可以闲逛的范围和边界非常重要。不然，他们会让直觉做主，没人知道他们会坐地铁到泰瑞姑姑住的那个村庄。

有时他们跑掉是因为他们感到被忽视。他们需要知道父母真的在听他们说话。让自己消失是一个自然的反应。他们开始可能不会意识到自己多想被找到。毕竟，他们和在街边安装新空调的家伙聊得很开心。但如果总是被忽视，并且无法和父母好好交流，他们容易养成游荡的习惯。

他们渴望远足、旅行和假期，会在每个人醒来前整理好行装，不论去公园、运动场、博物馆，还是图书大厦，他们随时可以出发。在旅途中他们既舒适又自然，宁静或兴奋地看路边景色，浏览地图确定地点，建议去哪些景点、游乐场、历史遗迹或绕行，并且随时会提醒你哪条高速公路最好。他们有时很合群，会在路上停车时和陌生人聊天。你必须看着他们点儿。他们冒险的念头常常超过他们的常识。他们会测试自己的运气和你的耐心。不过，他们的故事、洞见和观察会让你很开心。

在这个交点的童年各种各样。有的人很小年纪就无所不知，非常聪明，有些都聪明过头了。凭借他们能够敏锐掌握一般原则的能力，有时他们以为自己既然很轻易地理解了概念，所以就已经了解了整个主题。他们感兴趣的经常超过了他们所能掌握的范围。他们关注的主题太宽泛，那些主题不太可能有孩子能够理解的报告。或者对一个六年级的孩子来说这些题目太大。他们对实际操作有些抗拒。许多人把事情拖到最后一秒才做，依靠运气和迅捷的智力。他们通常是好学生，但是可能有很糟糕的学习习惯。不过，这个交点的孩子比其他交点的孩子更容易被激发对学习的热爱。如果你鼓励他们阅读，奖励他们的努力，他们将会成为令人惊讶的读者。

有时他们是家庭的道德权威或学校的风纪班长。他们不能容忍父母和其他大人的虚伪，可能会引用宗教话语或提醒你遵守你自己定下的规则，他们很快就能指出大人言行的矛盾之处。他们很容易明白诚实的重要性，当看见其他孩子不诚实时，他们会很讨厌。这并不意味着他们是假正经的孩子。有些孩子非常狂野，不守规矩，有些是爱讽刺的活宝和可爱小傻瓜。不过大多数都是善良的孩子，一种无法解释的智慧似乎超越他们的年龄闪耀出来。

在 13 岁到 14 岁这个转变期，坎迪斯·伯根感觉有一个内在的智慧警告她，在比弗利山庄她成长得太快了。回想那些年，伯根说她“既被吸引也被吓坏了”，她常常一会儿想要父母保护她，一会儿又想要确保她的恶作剧没有被大人发现。用典型的北交双子的话，伯根说自己是一个“暗暗希望自己被逮到的罪犯”。在某种程度上，想要被逮到的那一部分心理反映了射手对道德后果的需求。不过她还曾说：“我静不下来，烦躁不安。突然渴望去旅行，离开学校。去哪儿无所谓，不过要走得很远很远，反正不想在这里。”当南交射手缺乏安全感时，这是他们更为典型的反应。父母答应了她的要求，送她到瑞士的寄宿学校。不过寄宿学校比比弗利山庄更狂野，她出国一年后就回家了。

那么，这种智慧在 14 岁到 21 岁之间会去哪儿呢？他们 10 岁时就已经很深刻，到 18 岁时就已经无所不知了。他们对所有事都抱着无法满足的好奇心，这有时会让你吓一跳。还有他们的语言也是一样。很多人会模仿身边的大人的语言，把成熟等同于“说大人的话”，特别是脏话。有些人装出世故的样子，有些人模仿同伴的语言，然后加上自己新创造的术语和词汇。一种全新的说话方式出现了，很酷，并且是故意装成大人的。他们还可能和父母发生争论和辩论，喜欢用故意挑衅的方式挑战父母的观点。

尽管几乎所有少年都喜欢煲电话粥，但是这个交点的年轻人似乎把电话嵌在了身上。互联网将他们和世界联系起来，他们的新语言成为一种密码。以机智战胜大人是他们喜欢的游戏。他们企图聪明地操纵权威，试探自己正在显露的力量。不过在机智之下，他们仍是你过去了解的那个基本诚实的孩子。提醒他们，真相可能是可以争论的，但诚实不可以。另外，要向他们强调，当发表观点时，责任也随之而来，语言有压力及后果。倾听他们想说的话，不过他们也必须听你说些什么。如果他们不注意倾听，他们就要付出代价。以后，他们会很高兴你花时间跟他们聊天，即使你是要纠正他们的错误。所谓以后，就是23岁到32岁之间。

生命周期：

从23、24岁开始，他们开始寻求更深刻的真理。人们不再把他们的想法看做好奇心加以嘲笑。当他们自己成为大人后，用智谋战胜大人的优势就失去了。他们对“为什么”又一次开始纠缠不休。有些人回到他们童年的宗教，在28岁时做出很重要的有关信仰的决定。其他人将寻求新的信仰、新的宗教。对意义的追寻可能会引发长途跋涉和朝圣之旅，在路上会出现他们的精神导师，唤醒他们隐藏的智慧。除了宗教和精神信仰外，他们也会更显著地发展出自己的政治哲学观，大概在28岁时会成型。他们可能参与政治活动，从募捐到公共关系到写演讲稿，有些人甚至会竞选当地的市政管理职位。

他们带着新的热情追寻兴趣和主题，开始认真地学习，不论正式的方式还是非正式的方式。很多人回到大学，工作坊和研讨也吸引着他们。在这个9年中想要旅行和冒险的需求仍旧很强。这是一个不安分的阶段，可能有几次大的搬家。职业的波动是常见的，因为他们试图寻找可以提供自由时间和独立自主的工作。能否有自主权是做决定的重要因素。

23岁前缔结的婚姻可能在这个阶段受到挑战。哲学或宗教的改变可能终止一段关系。不过，共同的信仰也可能唤醒内心更为崇高的追求，让婚姻走过这个不安的时期。有些人因为和伴侣有相同的信仰而结婚，出于感到被理解、被肯定的热情拥抱婚姻。不论是被同一位佛教法师所启蒙还是属于同一教会，共同的宗教信仰鼓励大家相互亲近。拥有共同的哲学观或精神信仰可以让人放心地进入婚姻和家庭。

不过在这个阶段，对自由的渴望也可能让他们背弃承诺。有些人只会找那些同样喜欢冒险的伴侣。一旦冒险结束了，这段关系也结束了。不过他们也可能共同努力，特别当他们的伴侣也准备好了，愿意利用这个机会搬家或迁往别处时更是如此。

一位女性特别提到，当她的丈夫支持她时，她充分利用了丈夫所给予的自由，返回学校做了全职学生。她 29 岁毕业，做了高中老师，部分原因是她喜欢在夏天有 3 个月暑假。

大约 32 岁时，把原则运用于实际对他们变得更重要。仅仅理论上正确已无法满足他们，他们现在渴望看到实际中的结果。此时，切合当时场景是个问题。他们所做的决定需要在现实中得到大家承认。因此，32 岁到 41 岁之间的阶段把一个人拉到需要才智和便通的新领域。

在前一个阶段进入的职业可能对他们不再有用和有吸引力。一位客户在丛林中当了 7 年导游，但在 32 岁时搬到纽约，进了一家出版社工作。另一个人卖掉了码头和湖边餐馆，进了一家大公司当销售员。尽管在新公司很成功，但他对公司缺乏诚信的管理很不满，所以开了自己的公司，和前雇主开始竞争。一位大学教授在 32 岁离开大学到一家环境保护机构工作。虽然她抱怨工作中妥协太多、经费被缩减、规定难以执行，但还是感到新的职位使她能够更直接地发挥影响。

在这个阶段，一位未来的小说家可能成为成功的新闻记者或短故事作者，一个空乘人员可能学会把国外生产的衣服卖到本地市场，一个自行车迷可能开一家自行车商店。和前一个崇高理想的阶段相比，这些年会出现更商业化的调子。

同样，现实可能让道德或哲学的边界模糊。地平线上出现灰色地带，要求他们做出快速决定。相互矛盾的信息把水搅浑，对随机出现的问题给出不同的答案。他们肯定要跑跑腿，加快步伐，因为迷宫变得更复杂。那些一直保持信仰的人会变得更通达人情世理，会顺顺当当到42岁开始的下一个阶段。不过，那些越过道德和哲学底线追逐利益的人，可能会在重现发现的良知中获得更清醒的认识。

比较不同的阶段往往是有教育意义的。新的理解和过去相比更显透彻。在42岁到51岁之间，他们再一次回到过去的信仰中，或重新开始追寻意义。他们需要旅行和冒险，更可能搬迁住所。整个南交射手周期重新到来了。政治问题对他们变得日益重要起来，旧的事业聚集了新的热情。他们在46岁到47岁之间下的决定经常反映了从未被放弃的、经由经验和内在真诚得到的洞见。这时期他们在更老练的生活智慧中享受孩子、家庭和职业。

他们在权宜之计和诚实正直，在现实和原则之间徘徊，可能变得更为老练。随着时间流逝，教条和自以为是的岩浆将慢慢冷却，成为更舒适和温暖的东西。对这个族群中那些更鲁莽的成员的身上，"火警"逐渐消失，他们过激的狂野的光芒被冒险的闪光所替代。

不过，不论是有意还是无意，我们其他人都可以从这些人的身上学到很多东西。他们如此着迷于有关意义的深刻问题，常常教育或提醒我们生活美妙的讽刺和经久不衰的真理。最终，作为对与错的社会辩论发言人，他们的生命经常是一出道德喜剧，激发每一个人面对我们所相信的生命假设。

很多这个族群的人像年轻人那样问问题，因而在生命的最后阶段能够保持青春活力。他们相信人生任何阶段都是需要从生命本身学习的冒险旅程，因此渴望与之相遇。他们永远好奇，被生命的曲折迷住。对他们而言，每一个拂晓都是一个要传递的新信息和一个要回答的新问题。

伟大的法国作家科莱特发现她62岁和记者莫里斯·古德凯缔结的第三次婚姻是她最幸福的婚姻。后来，当她70多岁时，尽管关节炎将她困在轮椅上，但她仍然继续她充满洞见的、敏感的、感性的写作。她说自己的头脑一直是自由的，而“大自然显现的任何无意义的东西实际上都有神秘的意义”。

第四章

♋北交巨蟹——南交摩羯

计划之外：情绪的显现

出生时间：

1907 年 03 月 30 日，12：09 a.m.——1908 年 09 月 26 日，10：30 p.m.

1925 年 10 月 26 日，08：58 a.m.——1927 年 04 月 16 日，02：28 p.m.

1944 年 05 月 11 日，09：29 a.m.——1945 年 12 月 02 日，01：35 p.m.

1962 年 12 月 22 日，10：33 p.m.——1964 年 08 月 25 日，05：23 a.m.

1981 年 09 月 20 日，02：20 a.m.——1981 年 09 月 21 日，05：22 a.m.

1981 年 09 月 24 日，01：32 a.m.——1983 年 03 月 15 日，09：06 p.m.

2000 年 04 月 08 日，07：11 p.m.——2001 年 10 月 12 日，08：48 p.m.

宠辱若惊，贵大患若身。

——老子

我们人类，怎么知道何时应该前行？何时应该离去？就像那些迁徙的鸟，我们一定有内在的声音，只要我们去聆听。

——伊丽莎白·库伯勒·罗斯（生死学大师）

我想我应该去梦想一些我可能做的事情。于是我忘了学习，忘了我应该干什么。

——休·赫夫纳（9岁时）

我为什么腰（浪费）时间？

——休·赫夫纳（9岁的休·赫夫纳把浪费waste错拼写为腰waist，大概是一种弗洛伊德口误）

你有古老的束缚感，有几乎深不见底的释放情绪的渴求。就像用纪律、勤奋、野心和责任的汞合金所筑就的久经考验的堤坝，你坚忍地阻止了情感从蓄水池溢出。从很小的时候，你就会疏导情绪，让涡轮机高效转动发电，以照亮成就的一生。不过天气是如此难测，孤独让混凝土收缩，而愤怒又让它扩张。龙卷风一样的悲伤充满了蓄水池直到从边缘溢出，在周围的乡村泛滥，这时堤坝可能会垮塌。

你渴望表达情感，你也习惯性地抑制自发的情感。成长在很大程度上取决于你能允许自己多自由地表达情感。具有讽刺意味的是，如果同样在压抑的童年环境中被抚养长大，有这个交点的小孩比其他交点的孩子看上去过得更好，至少到成年为止是这样。你是一个老成的孩子，经常表现得早熟。压力总会让你表现出勤奋。即使在游戏中，你也会遵循一个有条理的计划。你自然而然地喜欢竞争，同时有着真正的野心。你的纪律性和勤奋让大人们印象深刻，而他们的表扬让你更加严肃认真。不管怎样，你决意要获得成功。

如果你在一个温暖的、充满爱的家庭长大，你可能被鼓励做一个孩子，允许你自然而然地表达情感，在游戏时间和孩子成长所需要的正常任务之间建立起一种平衡。当很多人成为总是鞭策自己的成年人后，这样的平衡可以防止成人生活中出现的裂痕。不过，即使在理想的家庭环境或开放的情绪氛围占主导的地方，总还会坚持潜在的责任和义务。父母和其他大人自然会表扬这种负责任的态度，他们的回应使你更安心。

当你是一个孩子的时候，你也很少认为自己是个孩子。你是一个小大人，你的行为常常表现出这样。如果你在紧张或困难的童年环境中长大，你经常是那个保证把事情做完，处理父母没有处理好的责任的人。你可能很早就构想出一个计划，把你带出所在的环境。你比其他人更早完成学业，在运动场竞争，或在 30 岁前就为一个你认为可以成为百万富翁的生意打下基础。对你们来说，早早获得成就的模式很普遍，但同样也早早精疲力竭——通常在巨大的成功之中。

你们中那些度过职业中的高峰和低谷，最终享受成功一生的人，通常会发现这个交点族群的秘密尤其在于，如何停下来闻闻玫瑰花香。你们为了完成计划做出这么多牺牲，以至于当达到个人目标时，令人困扰的不安随之而来。在成就的高台上你可能会说：“我没有感受到我以为会感受到的东西。”有些人可能离开让自己有成就的事业，依靠过去的收益，生活在被情绪和怪念头驱使的随心所欲之中。他们心底埋藏的其实是对真实情感的追求。公司管理人员变成流浪汉，或研究科学家搬到夏威夷成为信息治疗师都是例子。很多人了解到休整和随兴娱乐的重要。这可能成为一种生活方式，或如老子所说的“道”。

不管你是否接受，老子最有可能的出生时间是公元前 604 年（在此期间北交点在巨蟹），他的故事、言论、哲学都以深刻的方式诠释了这组交点的精华。甚至有关他出生的荒诞的传奇故事——在母亲子宫里待了 62 年，一生下来就是白发老人——可能都不仅仅是道的象征，而是暗示了现实中的老子生来就是一个老成的人。从某方面来讲，这种情况在这个交点很常见。正如此前所强调的，有共同的南交摩羯交点的人很小就展示出来的成熟使他们看起来比他们的实际年龄大。

黄道星座摩羯，从最高层次的意义来说，意味着精通某种重要的知识，而要获得这种精通就需要有所牺牲——为了达成个人的目标，牺牲时间、思想、精力。在艰苦卓绝的努力中，为了获得成功，似乎要牺牲感情，压抑情绪。那么对这些灵魂，成功的副作用是什么？可能老子回答得最好，他说“揣而锐之，不可长保”，这可能就是埋头工作的结果。①

老子的许多言论都是他对统治者和领导力的看法，流露出他在洛阳担任藏室史，管理国家藏书和档案的经历。这是一个很重要的职位，但他常常称自己为愚者，显示出他和他的官方职位之间一直存在矛盾。正如传说所言，他每天在周朝国都看到政治阴谋和老百姓被欺凌，这些现实和职位之间冲突不断，让他感到悲伤和疲倦，最终放下一切，独自骑着青牛走入荒野。最终他走到偏远的函谷关，在那儿遇到了函谷关总兵伊喜。伊喜梦见他会来，说服了老子勉强写下他的思想。这个传说内在本质上是巨蟹 / 摩羯交点的故事：离开无休止的竞争，放弃生活中的地位，因为这种生活再也无法忍受。政治和政府常常是摩羯的专注焦点。同样，摩羯也关心怎样管理，更确切地说，是关心管理不当的事情。

不过，虽然老子的话后来被翻译成了各种各样的版本，但其中都有一种自发的情感表露。这是巨蟹特征的情感表达，着重强调要保持真实的情感，生活在由直觉自然引导的世界中。老子经常提到源头和母亲，提到做母亲、父亲、儿子，这些都是巨蟹关心的根本。比如：“天下有始，以为天下母。既得其母，以知其子。既知其子，复守其母，没身不殆。”还有：“含德之厚，比于赤子，毒虫不螫，猛兽不据，攫鸟不抟。”这种巨蟹的情感也表露在他提到：“夫慈，以战则胜，以守则固。天将救之，以慈卫之。”在老子所有的言论中都流淌着一种“大道”的暗流，以永远流动的势能状态对生命保持开放。在这种生命中，“道者，万物之奥”。生于这组交点的人会以各种方式在生命中觉醒，常常和他们早年严肃和克制的态度形成鲜明对照。②

一位有这组交点的、出身于严格的卫理公会派道德观的中上层家庭的人回忆，自己从小似乎是在各种限制的高墙后长大——不准看电影，有情色色彩的谈话想都别想。小时候，这个男孩非常内向，不画画的时候就会和更大的孩子一起玩。[3]

不过这个8岁大的孩子在勤勉的直觉驱使下，构想出一个计划，他开始向邻里卖自己编辑的报纸，他一家家敲门，每一张报纸卖一分钱。报纸是用简单的白纸订起来的，他在上面画了自己的卡通画，并用老式皇家打字机吃力地打出故事和新闻。

只要他能保持成绩，父母就鼓励他的进取心。在高中他也一直写作和画卡通画。他参与校报的编辑，还拍了一部家庭电影，那是一部恐怖片。他的卡通画和记者才能使《芝加哥论坛报》报道了一篇有关他的特写，说他是前途远大的少年。

在军队服过兵役后，他重新想要开创自己的出版事业。通过在一些杂志艰难地干些低收入的工作，他了解了出版业的详细情况，然后就借钱出版自己的杂志。他用所有财产去赌第一版的成功发行，甚至把家具抵押了借钱。不过他很快就尝到了胜利者的滋味，挣回了所卖掉的东西。他又用500美金买下使用梦露裸体照的权利。第一版《花花公子》的70000本全部售出，那时出版商休·赫夫纳才刚刚27岁。

被首次的成功所激励，赫夫纳变成了一个工作狂，一天工作14个小时到16个小时，一周工作7天。他什么都干，从撰写文章，到画卡通画和选择照片。他是校对者、出版者、编辑、业务经理、人力资源总监。但过了一些年后，赫夫纳的驱动力开始转移，他越来越少按照正常的时间表来办公室，开始更多地待在家里。他现在也有条件这么做。很快他的住宅成为他的办公室，不过现在他只在想工作的时候才工作。

他拒绝被时间和规则束缚，住宅的窗户总是遮蔽着，不让阳光进去。在这个生命阶段他是个没有固定时间表的人，饿了才吃，精疲力竭了才睡，休息好了才起来。他说他的住宅的节奏就是屋主的节奏，正如赫夫纳所解释的，“谁说一天只能有12、14、16或24小时，谁说只能7点、下午3点或午夜起床。房子是作为人的延伸运作的，而不是让他必须在某个时间做某件事情。”④

看看什么是补偿性的生活！没人能告诉这个孩子他能干什么，不能干什么。如果他喜欢，他可以穿着睡衣或浴袍鬼混，而这就是他想要的。当然，他不再是个孩子了——他是一个花花公子，在他青少年的男性幻想里游戏，让自己身边围满年轻的漂亮女人。没有人来审查怪念头或情绪，他可以充分探索这一切。性沉迷既让身体得到释放，也提供了情感的释放。在盛大的狂欢和每周的派对上，赫夫纳的生活围绕着他硕大、圆形、旋转、震动的床运转。在那儿，他做生意，做爱，睡觉，把他世故的、内行的、带着放荡的性癖好的花花公子哲学写成编者按。

赫夫纳的成功可以允许他过放纵的生活。成就提供了安全感和放任的基础。他的成功令人惊讶，他随后的放纵同样令人惊讶，不过他继续管理着生意和生活。20 世纪 70 年代消逝了，80 年代消逝了，他从芝加哥的住宅搬到了比弗利山庄，派对逐渐没那么频繁了，时间慢慢赶上他。第一次婚姻所生的女儿和他一样能干，管理着他的《花花公子》帝国。

赫夫纳后来又结婚，成为两个儿子的父亲，向世人宣告家庭生活和为人之父的快乐。不过 1998 年他再度与妻子分居，并为伟哥和再次焕发的青春喝彩。左搂右抱着玩伴，身穿睡衣的赫夫纳再次开始在比弗利山庄的走廊里稀奇古怪地游荡。从工作狂到混乱的享乐主义者，到老练的、感性的住家男人，再到资深的花花公子，赫夫纳的生活展现了两个极端——在被抑制的渴望和完全释放渴望之间摇摆。

这个巨蟹 / 摩羯两极的动能反映着各种各样儿童相对成人的身份和经验模型。“和你的内在小孩相连接”这个常常被兜售的心理治疗规则对这些人真的很适用。当然，对某些人来说，找到内在小孩说起来容易，做起来难。成人的他们就像父母一样，尴尬地在陌生的游戏场的迷宫里徘徊，寻找这个孩子的过程可能让人沮丧。这个孩子胆怯地从藏身之处出来，从后面拍拍他们，帮他们找到走出迷宫的路。

巨蟹座对应一种更直觉的、孩子似的存在方式，而摩羯座表示对结果的关切，更像大人的行为。这个北交巨蟹的人在学习如何信任他或她的内在孩童。而成人的自我在某种程度上已经存在了，只需要别人提示一下，而这样的能力其他人要花很多年才能学会。因此，很多这个交点的孩子都早熟，对他们孩子的身份感到不适应。

巨蟹的能量也应和着滋养的本能，比如做母亲。不过这里我们在谈论一个本能的过程，这个过程更像一个年轻的母亲或父亲，而非能够在此刻的需求之外为不虞之需做计划的有经验的父母。总的来说，当巨蟹的本能和摩羯的管理者素质美妙地结合时，这个成人 / 孩子的范式可以做一个很好的滋养他人的角色。长期来看，越来越和儿童的一面连接和认同可以让他们坚硬的边缘圆缓，软化坚硬的灵魂。

玛丽亚・蒙特梭利生于 1870 年 8 月 31 日，意大利安科纳省的基亚瓦拉莱镇，她的一生是巨蟹 / 摩羯交点模式的缩影。这个模式显著地反应在她所创立的幼儿早期教育体系上，这个体系以她的名字命名。作为一位教育家和社会改革家，蒙特梭利是 20 世纪最有影响力的女性。

童年时，玛丽亚的学习就很好，而且考试也考得很好。她甚至说“不可能做不好”。她有真实的摩羯本能，经常在和其他孩子的游戏中扮演权威的角色，因此遭到更大的孩子的反对。在 10 岁的一次重病中，她对忧心忡忡的妈妈说：“别担心，妈妈，我不会死。我有太多的事要做。”⑤

当她是一个小女孩时就发誓，永远不会满足于只是一个学校教师，而教师是那个时代除了婚姻之外女性唯一能做的职业。她继续深造，成为意大利从罗马大学医学院毕业的第一位女性。1896 年，26 岁的她被授予医学和外科专业的学位。在职业早期，她专注于儿童疾病，被低能儿的困境吸引，那时这样的孩子被认为是无法教育的。和这些有智力问题的孩子一起，她让这些孩子在学习中获得正常孩子的技能。

当思考她的成功时，蒙特梭利感到困扰，因为那些在普通学校的幸福健康的孩子正在做比他们更不幸的孩子同一层级的事情。那么这些被称为正常的孩子是否也能受益于同样的办法呢？她必须找到答案。⑥

尽管受到她的医生同事的反对——他们认为她把自己的科研训练浪费在儿童保育上，但是 1907 年 1 月时 36 岁的蒙特梭利还是为贫民区的孩子开了一所学前学校。那里所开展的教育实验效果非常显著，它所产生的结果不仅为蒙特梭利学校的未来工作所打下的基础，而且这个工作严格遵守了蒙特梭利的交点模式。

成效是巨大的。原来被贫困所摧残的那些阴郁的、冷漠的、退缩的、反叛的孩子变得能够社交和与人沟通了，每个人都喜欢学习。蒙特梭利认为学习是自然的倾向。第一年秋天，4 岁和 5 岁的孩子在不到两个月的时间内学会写字，仅仅几天后就会阅读。在后来被称为“在准备好的环境中的自发行为”中，蒙特梭利和一位女助手轻松地监督和观察孩子们，允许他们自由移动和选择让他们感兴趣的东西。玩具和画画材料被摆放在桌子和椅子之间，还有一种最重要的被她称作“自我纠正”的材料。这些特殊设计的材料需要孩子们把不同的形状和部分拼在一起，这自然会让他们变成任务导向，并让他们在取得令人满意的实际成果后得到快乐。⑦

当然，这种自由的氛围并不是混乱的，而是在“特定限度内进行特定活动的自由”。把好斗的孩子从其他孩子闹哄哄的活动中隔绝出来，是对他们不恰当或破坏性行为的惩罚。他们本来可以选择去做更快乐的事，却暂时只能忍受什么也做不了的限制，所以当再次被允许去做感兴趣的事情时，这些犯了错误的孩子急切地想要弥补失去的时间。同样，通过类似的负面教育方式，无所事事也不被鼓励，课堂因此变成孜孜不倦的活动中心。这样，在自发的巨蟹本能引导下，摩羯的勤奋被加强了。⑧

最重要的是，蒙特梭利尊重每个孩子和他们的父母。她从不批评他们，高高在上地教导他们，或批评他们做错了。她刻意只是站在背景之中，让孩子们自己教自己。不过，孩子们都能强烈意识到她的存在，同时无疑被她给予他们的尊重所激励——这是他们并不熟悉的东西。她的方法定义了“孩子的天性和需求”是“教育的出发点”。[9]

是老师，即大人，而不是孩子来监督选择和决定的过程。同时，这些都是根据观察而来的决定，从每个孩子所展现的自然偏好推断而来。通过追随孩子的主动行为，老师和孩子彼此了解。孩子们在探寻他们的兴趣时会转向大人以获得肯定，大人只在必要的时候干涉。这种成人 / 孩子的合作表达了这个交点家族的理想精髓，在这里南交摩羯的成人习惯给予他们一个安全的环境，以支持北交巨蟹情感导向的生活。

从某种程度来说，蒙特梭利不仅成功地激励孩子们勤奋学习，而且还把他们变成了她的翻版。她那些忙碌的、专注的、自律的想要获得成就和成功的学生正是她自己童年的样子。她对小孩子有惊人的魅力，而且这种魅力与日俱增。她把自己沉浸在孩子的世界中，重新与她失去的世界相连接。她的结构化的方法和概念帮助孩子们成长，而孩子们则让蒙特梭利不断重返日新月异且永恒的童年。

虽然蒙特梭利儿童教育的成就贯穿其一生，但是她的国际声誉在她 43 岁时就达到了高峰。当她的想法被广泛纳入早教或学龄前教育，她早年激起的新奇感和兴奋感逐渐退潮。除此之外，主流教育者的抗拒削弱了对她思想的支持，特别在美国。似乎她与孩子们之间的关系越好，她与大人之间成功合作的可能性越低。在 1952 年，她去世 10 年后，美国才重新发现和欢迎她的方法。最终，孩子们给她的灵魂的礼物回报了她给孩子们的礼物。

我有好几个生于这个交点族群的客户在孩子们的生活中扮演了重要的位置，既是基于职业，也是基于志愿。一位小社团的教练，一位弱势儿童群体夏令营的组织者，一位儿童权益保护律师，一位蒙特梭利老师，一位小学老师，还有一位儿科医生都是明显的例子。此外，没有其他交点组合比这个组合更享受做祖父母了。他们的情感喷发而出，对孙子孙女极其关注。对某些人来说，这可能是对他们年轻的忙碌岁月的补偿，因为当时他们和自己的孩子在一起的时间很有限。不过，因为他们自己经常缺乏童年经验，这是自发地对孩童特别世界的补偿。

一位客户，同样是一个热情的、对孙辈非常关心的祖母，在25年前怀第二个孩子时开始努力为儿童工作。她为女性投票者联盟辛苦工作了三年，为她的家乡率先通过儿童保护法案以及重新修订性行为法案游说和宣传。所有这些举措最终都使得法律在关于暴力和虐待儿童方面有了特殊的规定。

由于努力，她成为当年的市年度人物。她又继续创办了一个非赢利组织帮助被虐待儿童，回应那些打电话来不知道应该向谁报案的人。她联系社会服务机关，然后对事情进行跟踪以确保他们进行彻底的调查，并采取适当的行动。在一些家庭悲剧中，她及时的介入挽救了那些被残酷折磨的孩子的生命。在打电话的人和被虐待的儿童之间真正的关系被公开之前，她还可能和打电话来的人通话几个月。“经常有人打电话来说，我的一个朋友的孩子被虐待。这种情况会持续很久。”没有工资，只有5个志愿者，她有时要同时处理15个到20个案子。基本上，她拒绝遵守朝九晚五的时间表，不论到哪都带着她的工作，在家和在办公室都用电脑工作。

美国最著名的残障儿童支持者可能是喜剧演员、娱乐界人物杰瑞·刘易斯，他也是这个交点族群中的人。他每年一次为囊性纤维化儿童和其他残障儿童筹款的电视节目可能是此类节目中最著名的。“杰瑞的孩子”已经成为一个习惯用语，是国际上对他为残障疾病研究和治疗筹款所做努力的认可。

这个交点的另一位著名人物，武术大师、电影演员李连杰在从灾难性的海啸中逃生之后成立了他自己的慈善组织“壹基金”。当海啸袭来时，李连杰正和他四岁的女儿在一个游泳池玩耍，这个游泳池恰好高于海滩地区，所以他们没有被海啸所吞没。从那几乎致命的一天后，李连杰不仅把部分票房收入捐献出来，还成为中国红十字会的大使。他的壹基金和红十字会一道工作，服务于灾难救援工作，还支持其他心理健康认知和自杀防范工作。在四川汶川地震和其他 6 个自然灾害期间，他亲自参与到救助地震幸存者的工作中。

李连杰的故事也遵循了这组交点两极可识别的模式。很小的时候，他就很早熟并且很有纪律，8 岁时被选去学武术。李连杰就像在一个待在孩子身体里的大师，很好地配合了训练，在中国武术比赛中获得 15 块金牌和 1 块银牌。当他的武术队在美国巡演时，他看上去比实际年龄更老成，获得了祖国的称赞和尊重。在为美国总统理查德·尼克松进行了一场特殊的武术表演后，尼克松问他是否愿意做自己的个人保镖，李连杰不为所动。他著名的回答是：“我不会保护任何个人，等我长大了，我会保护 10 亿中国人。”[⑩]

在取得如此卓越的成就后，17 岁的李连杰从武术赛事中退下来，开始电影生涯。作为一个演员，每个人都知道他的努力和野心会让他成为一位国际明星。虽然他的名气是在一系列武术电影中作为杰出表演者建立起来的，但他作为一个资深演员，也获得了尊重。

李连杰对武术电影的一成不变开始感到厌倦，2006 年宣布《霍元甲》将是他最后的动作电影。李连杰解释到他仍旧会演电影，甚至是武术电影，但他对有哲学或精神主题的影片更感兴趣。对这个族群的人来说，追求一种更令情感满足的职业是合情合理的。同样重要的是休整时间，因此李连杰息影一年，2009 年才回来在《敢死队》中扮演雇佣兵。

当然，有些有这组交点的人想要休息不止一年，而是整个一生。在美国，这种反叛、激情、蔑视正统的行为永远和野兽诗人艾伦·金斯堡及“垮掉一代”嬉皮王国的偶像尼尔·卡萨迪联系在一起。这两个南交摩羯的难民代表了北交巨蟹的极端。两个人都过着不寻常的由情绪主导的生活。金斯堡成为野兽派代表诗人，从上世纪 50 年代美国“垮掉的一代”中发展出来一种自由、狂野、粗秽的诗歌形式，影响了 20 世纪 60 年代的嬉皮士文化，并给那一代人中的许多人打上了烙印。

金斯堡小时候是一个羞涩的、看上去很成熟的男孩，像一个家长那样照顾他的神经质的、疯狂的母亲。因为需要不断管束母亲古怪而又令人害怕的发作，他总是很紧张。金斯堡早期的成年生活摇摆在两极之间，一方面是短暂的想要成功过常规生活的摩羯式努力，另一方面则是长期的、冲动的、情绪化的、随意的巨蟹式存在状态。最终他放弃了在有条理的商业世界中的广告职业，尽管他甚至帮助一个著名的牙膏品牌成功进行了一场宣传活动。金斯堡在不加限制的激烈演说中进行原始的、情绪化的自我表白，并在新的波西米亚的场景中解放了他的诗歌。在他最著名的早期作品《嚎叫》中，他提到了火神摩洛，这是从《旧约》中借来的名字。依据《圣经》传统，摩洛是迦南人的偶像，孩子们会被当做祭品献给他。这就是金斯堡对失去的童年的深深的愤怒。[11]

金斯堡可能是“垮掉的一代”的诗人，但是在美国文坛“垮掉的一代”运动背后潜在的影响人物无疑是尼尔·卡萨迪。不过令人震惊的是，卡萨迪生前从来没有出版过一本书，虽然在他死后出版了未完成的自传。卡萨迪所做的就是孕育了凯鲁亚克（《在路上》一书的作者）的写作，教会凯鲁亚克用自发的自由方式写作。凯鲁亚克学会了像卡萨迪那样写作，在狂喜的洪流中，没有自我意识和道德顾忌。卡萨迪从未从凯鲁亚克的成功中获益，他对此也真的无所谓。他继续上路去影响下一代的其他作家，在一辆装满了嬉皮士、涂着迷幻色彩的汽车上开始他著名的穿越美国之旅。[12]

金斯堡和卡萨迪都是生活在巨蟹/摩羯的极端例子，像孩子一样反抗成人的世界，逃避责任，拒绝社会加给他们的任何义务。这样的交点状态是不平衡的。可能有些灵魂需要这样的极端方式补偿他们曾经在另一个极端走得太远，但是对大多数人而言，对自己保持感情真实并不意味着放弃责任和义务。实际上，对有些人来说，发现、理解和接受自然的人类情感的价值及其重要性可以激励他们奉献一生。

瑞士出生的美国医师伊丽莎白·库伯勒·罗斯就是一个这样的人，她也是《天使走过人间》、《论死亡和临终》的作者。她把一生的大多数时间都投入到改善人们对于死亡和临终的态度中，给予人们启发。就像蒙特梭利小时候一样，她6岁时就宣布自己要成为一个医生。不顾父亲的强烈反对，她坚持不懈地努力并真的成为一名医生。在曼哈顿州立医院做精神分裂科医生时，她的成功促使其他医生向她请教问题。“当我认识病人之后，我做感觉对的事情。”她解释到，“你不能使用麻醉药让他们麻木然后期望他们好转，你必须像人那样对待他们。”她经常抗议在医疗机构中“缺乏情感，缺乏滋养。”从这里开始，罗斯展开一生的工作，帮助我们更好地理解并应对当一个亲爱的人离世时所产生的自然的悲伤过程。这是一颗灵魂在工作，跟随着她的直觉，伴随着她的责任，帮助我们走过生命中最富挑战的重要情感阶段。[13]

在一个音乐神童的人生中，让情感满足的潮水很早就涨起。9岁的他在准备中央音乐学院试听时，就在情感和纪律的涨潮和落潮中挣扎。他就是郎朗。两岁时，他在动画片《汤姆和杰瑞》里听到汤姆弹奏的李斯特的《升C小调第二匈牙利狂想曲》的一节，当时就被迷住了。他3岁就开始上钢琴课,5岁时已经在沈阳钢琴比赛中获奖。不过，当这个9岁的老将为了考中央音乐学院而准备试听时，他的音乐感觉却因为课程严苛的挑战而坍塌。他被从音乐老师的工作室赶出来，可怜的、遭到拒绝的郎朗只好回到家乡沈阳。

很多年后，郎朗回忆，当年沈阳学校的音乐老师为了平息他的悲伤，特意放《莫扎特钢琴奏鸣曲 C 大调第 10 号 K.330》的录音给他听，并让他跟着一起演奏。跟随着每一个音符，郎朗消沉的情绪逐渐提升起来，对钢琴的热爱克服了挫败感。这个关键片段说明，即使对这个交点家族如此年轻的成员，成功 / 失败的范式在心理上也有巨大的影响力。幸好这位有同情心和爱心的老师帮助学生重新聆听音乐，让他从对演奏钢琴的热爱中感觉音乐。通过触及他的情感，这位老师帮助郎朗从成功 / 失败的困境中走出来。

郎朗现在已经得到国际赞誉。当然也有一些批评声音，抱怨他太情绪化，演奏太粗俗、沉重。有些人甚至嘲笑他演奏时夸张的面部表情，但喜爱他的人在他的脸上看到的正是音乐本身的情绪和感情。本文写作时只有 27 岁的郎朗，已经在国际上确立了自己的音乐地位，他目前致力于支持全世界年轻的钢琴家。

另一个不一样的神童在成功后也开始帮助学生，在中国的 5 所大学捐款建立了奖学金。当 1957 年获得诺贝尔物理学奖时，李政道只有 30 岁。他出生于上海，1946 年得到美国大学的奖学金来到美国。作为一个年轻人，他的工作非常出色，被恩里克・费米教授选中做自己的博士生。李政道 1953 年进入哥伦比亚大学，在那儿和杨振宁的共同工作让他们获得了诺贝尔奖。李政道继续为世界物理和科学做贡献，不过正是以已故夫人命名的秦惠䇹—李政道中国大学生见习基金凸显了他的巨蟹需求。关心故国的年轻学子，无疑为这个早早成功的人带来满足感。

有这组交点的演员中，很早就能成功的人有时也会精疲力竭或过早达到职业顶峰。对有些人来说，他们早期的成就那么显著，以至于他们后来的努力难以为继。在早期美国默片电影时期，查理・卓别林就是一个代表。另一个就是此前提到的美国喜剧明星杰瑞・刘易斯。他早期孜孜不倦的努力在他的名气逐渐衰落之前给他带来几乎致命的心脏病。还有多才多艺的美国早期电影演员哈里・贝拉方特也属于这个族群。

当然，这组交点的每个人因为深深刻上摩羯过于自律的习惯，都有早早耗尽精力或甚至出现更糟结果的风险。特别在童年时情感曾被压抑或否定的人，一定要当心！前田径教练马俊仁就是这么一个不太名誉的情感耗竭的例子。马俊仁采取极其严苛的训练方法，有时逼迫他的队员在高纬度的地方一天跑 26 公里，这是教练野心的极致表现。不错，他的一些队员成了世界纪录保持者，在那个意义上他是成功的。但是代价是什么？马俊仁突然发作的脾气就像高压锅冒出的蒸汽，灼烧着他自己和周围的每一个人。另一方面，对他年轻的女运动员来说，他却是作为教练在工作，这样从某种意义上满足了他的北交巨蟹教导 / 抚育的需求。不过在 2000 年，他的 6 名运动员没有通过血液测试，退出了悉尼奥运会的比赛，马俊仁因此被解聘，尽管他强烈否认他曾让运动员服用兴奋剂。即使在 2001 年 9 届全运会取得成功后，对马俊仁的怀疑也仍旧在持续，在不断的争论声中，他于 2004 年退休。

马俊仁的极端行为并非这个交点家族的代表，更常见的是那些遵从自己的直觉同时又依赖他们的天生规划能力的人。有趣的是，这个组合非常适合那些为家庭或居家需求服务的行业，特别是房地产业。巨蟹座常常跟家及家庭生活联系在一起，因此在建筑设计、房地产、建筑行业发现这个交点的人不奇怪。潘石屹是这些行业中杰出的例子，他向现代中国介绍了一种全新的工作和生活方式。特别值得关注的是潘石屹著名的建筑用色和此前一模一样的单调灰色形成鲜明对比。潘石屹的创新设计迎和了家庭需求，在利用空间的实用性和有效性的同时创造了舒适温暖的家庭气氛，这正是巨蟹和摩羯的最好平衡。

当然，有这组交点的人几乎可以在任何行业获得成功。化妆品行业的先锋海伦娜 · 鲁宾斯基 19 岁开始推销家里自制的面霜，35 岁时就积聚了百万美元的财富。美国非常有名的著名厨师蔡明昊，在美食频道主持他的《东方遇见西方》烹调节目。他两次获得艾美奖，出版了两本烹调畅销书。他的东西合璧的蓝姜餐厅是游客参观波士顿的必去之处。其他有这组交点的著名人物还有35岁就凭《星球大战》赢得国际声誉的导演兼制片人乔治·卢卡斯，37岁就已经去世的德国著名导演宁那·华纳·法斯宾德，香港电影大亨邵逸夫，哲学家米歇尔·福柯、西蒙娜·德·波伏娃，心理学家亚伯拉罕·马斯洛，著名指挥赫伯特·冯·卡拉扬。

这个交点组合中，国际知名的电影演员包括梅艳芳、凯瑟琳·赫本、迈克尔·道格拉斯、布拉德·皮特、约翰尼·德普、金·凯利、迈克·梅尔斯，此外还有著名女影星玛丽莲·梦露。属于这个交点家族的其他知名人士还有政治家王震、曾荫权、菲德尔·卡斯特罗、英国女王伊丽莎白二世、罗伯特·肯尼迪、伊娃·庇隆，体育明星李宁、郭晶晶。不过，对所有属于这个交点族群的人来说，他们的故事重点真的不在于达到顶峰，甚至也不仅仅在于达到顶峰时感觉会如何，而是在路上的感觉如何。转变是从“做”到“存在”。学习如何“存在”是关键，这把钥匙会打开通向成就的内在空间之门。

职业：

不论任何职业，南交摩羯勤奋的天性显然都有利于成功。生于这组交点的人依赖他们内在的管理和行政能力获得安全感。不过也有一些人把注重效率放在感情之上。他们自己压抑感情完成手边的工作，所以对那些无法约束感情的人也很少抱有宽容之心。一起工作的人之间很必要的正常闲聊和嬉戏交往，在他们看来是浪费时间。通常这种吝啬鬼似的倾向对这个人来说是不好的兆头，预示着未来“过去的圣诞精灵”的拜访（狄更斯小说《圣诞颂歌》中的精灵，在圣诞节来临之际拜访小说的主人公吝啬鬼伊本尼泽·史克鲁奇，让他看到过去他是怎样变成了现在的吝啬鬼的样子，怎样为了成功和赚钱牺牲了爱、幸福和温情)。

另一方面，那些懂得了情感交流重要性的人可能是非常有效的管理者。我自己的咨询档案中就有很多对雇员的需求很有同情心的人。在这种情况下，他们的责任感更强调一种不断增加的滋养他人的倾向，对那些为他们工作的人倾注了家人般的忠诚。不奇怪，在这个交点的女性管理者比男性管理者表现出更多的滋养他人的倾向。不过，不论男性女性，只有在获得更安全的社会地位后，他们才容易展示出这种家长般的倾向来。更常见的是那些早熟的、如饥似渴向上攀登的年轻管理人。像这样的神童经常太忙，除非感到这样做对他们有好处，否则根本顾不上细腻雅致。

很多人有天生的政治才能，本能地精通层级结构的游戏。想想年轻的野心勃勃的罗伯特·肯尼迪仔细盘问那些被带到调查委员会面前的人的样子，这为他赢得了名气。或是机敏的政治人物林登·约翰逊，很多人认为他是完美的政治家。不过，有一些这组交点的客户也表达出对办公室政治的极端厌恶，他们的厌恶不是基于对相关流程的不理解。实际上，他们充分精通这种显得高人一等的伎俩。他们只是不想玩这个游戏了。

灵魂对于竞争所表现出的厌倦经常标志着职业的转变，或者至少是优先次序的改变。他们不再喜欢长时间工作了，和家人之间的交往变得更为重要。他们寻求能够得到更有质量的休息时间，或至少有休息时间。在职业早期经常表现的孜孜不倦的努力和他们后来所选择的生活常常形成戏剧化的对比。这个族群，只要有可能就会早早退休。有个人在37岁就卖掉了自己的公司而去追求他所喜欢的飞行运动。虽然过着不规律的生活，但他还是时时参加飞行比赛，仅仅为了感受一下过去那个喜欢竞争的自己。

当然，很少有人能够如此奢侈地完全放下工作。不过，让自己休息一下或者减少旧有的压力可以抵消常规工作的苦差。他们常常会追寻让情感得以满足的嗜好。创造性的活动可以给压抑的感情以出口。一个客户毫不害羞地宣称自己喜欢卡拉 OK，另一个非常享受在唱诗班唱歌。有一次，一位客户在咨询中带来了一盘他参与演唱的无伴奏四重唱放给我听。这组交点的客户的嗜好有绘画、摄影、雕塑、木材加工、烹饪、园艺，这些都是让他们愉快追寻的爱好。

巨蟹 / 摩羯交点没有显示特别的职业领域。下面来自于客户们的故事清晰地揭示了这个职业鲜明对照的主题：从会计主管到宠物装饰，从股票经纪人到图书馆长，从医院管理者到地产经纪人，从公司运营副总裁到书店 / 咖啡店老板，从获奖的地区销售经理到码头的食饵和工具店的老板，从餐馆老板到信息治疗师。除此之外还有几个老师，两个治疗师，一个瑜伽老师，一个厨子，几个有工程或建筑背景的建筑分析师，还有一个非常成功的衣柜制造商。

和这些客人探讨最多的是成功和失败的问题。许多人承认自己有一种不安的失败感。他们本来有能力获得更多世间成就，所以对于自己为什么没有做到感到困扰。因为相信本来可以更有成就，所以他们就用挥之不去的负疚感惩罚自己。让他们放下负疚感的转折点在于，当他们认识到自己之所以没有更努力是因为他们真的不想那么做。这和他们的能力无关，而是和他们的渴望相关。

自然，不论何时，当他们感到紧张或处于防御姿态时，他们就会暂时变得勤奋，有竞争力，有效率。其他人会对他们的能力印象很深，经常以尊敬和遵从的态度对待他们。他们对他人的惊诧暗自感到好笑，那些人无法理解为什么不是这个人来管理公司，而他们仅仅通过向他人示范事情应该怎么做就可以从中享受满足感。当事情有人来处理或者项目刚一结束，他们就会打起哈欠，这时他们的动力消失了。这些人以身作则地成为他人典范。我们其他人只要注意学习他们如何精于达到目标，以及他们如何把事情办成的技巧，就可以做得很好。

关系：

通过在有明确目标的结构中获得安全感，在有丰富情感交流的关系中获得满足感，北交巨蟹 / 南交摩羯的人就可以获得两个世界的最好的东西，至少这是最优的安排。不过，经常发生的是计划阻碍了经验。承诺对于任何一段持久的关系都是十分重要的，不过当计划的重要性超过感情和感觉，事情就会开始变得难办了。

由于巨蟹和摩羯之间未解决的互相对抗的力量，他们会吸引来性格完全相反的人。摩羯这边与有地位和野心的成功人士相处更自在，而巨蟹这边则寻找情意相投的人。于是，一方面，他们吸引来他们尊重并认同的有成就和社会地位的人，另一方面对这样的人他们又感觉不到强烈的情感联系。或者他们可能吸引来有强烈情感联系的人，但这些人的社会地位和他们基本的要求与目标相矛盾。

被这个矛盾所困扰，他们受到看上去无法解决的问题的折磨。这种两难处境暗示着他们还没有准备好结婚。协调好两边的差异才会提高吸引来兼具巨蟹和摩羯特质的人的可能性。那样的人既是本能的、自发的、和他们的情感相调和的，也是有地位和成就的。

因为婚姻既是习俗的连接也是法律的连接，所以他们经常会选择那些他们认为可以与之一同建立稳固生活的人结婚。感情上的考虑被最小化，甚至被认为是愚蠢的感情用事。不过长期来看，情感的空白可能会让外表看来非常成功的婚姻变成可悲的空虚的安排。

这些人会为婚姻成功付出巨大努力，经常精心安排要做的事。不过，他们忙碌而认真的努力让他们无暇获得他们渴求的感情滋养，也限制了可以深入交流感情的时间。他们在这个过程中让自己筋疲力尽。当事情没有按计划进行时，失败感更加重了他们的痛苦。

通过确认情感，这种牺牲模式可以被打破，现有的关系也可以摆脱习惯否定情感的模式。不过，刚开始，被压抑的情感表达可能掀起一场风暴，需要建立一个双方都同意的情感交流规则，稳定的结构可以增加坦诚并帮助他们探索感情。能够有更多自发性和休息时间的生活方式可以鼓励他们的内在孩童出现。不论在新关系还是老关系中，建立这样一种健康的情感模式对于生于这组交点的人非常关键。

任何有意和这组交点的人发展关系的人必须理解这个人行为底下的成人 / 孩子模式的二分性。当处于防御状态时，成人一方会以竞争、严肃、冷酷、挑战的方式占据主导。就像一个经理责备犯错误的员工，这个人有时会变成势利鬼——“你怎么敢这么跟我说话？”或“你怎么敢这么对待我？”这些人要求别人尊重他们的地位，否则不论谁劝都不会听，直到别人对他们作出适当的遵从和承认。

当这些人感到明显不安全或处于防御状态时，别指望他们会对你在情感上坦诚。不过，一旦安全，他们会变得很好玩甚至孩子气。就像大人离开了房间，他们的情感显露出来。羞怯、挑逗、情绪化、冲动、悲伤、泪汪汪、大笑，人类的所有情感都会毫不害羞地冒出来。现在他们想要被呵护和原谅。有些人希望你让他们成为孩子。另一些人自己变成关心照料他人的人，在拥抱亲吻之中变得越来越有人情味儿。在这种模式下他们能暂时——至少有那么一会儿——变成父亲的小女儿或妈妈的小儿子。

自然，在这个主旋律下有各种各样的人。一种极端是那些限制和否认他们情感的人，另一个极端是为了随意无拘束的生活否认自己的承诺和责任的人。看起来前者比后者更多，而大多数人在两者之间摇摆。最终，关系的成功来自于情感的觉醒和发现他们可以仅仅因为他们本身而并非因为他们做了什么而被爱。

父母指南：

对上述提及的早年环境和童年习性来说非常明显的是，这些孩子需要在有计划的和没有计划的时间之间建立一个平衡。这些孩子严肃的样子可能让人既感到有趣又印象深刻。看着他们在蹒跚学步的时候垒东西，你会想他们关心建筑规范！因为爸妈那么忙，他们在7岁就可能感到内疚，会支起一个卖柠檬水的小摊，而且有办法找到最好的位置。他们把利润留起来，还会和你讨论多样化经营，比如增加供应饼干，或一份无糖柠檬水（他们还有一本顾客意见簿）。

支持他们的野心固然很重要，同样重要的是让他们知道他们可以仅仅是一个孩子。当然，有时他们会把这个理解成你没有认真看待他们，好像因为他们只是个孩子，所以你在贬低他们的努力。在这种情况下，他们会怀疑自己努力的成果，试图说服你他们真的很认真。如果后来他们长大后来找你问："为什么你在我小时候不让我更多是个孩子？"唯一诚实的答案是："因为你不让我那么做。"

他们非常擅长让自己很有用，以至于很容易忽略他们内在发生的情绪。提供一个环境鼓励他们表达情感，可以教会他们确认并证实自己的感情。很多人有一种潜在的矜持，或不愿意敞开自己，并不是因为他们隐藏秘密，而是因为他们想得到你的尊重。尊严和自尊对他们来说意味着很多东西。

他们总是非常在乎竞争，对失败看得很重。在运动中，他们要获胜的决心有种感染力，他们想要赢得比赛或超过别人的渴望让父母深受感动。只有当他们获胜时，教他们享受比赛才有用。这在他们擅长的任何事情中都是这样，从运动到学术到艺术。让他们知道你爱他们，不论他们胜利还是失败，对他们的生命都是非常重要的一课。

如果这些孩子生在要求他们必须非常优异的家庭，一开始这种压力可能会得到奖状、战利品、奖学金的回报，但长期来看，个人付出的代价是无法估量的。而那些在犯罪的影响下长大的孩子可能成为少年犯，过早得到教训。另一方面，让自己有出息的本能需求也可能抵消父母不当行为的影响。一位客户的母亲是妓女，而这位客户通过做汽车修理工供自己念完大学。她的专业是数学和教育，后来成为小学老师。

这个交点组合的少年人逐渐变得更容易动感情。不过，内在的纪律和目标导向通常会让他们不偏离正轨。只是跟他们自己幼年的成熟相比，他们十多岁的时候显得和小时不一样。在14岁到23岁之间，对这个交点组合最大的风险是他们的情感易受伤害。

那些样貌和行为都比实际年龄更老成的孩子可能还没明白就陷入了他们弄不懂的感情（普瑞西拉·普莱斯利14岁时就和猫王谈恋爱）。因为他们倾向于把任何事都用输赢来衡量，所以通常会把拒绝看做失败。这些少年人的父母可能会对他们的孩子表现出来的绝望感到震惊，因为此前他们可以非常成熟地控制感情。教会他们了解恋爱中的起起伏伏非常重要，感情不是你可以竞争个输赢的事。防波堤可以暂时把大海拦在外面，但时间一长，海水会冲垮防波堤及其后面的任何建筑。在少年时学会如何慢慢习惯情绪潮水的涨落可以使日后的生活有很大不同。

我记得的一个例子是：一个年轻人，从大一开始学习成绩变得很糟糕。在高中时他是一个中等生，而且是学校足球队首选的边锋。当他考试几乎不及格时，一位学校的咨询师给他做了一个测试，发现他有一种学习心理障碍。从小学到高中他都用加倍的努力弥补这一障碍。因为他的表现一直让人满意，所以没有人发现他有这个问题。不过，他自己倒是怀疑过。他把能力不足的恐惧深深藏起来，被越来越大的学习压力搞得越来越紧张。现在多年压力的副作用一下子涌现出来。

这个年轻人从学校休学一段时间，参加了一个帮助他克服学习障碍的活动。通过心理咨询，他探索了自己的感情，开始寻求其他的选择。他在工地上打零工，对建筑业有了第一手的知识。几年后他又重新回到学校，最终成功毕业并进而建立了自己的建筑公司，做得非常成功。

生命周期：

从23岁到32岁，这个交点组合的人可以在达到顶峰之路上打破纪录。某些情况下，这种新的目标导向是对此前一个阶段较少约束时期的反应——大学时的年轻放纵和延长的休息日很常见。专业、职业兴趣甚至渴望的生活方式都可能改变。23岁前从学校毕业的人可能决定从事与他们所学专业完全不同的职业。

就像詹姆斯·斯图尔特（希区柯克《夺魂索》、《后窗》、《擒凶记》、《迷魂记》的男主角，普林斯顿大学建筑系毕业），他在暑假期间被表演所吸引。14岁到23岁之间的阶段可能导向重要的发现。不论对于个人还是对于职业来说，强烈的情感经历会成为新方向的罗盘指针。对这个交点具有讽刺意味的是，在此前松散的、没有规划的时期发生的重要领悟可以为现在这个忙碌的、孜孜不倦的阶段提供指南。

早婚也可能成为让人更专心致志的原因或动机。更高的地位等同于更大的安全感。于是，年轻的父亲和母亲对他们的事业投入更多精力。有些人会用结婚来提高或巩固社会地位。即使在不那么常规的职业中，23岁到32岁之间的自然倾向也是获得成功。年轻的艺术家和公司经理的野心一样明显。作为广告公司经理，金斯堡除了想要建立规矩的生活方式（虽然后来他放弃了这种生活），还在这个阶段创作了大量作品。29岁的他表演自己的作品《嚎叫》时引来了对于他公开猥亵举动的指责，结果他作为一位诗人吸引了前所未有的注意力。

昆汀·塔伦蒂诺早先在洛杉矶曼哈顿海滩的一家录像带店做店员，这让人联想到最初拿着很低的薪水了解杂志行业的赫夫纳。4年间昆汀每天花大量时间看、分析、讨论、推荐录像带。同时他上了表演课，拍摄了第一部电影（未完成）《我最好朋友的生日》，在让·吕克·戈达尔的《李尔王》中出任角色，一年后写了他的第一个剧本《真正的罗曼史》。28岁时他写作并执导了《落水狗》，这部影片在次年也即 1992 年圣丹斯电影节上举办了首映式。虽然被评审团冷落，但 29 岁的塔伦蒂诺很快就成为电影业追逐的对象，并被评论家称为下一个马丁·斯科塞斯。31 岁时，《低俗小说》确立了作家导演塔伦蒂诺广受欢迎同时也广受批评的成功。

从 32 岁起，动力的钟摆开始摆离已经建立的轨道，感觉和感情开始越来越多地影响决定。本能的渴望，甚至潜意识中的或者被压抑的情感影响了关键性的决定。这组交点的许多女性选择在 32 岁到 41 岁之间的这个阶段做母亲。当职业和婚姻都安顿好了之后，这是经历母性的最理想阶段。同样，男性也花更多时间和孩子们在一起，或更强烈地渴望成为父亲。

很多事情取决于驱动的情感是什么。对蒙特梭利来说，在这个阶段是孩子们的需求把她带离原来有着严格限定的医生职业。她 32 岁时开始对心理有问题的孩子产生兴趣，37 岁那年开了第一个儿童之家。跟随感觉走几乎可以把一个人带到任何方向。当然这是重新评估职业的时期。在这个阶段，优先次序可能发生引人注目的改变。情感上无法满足的关系可能结束。同样，情感上令人满意的关系会发展下去。

对许多人来说，这个北交周期的渴望并非放弃现有的地位，而是放慢步伐享受生活。他们努力工作挣到了现在的地位，现在想要品尝当之无愧的幸福。有些人会拒绝让他们更成功的机会，因为伴随着更高位置而来的压力并不值得。他们越来越不需要证明自己。

对有些人而言，这种动机的转变令人不安。在最坏情况下，情感问题会以创伤的方式浮现出来，威胁和毁坏他们的名誉和地位。因为相信更多的努力和纪律是解决问题的办法，他们给已经不堪重负的心理架构施加更大压力，而这种做法加深了他们的困境。

这样的极端表现有时会悲剧性地展现出来。这组交点的人比其他交点的人更能从压力管理中获益。冥想、瑜伽、太极、生物回馈疗法、音乐或是简单在公园散散步对他们有很大好处。体育锻炼也有用，只要不做过头。

从41岁到50岁，钟摆再次摆到另一边。不过，对生活更成熟的理解可以使得这个很有成就的阶段更令人满意。许多人在这些年会承担那些可以最佳运用他们才能的项目。这在很大程度上取决于他们承诺的程度。不过当一件事情对他们很重要时，他们会取得惊人的成果。46岁到47岁这两年可能是取得巨大成就的两年，政治上的人脉联系也会带来回报。这是收获荣誉和奖状的时候。

自然，这个阶段不是每件事都会成功。不过即使项目达不到预期，通常也不是因为能力不足或努力不够。不过，他们乐意为结果承担责任。有些人甚至能利用失败的机会，比如一位客户把一个不可信的项目交给了竞争对手。他们早就充分认识到从前曾经掉入的陷阱，因此确保同样的错误不会再犯。对他们来说，成功是非常令人满意的，特别在此前的失败面前。

在这个阶段，义务却常常引发惯性行为。他们常常在管理家庭事务中承担责任，特别是帮助年老的父母。家庭压力可能占用他们许多时间和精力，让个人没有太多空间干自己想干的事情。陷入孩子们和父母的需求中让他们感到特别有压力。对有些人来说，这种压力永远没个头。

不过，从大约50岁开始，下一个9年是最让情感满足的阶段。一位女性，在此前那个阶段成了寡妇，52岁又重新结婚。她沉浸于新婚的爱情和幸福之中，竟然能够放手她拥有和管理了25年的生意。她和新婚丈夫踏上了长期旅行和远足的生活，还确保要留下足够的时间给她的孙女——她女儿的第一个孩子。虽然走出旧习惯是通过学习而来的经验，但除了学习，她无法用其他办法得到。

对这个交点部落最大的祝福可能是，当一年年过去时，他们会变得越来越年轻。不仅是态度的转变，身体上也会出现奇迹。一位客户，目前70多岁了，给我一张我们1986年第一次见面时的名片——在一个地球图案上印着“前世界总经理”。他一生工作都很努力，在美国西南的一个小城运营着自己的一家五金商店。他总是把家里面每个人的责任扛在身上，几乎要把自己早早赶进坟墓。最终他决定改变人生，踏上了自我发现之旅，让自己沉浸在重生技巧和工作坊中，包括深度肌肤信息的罗尔夫治疗法。在卖掉他的商店后，他把钱明智地进行了投资。他现在频繁旅行，学会了潜水。无论何时他想潜水，他都会去。对于许多有这个交点的人，晚年是让他们最有成就感的——被他们的内在孩童手牵手地引领着，生命奇迹从未像现在这样展开。

第五章

♌ 北交狮子——南交宝瓶

意志的显现和个人的贡献

出生时间：

1905 年 09 月 17 日，10：30 p.m.——1907 年 03 月 30 日，12：09 a.m.

1924 年 08 月 22 日，06：55 p.m.——1925 年 10 月 26 日，08：58 a.m.

1942 年 11 月 21 日，12：56 a.m.——1944 年 05 月 11 日，09：29 a.m.

1961 年 06 月 10 日，03：07 a.m.——1962 年 12 月 22 日，10：33 p.m.

1980 年 01 月 05 日，09：55 a.m.——1980 年 01 月 06 日，09：32 p.m.

1980 年 01 月 12 日，01：22 p.m.——1981 年 09 月 20 日，02：20 a.m

1981 年 09 月 21 日，05：22 a.m.——1981 年 09 月 24 日，01：32 a.m.

1998 年 10 月 20 日，12：52 a.m.——2000 年 04 月 08 日，07：11 p.m.

在这个世界上，我们必须成为我们希望看到的变化本身。

——圣雄甘地

如果我们只是等其他人或其他时候，改变就不会到来。我们就是我们一直在等待的人。我们就是我们所寻求的改变本身。

——贝拉克·奥巴马

我认为这个世界所患的最严重的疾病来自感到不被爱的人。

——戴安娜王妃

从心所欲不逾矩。

——孔子

多年以前，一位北交在狮子、南交在宝瓶的客户告诉我，当她压力很大并且需要做生命中重大决定时会重复做的一个梦。梦中一出戏正在上演，而她则站在舞台后面的工作区，从侧面可以瞥见的演员们通常是她认识的人、朋友或家人。一旦她认出这些演员，就会有人走过来，问她是谁，为什么在那里。因为不能给出解释，她被要求离开。突然间她发现自己坐在了观众席，和别人一样在看演出。在她两边坐的都是陌生人，虽然这些人让她有很神秘的熟悉感。

正在演出的戏常常有些明显的错误，或者演得很糟，或者剧本很糟或服装错了。她无法理解周围的人为什么仍看得那么入神。他们难道看不出来哪里错吗？虽然总有站起来离开的冲动，她还是害怕从椅子上站起来。随后她就会在可怕的紧绷的焦虑中醒来。另一些时候她会梦见自己站在舞台上，不过，一旦看到自己不在观众席中，就会立刻从舞台上消失，然后发现自己又变成了观众中的一个。我问她当发现自己站在舞台上时感觉怎么样，她说："开始时感觉很好，让人吃惊，但是，当我在舞台上时，好像我不太确定在发生什么事情，我只是在编故事，但是我会忘记该说什么，然后嗖的一下，我又回观众席了。"

如果你出生在这个交点，这可能不是你的梦，而是你的生命主题。对你来说，你会经常在观察和参与两者之间挣扎。当你疲惫、缺乏安全感或处于防御状态时，你会抽离开来。你不愿意将自己卷入其中，而是会观察事情的发生。因为你能聪明地描述和解释发生的事情，所以你的客观性会给你和他人提供有关这个世界的独特视角。但是不论你认为事情出错的原因是什么，或你给出多么棒的理由来解释为什么行不通，不论你举出什么样的统计数字为自己辩解，都没有任何用处，因为有个东西让你无法逃脱，这个东西就是你自己的心。

就像《绿野仙踪》中寻找勇气的怯懦的狮子或是寻找心的锡人，你的旅途是一个发现你可以有所不同（有所创造）的旅途。就算你可能无法改变世界，就算你的邻居无可救药或你的家庭对你漠不关心，又能怎样？如果你自己不为自己做点什么，谁会去做？如果你自己不愿意投入生活，那么其他哪个人会作出那个选择？不管是否真的有转世一说，你所拥有的生命是特殊的。这是唯一一个让你作为你自己而生活的一生。除非你开始这么对待它，否则你永远无法知道你的一生有多么特殊。因此为什么不尽情活出来？如果你认为生活待慢了你，你也要演出来，用你的风格！在你生命的戏剧中，你本人应该是中心舞台，这是你的人生。当然，你们中的一些人已经知道了，并且学会如何使自己闪闪发光。想象米克·贾格尔（在他的最初时期）在舞台上腾跃的样子。是的，他就是你们部落中的一员，比较戏剧夸张的一员，但仍旧是有很好名声的同伴。去庆祝你的生命，全然投入你世界的壮观辉煌中去，这是你成就自己的秘密之一。

崔健，就像他的上一代月亮交点兄弟米克·贾格尔，大胆表现出生命中心舞台。这位中国摇滚之父生于北京的一个音乐之家，他的母亲是朝鲜族的舞蹈演员，父亲是职业小号手。崔健在北京爱乐乐团的时候，一位朋友让他发现了西方的摇滚乐。通过听香港和曼谷的走私录音磁带，崔健学会了弹吉他，组建了乐队，并在 1985 年的一个电视节目上演唱《一无所有》而一举成名。

崔健从传统和现代中寻找素材，他的音乐有时还混杂了中国共产党的口号。所以在 20 世纪 80 年代末，崔健发现自己被大众标榜为转型中的中国的一个象征。在 90 年代，崔健和他的乐队被禁止公开演出，直到 2000 年才在工人体育馆重新开演唱会。到 2005 年，官方对摇滚乐的态度发生转变，2006 年崔健最终实现了自己的梦想，和米克·贾格尔及滚石乐队在上海大舞台一起同台演出。2007 年，崔健的演出是北京流行音乐节非常吸引人的新闻。2008 年，他在美国加州的演出座无虚席。

崔健是这组交点中狮子一侧的明显代表。演出、表演当然是狮子的天生特质。所以在这个交点找到受人欢迎的演艺界人士并不奇怪，如大名鼎鼎的周星驰、姜文、刘德华、张柏芝。国际著名影星汤姆·克鲁斯、罗伯特·德尼罗、朱迪·福斯特、保罗·纽曼都在这个光彩熠熠的名单上，还有美国早期的电影传奇人物葛丽泰·嘉宝。

这个短短的名单让人印象深刻，不过这个名单上的人，起码是大多数，他们自己并不那么引人注目。即使那些看上去做本色表演的人，也仅仅是在表演罢了。正如朱迪·福斯特在多年前的一个采访中所言："一旦大家真正了解我，每个人都会发现我有多无趣，还有我多渴望这么无趣。"[①] 葛丽泰·嘉宝经常被错误引述的话是"我想一个人待会儿"（实际上，她的意思是，"别来打扰我"），反映出她对名望和声誉的漠视。保罗·纽曼总是看不上任何被特殊对待的观点，常常把自己描述成一个无聊的普通人。

这个交点对普通人有某种认同，基本的假设是"真的，我既不比任何人好也不比任何人差"，这是一种常见的宝瓶座观点。不过，人人平等的观点常常演变成"我没什么特殊的"。走到极致，这种防御性的反应可能变为："为什么问我？我什么也做不了。"这是一个疏离的灵魂的标志，太长时间疏离了我们每个人都存在的意志的创造力。因为自我在很大程度上是自我意志的构筑，所以有这组交点的很多人可能有"发展不全的自我"的问题。甚至这组交点中最自以为是的人的自我也比看上去要脆弱得多，而且特别喜欢内省。

掌控自己的生活常常是关键的一步，是个人责任的开始。如何主导你自己的人生是需要学习的技能。许多生于狮子 / 宝瓶的人有天生的领导才能，不过同样天生的是，他们不愿意去领导。有些人感到自己是被情境选中的，无意中就到了聚光灯下。另一些人自愿担任领导角色。不过即使是那些自愿寻求领导角色的人，常常也会有真实的谦卑品质。

谦卑的品质部分可能可以解释伟大的传奇人物——孔子。如果孔子生于公元前551年9月28日这个被大多数人认可的时间，那他就有北交狮子/南交宝瓶这组交点。超然而又敏锐的社会观察者的态度符合很多这组交点的人的性格。在孔子的许多名言中，都包含着调和“个人”和“大众”之间基本关系的内容。狮子代表个人，而宝瓶代表集体。这个交点两极的本质矛盾提出的问题是，个人的态度行为与社会之间如何相互影响。因此，孔子可以被看做一位社会学家，企图在封建社会的架构中解决这个狮子—宝瓶的困境。

孔子虽然受过良好教育，也出生于一个名声良好的家庭，但其出身并非贵族。他必须依靠他冷静、公正、宝瓶式的态度为自己和家庭正当地谋生。他在贵族特权和普通人的需求之间的活动戏剧塑造了他对所有事情的观点。要知道他不论是服务于统治者，还是后来成为受人尊敬的圣哲，都承担了领导者的角色，这非常了不起，而且符合从相对卑微的出身成为领袖的狮子/宝瓶的故事。孔子对社会问题所建议的药方演化成中国2000年的社会行为规范基础。记录这些行为准则的字里行间所遗失的是有着伟大心灵和伟大思想的一个人，虽然从他经常被引述（或错误引述）的话中我们看到了这样一个人。本章首页所引述的话强调了心灵，就像他强调“己所不欲，勿施于人”。你可以想象在那样的社会需要什么样的勇气才能像孔子那样说和做，他拥有的唯一权威就是他的思想的权威。

当然，孔子未必认为自己很有勇气或有英雄气概，可能他更偏向于喜欢隐姓埋名。一旦他的孩子长大成人，而他也不需要养活家庭，他就希望离社会的戏剧远一些。不过即使他在四处云游，追随者也来到他的身边。在遥远的乡下，他可能找到更合适的舞台，还有越来越多的门徒。

隐姓埋名有两个功用。许多这个交点的客户常常一边责怪自己默默无闻，一边又在默默无闻中寻求庇护。这样的二分法是狮子 / 宝瓶两极的关键。虽然这些人作为人群中的一员非常自在，但同时又有非常宝瓶式的古怪的个人主义。通常，这种古怪被轻描淡写并伴随着一种既在人群中又远离人群的感觉。但是，他们常常用某种客观的态度淡化这种独特感。“没什么大不了的，每个人都认为他们有与众不同的地方”，这是他们的典型观点。这种很酷的态度其实是防御姿态的表现，让他们能够有一个安全而安心的地方可待，就像在人群中迷失，成为众多面孔中的一个一样。

然而，他们在狮子座和宝瓶座之间不停挣扎，最终则通过说出“你是至关重要的”加剧了“个人和大多数人”之间的矛盾。狮子座不仅引出这个人，它还鼓励个人的狂欢。许多客户跟我说他们对自己所吸引来的关注感到不舒服，然而他们又拥有一种特殊才能，这种特殊才能恰能吸引来他们声称所厌恶的关注。有些人是天才队员，被全体一致表决选为队长或代表，而另一些人在大胆进入中心舞台前需要团队的支持或朋友的一致同意。

人道主义者或社会活动者也是同样。他们经常作为谦逊的志愿者参与服务，至少在开始时是这样的。但是一旦在某个团体中感到安全，他们的自我就可能开始浮现出来。为了确保能够承担个人责任以便事务的运行更恰当，他们将担任领导者的角色。有些人会经历一个戏剧性地与团队或组织闹翻的过程，虽然痛苦但却强有力地让他们从所认同且有所贡献的团队中脱颖而出。在这种挣扎中，个人及其对社会的贡献将一道浮现出来。

现代生于这组交点的最著名的人物之一是现任美国总统奥巴马。从不为人知的开始，到社区的组织者，到参议员，到美国总统，奥巴马的故事戏剧性地突出了这个交点两极的基本生命路线主题。甚至在选举结束后，奥巴马在2008年11月17日的《60分钟》采访节目中，为失去了他的“默默无闻”而惋惜，带着一点感伤抱怨自己再也不能在芝加哥附近散步或拜访他的理发师。

对总统最终领导能力的挑战将会显示奥巴马狮子/宝瓶座模式的力量和弱点。在前进之前，奥巴马将依赖广泛多元的观点客观衡量可能的选择。一旦对前进方向感到自信后，他会勇敢且果断地行动，用总统地位推行他所认为必要的变革。同时，不利的情况也会出现，奥巴马总统的努力有时会被他的同僚所破坏，他们有可能分散他的注意力，使他的动力脱离正轨，正如竞选中出现的状况一样。不过，在一个适合的团队的帮助下，奥巴马也许能够证明他是一个可以跟随的强有力的人物。

这个部落的另一个名人是戴安娜王妃，这个寂寂无名的姑娘19岁突然被拽上舞台。当她和查尔斯王子宣告结婚时，这个羞涩的年轻女孩发现自己一下子处于大众的目光之中，这是她根本无法想象的。此前，作为戴安娜·弗朗西斯·斯宾瑟小姐，她在一个注意隐私的上流英国家庭长大，17岁在瑞士读完书后，就搬到伦敦的一个公寓。在那儿她曾短暂地为一对美国夫妇照料小孩，随后又成为一位幼儿园老师。

早年作为威尔士王妃，她就有一种很有个人特色的谦逊。不过即使在开头，在一些小地方，她的个性也开始显现。成为威尔士王妃不到两年，在她与查尔斯王子到澳大利亚和新西兰旅行时，她就打破传统坚持自己带当时还是小婴儿的威廉王子。因为强调做母亲的权利，她开始在她所属的王室中引起波澜。随后，在她和查尔斯对意大利的正式访问中，她带上了两个儿子。这成为她出访他国的一个惯例。

逐渐地，戴安娜因为人道主义努力而闻名。在慈善工作中，她对孩子们的爱表现得特别明显。随后，她为艾滋病人的权利而奋斗，在她去世前的几年，又为禁止制造和使用地雷积极奔走。虽然离婚是双方的意思，但正是在和查尔斯离婚的过程中，她的意志惹人注目地展示出来。她像一只母狮一样保护孩子们的权利，并坚决要求她必须被称为戴安娜王妃，从而捍卫自己的尊严。在她离婚后的短短几年，在她发现重新拥有掌控自己生活的能力后，她的生命绽放得更为灿烂。尽管最终以悲剧结尾，但戴安娜成功发展了灵魂内容中的个人意志和力量。尽管被狗崽队疯狂的骚扰所影响，这个从前低调而谦逊的年轻女子在公众舞台上的表现似乎表明她天生就属于那里。

圣雄甘地可能比其他人更适合作为狮子 / 宝瓶交点最高表达形态的代表。甘地对印度和世界的贡献是无法衡量的。他祖国的公民以不服从和消极抵抗策略成为全世界抗议和社会活动的典范。他睿智而尊严的领导展示了狮子的最佳一面，而他非凡的公正态度和真诚的利他主义精神也同样表现出宝瓶的最佳面向。

正如甘地自己所强调的，也如理查德·阿腾伯勒在 1982 年获奖影片《甘地》中所描述的，对甘地刺激很大的事情发生在甘地 23 岁的时候。他因为拒绝放弃头等车厢座位而被赶下火车，被迫移到三等车和其他有色人种在一起，并在马利特史堡火车站度过了一晚。那晚他一边冻得发抖，一边沉思他所遭遇的偏见和种族主义。在马利特史堡那个寒冷的晚上，另一个东西和社会性抗议的萌芽一起诞生出来，那就是反抗社会不公正的个人意志。

以前，甘地是按照中上层社会的规范生活的。因为在英国受教育，他曾经一度期望成为一个英国人。西服套装、熨得直挺挺的领子、闪亮的领带、漂亮的条纹丝衬衫、双排扣背心，配搭深色条纹裤子和带有珠贝的名牌皮鞋，戴着高耸的丝帽，他看上去就是当时城里年轻人时髦的典范。而这就是甘地想要融入的社会所推崇的形象。[②]

毕业后他成为法庭律师，一开始这很让他的家庭失望。在一个今天只会在小额索偿法庭审理的小案件中，他，一位 22 岁的孟买律师，因未发一言而感到尴尬极了。这个明显平庸、不起眼、在职业生活中挣扎的法庭律师莫罕达斯·卡拉姆昌德·甘地和此后领导数百万民众的圣雄甘地的对比如此鲜明，显现出这个交点能量可以出现怎样戏剧性的转变。

直到个人意志的火花在开往比勒陀利亚的列车上闪烁之前，甘地巨大的潜能一直处于休眠状态。一旦点燃，甘地的生命就有了一个全新的方向。不过在开始，他只是希望印度人作为大英帝国的公民，能够被法律赋予和其他公民同等的权利。虽然不再期望成为一个英国人，但甘地仍是寻求在平等成员国范畴内为他的印度同胞争取到安全保证。

虽然甘地一开始在南非所承担的领导角色对应着他正在发展出的狮子法则，但他推动立法以使法律对人人平等的行动则来自于他的宝瓶南交。这个业力暗示宝瓶南交的人习惯于作为大众中的一人，同时也认同自己只是其中之一，“既不比其他人好也不比其他人差”。与人类普遍连接的潜在信仰促使他们不论地位高低而平等对待每个人。同志般的友爱是宝瓶座最高贵的品质。甘地和所有阶级和阶层中的人平等联结，他的公社农场和凤凰新村对所有宗教和种族的人敞开，所有人都平等地劳动。

甘地对“人生的省察”也拥有像孔子甚至贝拉克·奥巴马一样的宝瓶主义倾向。他的时事刊物和宣传册子在坦白直率方面就像日志或日记。甘地对自己的动机和原则的每个侧面都进行客观探求，使得一切都可以得到探索和解释。不过，在他敏锐观察和全面关照的帮助下，甘地拥有通过戏剧化的行动创造改革动力的不可思议的能力。一个很有趣的插曲是，在电影中扮演甘地的演员本·金斯利也有同样的月亮交点。

当然，社会活动并不是这个交点特别的地方，也不是每一个生于这个族群中的人都被人道主义运动或社区活动所吸引。不过还有其他知名人物的例子。其中，马尔科姆·X以其大胆直言的方式引人注目。他活着的时候就被很多人猛烈批评和谴责，但是他的勇气和富有洞见的言论继续领导和激励着人们。马尔科姆布道说："违反我们的意志，我们被绑架并被带到这里。"这些话反映出他灵魂深处渴望反抗他所从属的那个种族和业力传统带给他的压迫。

马尔科姆·X所展现的自尊和意志力是纯粹的狮子北交的表现。但是，他的宝瓶命运也随处可见——在他思想的勇气、他的社会言论、他和"伊斯兰国"组织之间关系的故事中。年轻时在狱中皈依伊斯兰教曾带给他前所未有的安全感和幸福感。他的皈依不仅表明了他作为一个黑人穆斯林的归属感，也唤起他觉察作为一个非裔美国人到底意味着什么。然而，马尔科姆最终脱离伊利雅·穆罕默德却是遵循了南交宝瓶的道路。他同样必须选择是否要勇敢地行动，即使这么做的时候意味着他可能会被那个他为之做出巨大贡献并一直对其保持忠诚的组织驱逐出来。

另一个生于这个交点的，具有社会意识的人道主义者是美国前总统吉米·卡特，他卸任后所做的努力既包括幕后的国际外交，也包括具体参与人类家园组织这样的社团工作。佐治亚州亚特兰大的卡特中心在历任的总统图书馆中是非常特别的，提供各种资源和组织类似小型联合国的圆桌会议。领导人、前领导人、外交家在那里会面并参加会议和研讨会，这些会议和研讨会旨在提供一个安全的幕后环境，以使得各个派系可以自由交流意见和解决分歧。虽然人们认为作为总统的卡特不是很有个人魅力的人，但卡特还是展现了其他前总统无法企及的领导素质。

对于很多拥有这个交点的人来说，发现自己到底需要多少勇气来面对生命的挑战是走向成功的开始。这样的发现可能出现在各种各样的情况中。通常，开始时他们不情愿卷入其中，例如不情不愿地成为英雄。在战争中，荣誉勋章获得者在参战前要克服道德上因为反对战争而产生的深深痛苦，然而一旦下定决心，他们就会全心全意投入战斗。在一战中，一位美国士兵用在田纳西山上打猎所练就的敏锐眼力和无与伦比的出色射击使得德国人误认为受到大队人马的袭击。这个瘦高个下士仅凭一人之力就使得132个德国人投降并押送他们回到营地，他被晋升为中士并成为著名的英雄。他就是艾文·科伦·约克。

属于这个部落的客户在提到与他们相关的英勇故事时总是很犹豫。在这些故事中，他们经常会淡化个人的作用。他们的谦逊增加了故事的刺激性，我总得不断诱导才能使他们讲出自己的英雄故事。好几个客户提到战争经历，一个是在二战，其他几个在越战。其中的一个越战老兵成为心理治疗师，为饱受“后创伤”的紧张失调痛苦的老兵提供心理咨询。20世纪80年代，这位心理咨询师领导了一个叫做“英雄的旅程”的周末静修所，特别旨在帮助人们认识到他们在自己的生命旅程中英雄的一面，并能为之感到自豪。另一个有狮子/宝瓶交点的客户在20岁出头的时候是一个救生员，在某个夏天她一人就从海浪中救起了几十个人，其中一些人当时已经完全不省人事。成为两个孩子的母亲后，她又在一个州赞助的项目中教游泳和水中安全知识。

20世纪50年代中早期，一位有这个交点的年轻姑娘向医疗机构挑战，用了不起的勇气面对自己的悲惨遭遇。某个一流的脑外科医生向她保证可以通过手术来治愈她的癫痫症，却误诊了她的癫痫症类型。他说服她动手术，却隐瞒了手术其实有实验的意图，结果造成她全身瘫痪，疾病发作更加严重。通过极为痛苦的努力和全面的康复训练，她最终能够重新运用上半身，并重获语言能力，还自学了写作和打字。

刚开始，没有一个律师接她的案子。20世纪50年代针对医生的诉讼很罕见，特别在她生活的美国“南方腹地”更少。在法定诉讼有效期就要结束的两周前，她和丈夫才找到接受她委托的律师。后来的四年多时间里，经过两次无效审判和当地新闻的大规模报道，她终于赢得了诉讼。据报道，陪审团裁定的赔付金额是到那时为止医疗事故案件最大的赔付金额。但是，这个美国第一起针对神经外科医生的胜诉使她了解到更多隐秘的可怕事件。

因为媒体对这个案子的广泛报道，其他曾经受到这个医生欺骗的病人都把自己的可怕遭遇告诉了她。很快，这些电话和信件清晰揭露出这种医学实验的模式已经进行相当长时间了，而且几乎都是用在贫穷且没有受过教育的病人身上。这位女性没有在几乎不可能胜算的命运前低头，而是选择了另一条道路。她拒绝仅仅成为一个牺牲品。虽然此后她再也无法行走，但这位睿智勇敢的女性为他人铺就了道路。在个人生活中，她手术前就已经有两个孩子，随后她又成为 3 个孩子的祖母。她的生命是一个很好的证明，即一个人的勇气可以使其他人的生命有所不同。

这个交点部落的人的挑战之一是，他们需要超越自己仅是沙滩上亿万沙子中的一粒的感觉。他们内心常常并不感到自己有什么特殊，更糟的是，有些人甚至认为自己是个受害者或牺牲品。戴安娜王妃有时会流露出一个被抛弃者的感受："我越来越和被社会遗弃的人联系在一起，并发现我和他们之间的共鸣。"未解决的归属问题是常见的，受害者的感觉也一样。然而，向合理化理由和借口屈服意味着背叛他们最深的渴望。甚至想要逃离的冲动和不想参与的古怪性格也是一种逃避，但这是一条死胡同。因为这种以畏惧为基础的行为在极端情况下可能恰好吸引来这些人不想要的那种关注。这并不奇怪，怪僻和自我中心本来就是一个硬币的两面。

当然，因为名声过于耀眼而渴求保护隐私是另外一回事。对演员朱迪·福斯特来说，这已经几乎是生命的必需。幼年时就在水宝宝广告中出现，福斯特到达了少数演员能够企及的水平。某种意义上，表演提供了她发展意志和个人才华的最佳练习。

在朱迪·福斯特的众多角色中显然有一条持续的脉络。从《出租车司机》开始，她的角色就是一个受害者——社会的受害者。随后她在电影《重振雄风》和《五个角落》中继续描绘了情境的受害者形象，在《被告》中她又扮演了被暴徒强暴的受害者。她说："我扮演那些被剥夺了权利的人物，这些人有的冲了出来而有些则被排挤到角落"，"我拍摄这样的电影部分源于某种想要拯救他们的需要"。在另外一个采访中她说："我总是认同于受害者，而不是统治者。所以我想扮演他们，或在支持他们的电影中演出，或为他们说话。总有某些下意识选择的道路。"

在《沉默的羔羊》中，汉尼拔·莱克特对福斯特所扮演的史达琳进行即兴的分析时强调，史达琳并没有远离她的阿巴拉契亚背景。作为一个尚未毕业的联邦调查局特工，福斯特扮演了一个优秀的"受害者"，最终找到连环杀人犯并勇敢地救出了那个杀人犯最后的牺牲品。在《大地的女儿》里，她又扮演了一个流亡者。在《超太空接触》中，她是特立独行的科学家，一个局外人，勇敢地探索自己的边缘课题。当她的项目取得意外成功时她却被其他人排挤，最后因为别人在一场灾难中出现疏忽而重新承担起领导责任。然而即便在最后，她也必须勇敢站出来面对怀疑和指责。听起来很类似吧？这不仅仅是给那些生于此交点的人看的影片，这是真实的生活。

当作为一个演员或表演者展现并发展出这个交点轴的狮子一端时，宝瓶一端的反应就处于矛盾之中。许多人会反抗，而不去表现老套的演艺圈的风光，强调他们本人及其生活的不光鲜的一面。朱迪·福斯特常常强调她随意的态度，在一个采访中她描述自己如何一连四天只穿同一件汗衫，或去看她的侄子，接他们放学或去逛商场。当她到纽约时就在朋友的公寓睡觉，像其他人一样乘地铁。

这个交点的其他知名人物还有：政治家蒋介石，歌唱家彭丽媛，乒乓球著名运动员和教练蔡振华，体育明星姚明，企业家俞敏洪，歌手雪儿·克罗，美国影星黛米·摩尔、金·凯瑞、罗伯特·德尼罗，晚间脱口秀传奇主持人约翰尼·卡森，喜剧节目主持人乔恩·斯图尔特，前总统老乔治·布什，特立独行的汽车行业的企业家约翰·德罗宁。

对这个部落的人来说，他们常常真诚地惊讶于自己的成就。他们并非对别人的仰慕无动于衷，恰恰相反，他们只是很难相信或接受。他们从无名的大众中崛起，冒着被放逐、侮辱和嘲笑的风险露出头来。然而有某种无法解释的原因驱使他们向前。一个客户曾把它描述为一种无名的压力感，这种感觉像是要让内心的什么东西爆裂开来一样。在她认识这种东西之前，她坚持努力提升自己的创造力，她所展现的胆量说服了公司管理层任命她为所属团队的创意总监。不管这种压力、想要隐姓埋名的业力和面对压迫的超然从容的来源是什么，外壳最终要爆裂开来，使内在意志的种子发芽、生长、开花。这样的生命是“我可以成为怎样的人”的令人惊叹的辉煌典范，为单调的一成不变的大地添加色彩和壮丽景观。

职业：

这个交点族群遇到的一个共同职业问题，是他们对于同伴的选择。或好或坏，朋友、同事、熟人对于帮助他们建立自己的安全基础有很大作用。虽然每个人某种程度上都在职业生活中用到人际网络，但这个交点的人比其他人更依赖同事的肯定和支持。这种依赖在早期的职业奋斗中更为典型，那时自信和自我都还很脆弱。

很多时候，他们都是小组中很有才华的人，领导才能很快会显露出来。当他们取得更多成就和成功时，在任何可能的时候，他们都有一种自然的冲动要带领他们的朋友一起向前。通过奖励伙伴和分发战利品，他们维持着那些提供安全感的旧关系和老朋友。因此，一个有才华的管理者想要带着团队中的关键成员一起前进，一个成功的年轻承包商会将业务分包给他的伙伴，一个前途光明的女演员会向经纪公司和制片人推荐她的朋友。显然此时，这些熟人的素质就至关重要了。

有时，这些朋友也会抓住这些新的机会，并把因此而得到的名利分享给他以增进他们之间的友谊。但很多时候，情况却并非如此。

他们经常碰到的情况是，那些围绕在身边的人恰好多是才华相对平庸的人。这就架起了一个冲突的舞台，有时会以悲剧结局。那个承包商把业务分包给了能力不足的朋友，结果损失了利润和声誉。那个需要美工提交成型设计的艺术指导无法一直为她朋友的拖沓找借口。有一次，我的一位客户把他公司的所有旅行和住宿安排交给了一位亲密老友的旅行社。事后他分析开销发现，超过 15000 美元的高开账单和不必要的支出竟出自于他的那个老朋友。与熟人关系的业力经常会以一些重要事情的发生为标志，来揭示过去的忠诚在未来是否仍旧值得信赖。这些经历造成很大压力，还带来令人不适的自我的脆弱感公开曝光。在经历这样让人失望的事件后，结交一些新的、更平等的朋友和伙伴就至关重要。

另一个对事业结果造成损害的破坏性因素是未决的归属感。缺乏强有力的盟友基础可能会限制并危害那个本来很有才华的人。格格不入的老旧信念会破坏同盟的建立和维系的努力。他们可能曾经因为被拒绝而产生憎恨，除非这种憎恨被克服，否则一种疏远的模式会把个人与社会交往隔绝开来，而社会交往对他们事业的安全感又是非常重要的。在极端情况下，自我隔绝会使意志耗尽，并让他们因精疲力竭而垮掉。虽然这样极端的情况并不多见。

就职业成就来说，发展对个人能力的自信以推动事情发展是最重要的因素。许多有这个交点的人是很好的团队成员，被他们的同事所喜爱，他们对自己所做的贡献非常谦逊。不过，他们常常对于所获得的提升表现出迷惑不解。刻意吸引注意力不是他们的长项，除非涉及同伴的不公正对待。

一个失去工作的客户试图帮助工会进入公司。她为失去的工资和福利和公司打官司，经过近 3 年才最终打赢。在法律诉讼期间她上了社区大学，并参加了一个旨在帮助儿童早期成长的项目，并用官司赢的钱开了一个日托中心。最后她有四名全职员工。她说她感到很有成就感，因为她负责的事情可以让她表达个人创造力。同时，她也因为能回报社区而感到满足。她与家长和员工们的互动提供了她所需要的关系和归属网络。她再也不是过去那个多年来的默默无名的流水线工人了。她说："我仍旧是出了这么多乱子之前的那个人，但是我喜欢这个想法，即我给造物主最初的设计添上了一点其他的东西。"

显然，反抗行为并不总是成功的关键。但是，获得理所应得的荣誉也很重要。有创意的或原创性的贡献应该打上个人的标记。最终，承担领导角色是生于这个交点的人的自然演化结果。这可以通过为公司或组织工作实现，也可以通过经营自己的企业获得。他们在 32 岁后将获得更大的自主权，这种需要的重要性将会与日俱增。

对这个交点的人来说，没有一个特殊的职业领域。但是，人道主义主题，特别和健康领域相关的职业看上去很占优势。我的案例历史抽样中包括一个心理医生，两个内科医生，一个急救医疗人员，一个医生助理，一个护士，一个结肠治疗师，一个医疗速记员，一个大学教授/前国防部长副助理，一个自然科学教师，一个社工，一个学校司机，一个创意总监，一个空调公司经理，一个房地产经纪人，一个建筑承包商，两个演员，一个园艺师，一个沙龙主人。不论地位如何，逐渐发展的个人权力感往往引导这些人迈向更有成就的职业旅程。

关系：

虽然在他们宇宙大爱的宝瓶心态中有一种普遍的"像爱你自己那样爱你的邻居"倾向，但在个人交往中，特别在浪漫关系的交往中所唤起的"你是与众不同"的感觉对生于这个交点的人达成理想关系非常重要。如果仅是宝瓶理想，谁是邻居就无关紧要了。在很大程度上他们对于肉体的爱恋也是如此。不过，在浪漫爱情中，对方到底是什么人还是很重要。没有其他人会像这样被浪漫爱情所提升。因此，浪漫爱情的仪式特别适合唤醒这些人独特的一面。

不过，“自己是特殊的”这种感觉又会引起担忧。这种担忧会使他们不重视或拒绝他们所渴望的尊贵待遇。对于浪漫提议的不信任态度常常基于一个防御性的假设，即那个人可能对人人都是如此。因此，过于客观的恋爱方式可能挫败潜在对象的热情追求。很多时候他们感觉友谊更让人舒服，特别在开始的时候。对于他们，一段关系最初的安全感常常建立在一个温和的、随意的、融洽的、互敬互助的关系之上。他们会抽象地讨论人生，就像经过人们面前的民意测验专家那样谈论思想和事件，客观地衡量另外一个人是否可以做朋友。不过，一旦友谊建立起来，他们对浪漫大戏的需求开始冒头。这时他们需要一起喝酒，一起吃饭，需要惊喜、称赞，需要对方做让他们开心的事情，需要被当做一个特殊的人对待。如果没有这样的行动，他们就会很失望，并会开始到其他地方找一个新朋友。

这个交点的人有时需要戏剧和狂欢，而有时又非常抽离，甚至很冷漠，他们会在两者间波动。对他们而言最佳的关系是必须同时带给他们友谊和爱情的关系。很多有这个交点的客户表示，他们既需要那种使他们飘飘然不能自主的感情，同时也需要伴侣是最好的朋友。这个原则上听起来很简单，有些客户就拥有同时满足这两个需求的婚姻。

一对有这个交点的夫妻几乎每个星期都出去跳舞。他们专门抽出时间安排特别活动和浪漫晚餐来给生活增加情调，其他时候就各自忙各自的，互不干涉对方，他们对此也很满意。20 年来他们的感情完好无损，同时他们又越来越能分享生活中的丰富多彩。另一对有这样交点的夫妇强调他们很享受出门参加社交活动，特别喜欢跳舞。这个交点的人需要一些特别的私密活动，比如野餐、有钢琴伴奏的烛光晚餐。根据个人喜好，这些活动或简单或盛大。

还有一个和他们基本需求相关的话题常常出现，即和朋友交往和聚会的时光有助于他们保持幸福感。朋友对他们来说非常重要。他们期望他们的伴侣也喜欢他们的朋友，甚至要求伴侣也加入到他们与朋友的聚会中。他们至少需要能够拜访朋友的自由时间和空间。他们不喜欢被独占，两人的关系可能就因为这个原因破裂。

健康的婚姻和伴侣关系有助于加强他们的自我。一个客户在经历7年的婚姻之后，带着惊喜谈论她和伴侣的爱情给她带来的影响："我们当然有分歧，但他总能找到一个方式让我明白我对他来说多么特别，这个改变了我。与现在比，我过去与人疏远得多。"另一个客户不好意思地坦白，他的妻子使他感觉自己是个英雄，并补充说如果没有她的爱，他不可能像现在这样为人处世。在爱的体验中，这个交点的人并不满足于仅仅是爱的接受者，通过敞开心扉表达对伴侣的深深爱意对他们同样重要。有些人做到了，有些人还没有。

对爱情付出的挑战倾向于遵循一种常见模式。很多时候这些人会吸引来一个看上去很疏远且感情上有所匮乏的人。这样一种关系可能反映了他们父母的情感模式，父母中的一方缺席或在感情上很疏远。开始他们感到和那个人在一起就像在家里一样，甚至彼此存在某种共同的友谊。这样一种关系可能提供某种安全感，但不能使他们满足，因此他们会试图掌控这个关系以获得更多关注，可惜一次又一次的努力会遭受挫败。

然而，如果吸引来一个主动的有魅力的人，那人戏剧化地展示爱和情感又可能导致他们转向另一个极端。现在他们变成了那个超然而冷静的观察者。在"皇家待遇"和漠不关心之间摇摆，正是这个交点的人的两个极端。他们所吸引来的人会反映他们本身存在的这两端的极端程度。

但是，很多时候友谊的纽带会提供一个互相支持的基础，帮助这些人走过婚姻的起起落落。如果他们之间仍然庆幸两人关系，他们就能拥有对两人而言最好的世界。当充分意识到生活可能多么寒冷，这些灵魂会慢慢在爱的火焰边围成圈，逐渐习惯于这种温暖。

父母指南：

有这个交点的孩子在很小的时候所表现出来的骄傲、反抗和自我意识，在 5 岁以后逐渐倾向于减弱。有些孩子会一直反抗，任性，但这是少数。还有几个次主题是这些既爱嬉戏又会观察的孩子的特点。很多孩子对科学领域有广泛的兴趣，例如计算机、宇航、外太空、恐龙、医疗与急救等，他们会表现出很突出的创造力。一个 8 岁的女孩提出一种清洗漏油的办法。她设计了一艘船，这艘船放出一根软管把漏油的水面包围起来，然后用像“章鱼吸盘”一样的软管把油从海面上吸起来。一个 18 岁的男孩制定了在月球上建立医院的详细方案。他解释说失重将对心脏病人和关节炎病人有好处。

这个交点组合的孩子很容易培养出人道主义的兴趣。要求父母更多参与到小组或社区的活动中非常普遍，也是他们所需要的。父母参与学校和地区活动会加强他们的安全感。让父母、朋友都能参与的增进友谊的家长教师联谊会活动，慈善行走，地球日清洁以及其他类型的小组活动对这些孩子来说很重要。这个组合中朋友之间的纽带非常强。但是，来自于不稳定家庭的孩子通常展现出不合群的倾向。以抽离应对紧张是他们表现疏离性格的早期信号。在最坏的情况下，他们可能滑向黑帮。

与其他交点族群相比，他们与同伴的联系更紧密，会形成自己的非正式团体。父母可以教这些孩子的一个关键功课是个人责任的功课。逃避并以“其他人都这么做”为借口是一种典型的反抗方式。他们能够在压力下保持冷静，对朋友的忠诚既令人钦佩也很有害。他们选择什么样的朋友总是父母的担忧之一。要时刻了解他们的伙伴是什么样的人。

在大约14岁的时候，大人可以感到他们开始表现自己的意志。在青春期，他们的客观性将会降低，渴望过自己想要的生活的个人意志会戏剧性地表现出来。此前有关个人责任的功课此时进入实践阶段，任何他们可以掌控的事情都能够提高他们的自信水平。实际上，对这些年轻人来说发展自信是他们成功的关键。在俱乐部或组织中承担领袖角色可能很重要。不管是球队的队长、副队长，还是科学俱乐部主席或青年成就联合会的会计，这些经历都会让他们了解，当成为负责人后与自主权相伴而来的是什么。

一个有此交点的高中低年级孩子加入了戏剧社。这个孩子的自然科学课程非常优秀，因此想学医成为医生。但他发现，他担任主角时会像高年级生那样总是获得关注和好评。上大学后他还是学医，但一直作为校戏剧俱乐部的成员参加表演。他母亲说儿子表演的经历大大提高了他的自信并使他积极投入生活，而他在低年级时还是一个很退缩的生活在头脑中的孩子。

在14岁到23岁之间，这些孩子将会表现出更有特色的或更多姿多彩的风格。穿着和个人癖好都会很炫目，会着重强调品位和态度。他们不论采用何种姿态，都会展示出一种在14岁之前不存在的戏剧性特点。不管是什么风格的穿着，从朋克到地摊货到年轻的共和党，他们会很在意自己的形象或给人的第一印象怎么样。

除了外表外，他们在行为上也会发展出一些特色，突出了他们的生命主题。青少年时期常见的社会压力可能破坏早年的友谊，使过去忠诚的朋友关系变得紧张起来。在新出现的自我意识间的冲突不可避免。同样，他们将强烈感知个人和众人之间的关系。在渐渐增加的自尊和挺身而出的渴望中，存在着尴尬和被嘲弄的风险，而这些风险被他们密切注视。18岁到19岁之间的关键经历表明他们是否愿意为他们生命要做的事情承担更多个人责任。不论已经有了怎样的自信和自我成长，到23岁时，他们都将准备好接受对意志、领导力和勇气的考验，而这是他们人生故事的主题。

生命周期：

23岁到32岁之间的岁月经常以建立一个更加安全的朋友和熟人圈子为特点。不论是领薪水的绿色和平组织工作人员，还是公司低层管理人员、医学院见习医生，或是摇滚乐队成员，在这个阶段形成的纽带可能是最重要的。在这些年中很多人成为优秀的团队成员，因他们所做的贡献建立起声誉。社交是这个时期的特点。

一个有活力的朋友圈子将帮助这些人保持个人和职业的幸福感。婚姻也因朋友和团体活动的支持而维系。参加某个俱乐部或某个组织都会提供普遍的归属感，以平衡婚姻导致的隔离感和排他感。有些人在这期间结婚，部分原因是他们的朋友结婚了。某种程度上，女性因为他们的朋友有了小孩，可能选择成为母亲，这样有利于支持他们既定的人际网络。

一位有此交点的28岁女性在与朋友一起参加徒步俱乐部时遇到了未来的丈夫。另一位27岁的女性在餐馆迷上了一起工作的志愿者同伴。他们的关系后来走向结婚生子，也包括参与竞选的地区活动，帮助他们共同的朋友参加竞选。

在这期间也会形成重要的思想。与朋友讨论和随意聊天将使他们建立起达成普遍共识的信念和观点，因此他们会在其他人中测试这些抽象的理念。这个阶段他们更倾向于观察，而观察有助于扩充视野。在这些年间得到的结论将形成日后行动的基础。

到32岁时，带着已牢牢建立起来的朋友圈和观点，北交点的周期开始了。在这一个9年中，一个更成熟的自我开始创生。在这个周期中，37岁的马尔科姆·X与伊利雅·穆罕默德分道扬镳。同样，在这些年间甘地因为领导人们反抗政府政策而第一次入狱。此前他努力在南非印度人中建立的共识开始分裂。一些印度人强烈反对甘地持有的必需达成和解的策略。甘地受到一群愤怒的印度同胞攻击并被狠揍了一顿。两方面都在考验他的意志。

在这个阶段，这个交点的人的意志将会遇到明显挑战。不过许多人看起来迎接了挑战。这个时期他们所面对的本质问题是：我能胜任吗？在这种情况下我有什么办法改变吗？我有处理这个事情所需要的勇气吗？有时可能需要严厉的爱的勇气来和一个吸毒的青少年打交道，或愿意面对失败的婚姻并承担更多个人责任，或有勇气为自己关注的项目负责。这是狮子周期需要面对的戏剧。

从 42 岁到 51 岁，态度的转变可能使他们离开中心舞台。在过去 9 年中所大胆进入的新领域定义了一个人的性格和生活方向，但是现在需要巩固这些性格和方向。这并不意味着退回到一种不那么活跃的阶段，而是不太愿意超出人生目前已经达到的边界之外。就是在这个周期甘地离开南非和他的家庭一起回到印度。1961 年，他在印度国大党大会上的一番激烈而又诚恳的讲演令他被嘘下讲台，那时甘地面临为他所制定并检验过的思想找到支持人群的问题。当时的甘地在印度还不是像在南非那样家喻户晓。

因为公司权力结构的轮循变化，当一个客户搬家到新的城市时，发现自己必须作为团队成员再次证明自己的能力。但是他在前些年建立起来的自信使他更容易在新的环境中经历风吹雨打。另一位曾在城市委员会服务过的客户，利用这段时期积极参与社区相关的项目。对许多人来说，这个交点阶段是重叙友情的时期或更多社会交往的时期。46 岁到 47 岁期间以认识新伙伴或接受邀请加入团体组织为主。

这个交点从大概 51 岁开始会再次强调意志。从 51 岁到 60 岁，对领导能力的挑战会戏剧性地表现出来。吉米・卡特在这个阶段竞选总统，但随即在伊朗人质危机中令人沮丧地发现，他艰苦的外交型的领导方式不受选民欢迎。50 岁这个阶段可能取得个人的巨大成就。一个客户为了让两个女儿受教育而辛苦工作很多年，这个阶段她骄傲地看到最小的孩子也从大学毕业了。两年后在她 55 岁时，她被提升为创意总监。这是让个人闪光，表达自我甚至带着已有的自信炫耀成熟才华的 10 年。这些人真正的自我实现不是用成功或失败来衡量，而是看他是否不管怎样都能找到前进的勇气。走向中心舞台要承担观众扔烂西红柿的风险，但这个风险是他们的灵魂渴求。

在下一个 9 年，从 60 岁到 69 岁，重新回到“观众席”获得安全感变得更吸引人，消失在人群中的需求又变得有吸引力。进入这个阶段的客户不一定放弃他们在前些年扮演的角色，但是展示才华的需求更少。老布什总统是个例外，他在 63 岁时就任总统。在为罗纳德·里根总统担任副总统的 8 年期间，他无疑获得了竞选总统的自信，但这个角色他其实不那么愿意承担，尽管他未必愿意承认这种心态。同僚的鼓励和他对共和党的忠诚可能给了他需要继续向前的支持力量。不管怎样，老布什表现出非常明显的南交特性——团队建设。海湾战争期间，布什在建立国际联盟中所发挥的作用是显著的例证，利用各方强有力支持，他在世界舞台上表演一番。总之不论什么年龄，这些生于狮子 / 宝瓶交点的人们经常令人惊奇地展现出需要让生命有所不同的勇气。这些灵魂从人群中走出来，就像雪莱所说的那样，“像醒狮一样奋起”。

第六章

♍ 北交处女——南交双鱼

完善灵感

出生时间：

1904 年 01 月 15 日，07：40 a.m.——1905 年 09 月 17 日，10：30 p.m.

1922 年 08 月 22 日，06：23 p.m.——1922 年 08 月 27 日，07：13 a.m.

1922 年 08 月 31 日，01：07 a.m.——1924 年 08 月 22 日，06：55 p.m.

1941 年 05 月 24 日，02：48 a.m.——1942 年 11 月 21 日，12：56 a.m.

1959 年 12 月 15 日，12：36 p.m.——1961 年 06 月 10 日，03：07 a.m.

1978 年 07 月 05 日，05：41 a.m.——1980 年 01 月 05 日，09：55 a.m.

1980 年 01 月 06 日，09：32 p.m.——1980 年 01 月 12 日，01：22 p.m.

1997 年 01 月 24 日，07：50 p.m.——1998 年 10 月 20 日，12：52 a.m.

敬畏是向我们伸出的第一只手。

——艾米丽·迪金森

没有想象力的人就没有翅膀。

——穆罕默德·阿里

在几百万年中，人类一直像动物一样生存着。然后，不知发生了什么事，我们的想象力被释放出来，我们学会了交谈。

——斯蒂芬·霍金

在有着无限可能的海洋中漂流，你的灵魂渴望看到陆地。那地平线上的一点，也许只是一块小小的珊瑚礁？一个简单的点，一片沙滩，一丝树荫，清新纯净的水，一片清澈的礁湖，里面满是游鱼，嗯，礁石的阻隔把鲨鱼拦在外面。暴风雨在你的小岛边消失了。只有大朵的云彩，轻柔的细雨下个半天——这儿，那儿，正如所需要的那样。在总是蔚蓝的天空下你可能建一个小屋。在复杂的设计里，你的脑子里满是细节，你制造的工具……木头的光滑程度……你从大树干上切下来的立柱……

你用藤蔓编就屋顶和墙壁
称之为神的图腾
这样海水会把一个人冲到岸边
你发誓以前你曾见过
那充满无限关爱的眼睛
你知道他永远都在那里

这是人间的天堂。每个人心中都有一个天堂的样子，甚至那些愤世嫉俗的人。不过，那时这个愤世嫉俗的人只是个伤心的浪漫派。为什么悲伤？为失去的天堂。哦，幻灭，这是灵感让人悲伤的另一面。

在审慎、怀疑和逻辑的层层不同的沉积层下，你是一个梦想家。你也拥有梦想家所有的祝福和诅咒。很多人听到这里会点头，你们了解这个。另一些人认为这个说法是胡扯，所以拒绝承认，并激动地指出你们理性的、整洁的、有条理的、实际的生活方式。为什么，你一步一步构建了一种很有意义的生活，正如你多年前想象的那样？等一会儿。你刚才提到“想象”？

在实用主义者和梦想家、现实的人和空想的人之间波动，是你的故事的两面。你们中的许多人都有一种模糊的焦虑，害怕不知为什么，不知以何种方式，一切都可能消失。你有一种非理性的担忧，害怕你的一层层现实会蒸发，你大概会消融得无影无踪，进入送你来的那个虚空中。正如北交处女 / 南交双鱼的保罗·西蒙在歌曲《慢慢滑走》中所唱：看上去你越接近你的目的地，你似乎滑得越远。

你的灵魂中包含着正在康复的酒徒、失落的天使、改过自新的瘾君子、有着惊人天赋的宇宙孤儿的本质。正像许多在逃避现实和功能不良的沼泽地里游荡的、几乎要被沼泽没顶的人，你决心顺着一条干燥、狭窄的小路到一个规划得更好的地带。你的心里弥漫着一种神秘的感觉，几乎对每件事你都有“我到过这里，做过这件事”的感觉。你很容易想象当一个艺术家、演员、音乐家、舞蹈家或诗人是什么样子，就像你能想象做个医生、护士、精神治疗师、和尚和尼姑是什么样子。不幸的是，你同样可能想象自己是个骗子或被欺凌的人。你也同样熟悉流浪汉、流浪的女人、浪荡鬼。所以，你们很多人真的是有同理能力和同情心的人。

不过，对另一些人来说这样的感觉太强烈了，让你们无法应对，可能对你们的影响太直接了。“若非天保佑，我也难免如此”既不是让人安心的说法，也不是谦卑的说法。自我不是你的问题，清醒才是。清醒的人生，有条理的人生，运行良好的人生才是你要寻求的。你渴望明智而正常的人生，同样你也害怕浪费生命，比如，害怕所有梦想和计划都落空。

你们中最优秀的人也被这种负面的想象萦绕，有时会让你充满绝望。为了克服这种恐惧你学会了专心致志。通过专心致志和不断练习，你得到实实在在的结果。得到的结果越多，你就会越有方向感。你越朝一个方向努力，你就能看到更多的结果（证据）。盲信和直觉可能提供实实在在的支持，不过要感觉到成就感，你需要看到你的努力实现，结出果实。

当疲倦或感到不安全时你会暂时适应现有情况。有些人是逃跑大师，当心情不好或处于防御状态时会避免分歧。在困境中，你们很多人会不懂装懂或想到什么说什么，依赖暂时出现的灵感来拯救你们。你比其他任何交点组合都更容易利用灵感的奇迹。当然，奇迹不是总能产生，而你稀薄的伪装也变得越来越明显。所以，还是回到现实中来吧。

到底应该做什么呢？当你想象自己能做很多事时，挑一件事来做不容易。不过一旦你决定做什么，接下来的事就是学习技巧。可能对你来说，最重要的就是认识到不管一项任务看起来多可怕，总有一步步完成它的办法。运用系统和方法是利用你的想象力的关键。你们中的许多人在自己选定的领域成为专家——不论你们做什么——既有远见，又有近乎完美的技能。

有些属于这个交点家族的创造性的传奇人物表现出令人惊异的完美灵感，例如政治家邓小平、亨利·基辛格、李光耀，足球明星马拉多纳，作家金庸、梁羽生，诗人艾米丽·迪金森、聂鲁达、珀西·比西·雪莱，作曲家沃尔夫冈·莫扎特、弗朗兹·李斯特、阿图罗·托斯卡尼尼、冼星海、周文中，画家保罗·高更、达利、傅抱石，戏剧表演艺术家程砚秋，导演宫崎骏，哲学家让·保尔·萨特。在现代流行音乐类别中，保罗·麦卡特尼、鲍勃·迪伦、杰瑞·加西亚和芭芭拉·史翠珊正是生于这个音乐天才小组的成员。不过，和那些代表双鱼创造力的人并列的是那些代表处女微妙的专注力的人。这样的技巧和专长在著名书法家王羲之的作品中很明显，还有在其 1500 年后的书法家张祖翼。在科学领域，双鱼的能量通过处女的三棱镜变成一道光束，把区分开来的色谱揭示出来。著名的科学家有玛丽·居里、斯蒂芬·霍金、杨振宁，还有行为科学家伯尔赫斯·弗雷德里克·斯金纳等，他们都是有着不可思议的专注力的代表。

玛丽·居里生于 1867 年 11 月 7 日的波兰华沙，她是第一个获得诺贝尔奖的女性，而且是少有的一生两次获奖的人。发现元素镭和钋已经是了不起的科学成就，而且她洞见到放射性是原子的属性，引发了现代对于原子结构的理解。居里夫人 100 年前就提出她的看法，那时几乎还没有科学家了解原子能或放射性过程这个概念。可悲的是，当时也没有人了解放射性元素对健康的影响。居里夫人在生命的最后阶段被各种疾病所折磨，在 66 岁那年由于再生障碍恶性贫血症去世。①

要从极微量的组分里分离和提取微量元素，要求工作的人极其专心致志，并付出巨大努力。居里夫人需要在一个铸铁大盆里用一根铁棒连续几小时搅动沸腾的材料，还要用极其痛苦的精细操作把镭从钡中“哄骗”出来，尽管精疲力竭，居里夫人完全沉浸在她的工作中，感到全然的满足。她写道：“尽管我们在非常困难的条件下工作，我们都非常幸福。”她描述他们在实验室里所感到的巨大的安宁，还补充道：“我们生活在梦一般的完全的沉迷之中。”②

她的沉迷模式还将继续。很多年以后一个同事还记得居里夫人的专心程度——她没有吃晚饭一直工作到凌晨两点，她全部的灵魂都沉浸在正在做的工作之中。一位传记作家后来指出：“她作为一位科学家的成功不仅取决于她的投入，还有她头脑的清明。”③

获得清明的头脑是许多生于北交处女的人渴望的一个特质，也是双鱼迷迷糊糊、无法集中精神的必要解药。不过，在玛丽·居里的例子中，双鱼元素在她的生命中也很明显。真正的灵感和远见支持着她的奉献和付出。同样，她的同情心也表现在为了找到治疗癌症的办法而坚持不懈的努力和辛勤工作中。很大程度上，她的个人生活更像双鱼而非处女，并不是那么井然有序。在一次事故中悲剧性地失去丈夫后，玛丽因为和一位叫做保罗·朗之万的科学家同行陷入婚外恋而引起绯闻。法国媒体对她大加诋毁，一位诺贝尔奖委员会成员认为她不应该接受奖项（她的第二个诺贝尔奖），直到她证明自己名誉清白。居里夫人拒绝让步，行使了她的权利，不管她的私人生活如何，她因为自己的科学工作成果接受了诺贝尔奖。

另一位诺贝尔物理学奖获得者杨振宁，于 1922 年出生在一个中国数学家的家中。他的粒子物理和场论的工作得到了世界认可，而这样的成就既强调了建造理论模型所需要的想象力，也需要理性地鉴别不吻合谜团的每个片段的能力。同样值得注意的是，杨振宁早年对统计力学的兴趣，以及他花了一生时间完善极其详尽的数学公式和模型。获得诺贝尔奖之后，他还获得包括 1986 年的国家科学奖和 1995 年的阿尔伯特·爱因斯坦奖等奖项。[④]

透过他被严重束缚的肢体，斯蒂芬·霍金能够向我们描述一个无限神奇的空间。通过大脑的透镜，他前所未有地向我们解释了时间和空间的本质以及宇宙令人敬畏的现象。斯蒂芬·霍金 1988 年因出版《时间简史》和同名影片的上映而出名，在黑洞理论上作出了开创性的研究。现在，他在剑桥大学担任曾经由伊萨克·牛顿爵士所担任的教职。

作为理论物理学家，霍金还积极为残疾人代言。他除了在旅行和讲座时积极关注残疾人的事业和权利之外，还特别努力帮助残疾人获得政府和相关机构的拨款。当提到发现自己得了肌萎缩性脊髓侧索硬化症所遭受的折磨时，他说：“我认为我并没有变得愤愤不平。不过我肯定很沮丧。那时我没有想过完成我的博士论文还有意义，因为我的寿命那么短。”不过，后来，当疾病最初的凶猛袭击慢下来之后，霍金在他正在努力的理论问题上取得了突破性进展。他的努力和进展同样打动了其他人，他订婚了。霍金轻描淡写地解释：“这意味着如果我要结婚，我就得有份工作。如果我要想有份工作，我就得写论文。于是那真的让我开始工作。从那以后我就一直工作了。”⑤

霍金的叙述强调了对这个交点很关键的一个过程。他把自己从看上去无望的深渊中拉上来的第一步，是当他解决了一个非常有挑战性的方程后，他意识到自己还有些事可以做。只有那时他才允许自己考虑婚姻。随后计划的自然次序就是工作和专注。写论文让他全神贯注，即使是在令人痛苦的困难条件下。运用心智能量，他重新获得了方向感。工作成了他的治疗方式，不过工作给他更多的目标感。

许多生于这个交点的人都因“经常的恐惧”而痛苦。当感到不安全或害怕时，他们容易觉得“每件事都错了。没有事是对的”。他们暂时被压垮，无法抗拒想要逃跑的冲动。对他们而言，上瘾模式很普遍。不过，这种捉迷藏的游戏最终是个死胡同，或让已经混乱的心更混乱。然而，开始做一些建设性的简单事情就可以扭转这个冲动。让事情运转起来是功能障碍的解药。对这个交点的人来说，专注于一项任务是打破抑郁魔咒的第一步。

行动本身可以是线性的，也可以是非线性的。一位客户用演奏吉他获得安慰，另一个人用画画，还有一位女士说她依靠舞蹈课提振精神。不过有的人更喜欢实际的任务，比如打扫卫生、组织或修理。有的人用园艺或院子里的工作帮助他们应对压力。不过，需要得到某些实实在在的结果对于“正向强化”心理很重要。

“正向强化”这个术语来源于此前列出的第三位科学家——行为科学家伯尔赫斯·弗雷德里克·斯金纳。他被追随者们看做偶像，在心理学界的广泛影响和他所激起的争论、鄙视一样多。斯金纳写过一句让很多人愤怒的典型论断——“在老鼠的行为和人的行为之间我认为唯一的不同是语言行为的不同。”对斯金纳来说，功能就是一切。不过他极端的处女座还原论者的态度并不是一直占主导地位，在他的工作中，他的双鱼特质也不是完全消失或被压抑。

年轻的时候，斯金纳对艺术、素描、写诗或讲故事表现出很大兴趣。他是一个敏感的男孩，“一次他以为他接到了神圣的信息，不过这个经验再也没有重复，而他对上帝的信仰在他的童年就完全消失了。”高中他除了大量写诗和故事，还认真地试图设计一个永动机，可惜从来也没有成功过。据一位传记作者说，这种追求不可能实现的事的努力和所有梦想家的行为表现相似。⑥

在大学第一年，斯金纳被当做一位前途远大的年轻诗人，甚至受到罗伯特·弗洛斯特的鼓励。在一个暑假的作家工作坊后，弗洛斯特敦促斯金纳保持联系，鼓励斯金纳把他的几篇短篇小说发给他。不过，在他大学第一年结束的时候一切都改变了。

他唯一的弟弟的突然过世让他的父母极其忧伤，并让他们陷入了永远的阴郁中。虽然斯金纳后来声称他几乎没有挣扎就屈从于这个悲剧所造成的损失，但实际上所有的理想主义都从他的心中干涸了。他的写作开始拒绝浪漫和神秘主义，变得日益充满怀疑。不久他就完全放弃了他的文学理想，从英语专业转到心理学专业。让他最着迷的是伊凡·巴甫洛夫的工作，这位俄国科学家也生于同一个月亮交点。⑦

从臭名昭著的斯金纳盒子和他在无数代的实验室小老鼠身上做的实验，奖赏和惩罚的行为信条发展出来。不过，有足够的证据证明，在看上去异常专注的处女座意图之下，强韧的双鱼特质也在运作。正统的斯金纳练习包括教一个人怎么表现出他们好像很好的样子。这个“好像”是一个不臆测的行为学家需要的唯一准则。虽然获得良好行为表现的这个过程是通过严格的处女行为方式获得，例如，基于一个有条件的身体机能系统，但是这个“好像”原则却是一个人所能想象到的最典型的双鱼特质。“比如，爱因斯坦表现得像是一个杰出的科学家，而且做得很好。”⑧

设计的冲动、把想象变成现实景象是这个双鱼 / 处女交点族群的人的自然渴望。因此建筑师这个职业尤其让人满足。一个很好的例子就是林徽因，中国第一位女建筑师。她曾经就读于伦敦的圣玛丽学院，美国的宾夕法尼亚州大学和耶鲁大学，在她那个年代（1904 年 6 月 10 日—1955 年 4 月 1 日）很幸运地接受了出色的教育。除了对建筑的兴趣之外，她还写短篇小说、戏剧、诗歌和散文。如今最让人熟知的是她参与设计的中华人民共和国国徽和天安门广场人民英雄纪念碑。⑨

20 世纪现代建筑的一位传奇人物是弗兰克·劳埃德·赖特。就像此前提过的斯金纳，他也有自己的乌托邦构想，就是“广城”(Broadacre City)。赖特对城市天堂的幻想从他孩童时的农场生活就开始了，那时他照顾奶牛，甚至对着奶牛抒发诗情。当然，他很早就被绘画所吸引。“对心灵来说，还有什么比一张洁白无瑕的纸更让人愉快的事吗？”他问，“这是空间发明多好的地方，不，是空间作曲的多好的地方啊。”⑩

赖特的两个主要建筑原则是“简洁”（处女）和“可塑性”（双鱼）。他的设计是真正的处女风格，设计细节甚至延伸到了家具，充满同一模式各种各样的变形。赖特让建筑的流畅适应周围的环境，依靠他双鱼座的本能，寻求让屋内和屋外环境互相融合。他的可塑感抓住了双鱼的实质，这个星座常常和另一个世界联系在一起，例如精神世界被某些人比作在这个世界的其他世界。

对于那些生于南交双鱼的人，潜在的另一个世界的感觉，不论对他们产生作用还是被压抑，可能都渗透在他们的内在心理中。对某些人来说，和那个世界相联系可以让他们的精神重新焕发并提供令他们振作的力量。不过对另一些人来说，通往另一个世界的门就像喷气式飞机机舱上的一个洞，威胁着要把他们吸到飞机外面去。他们把氧气面罩紧紧罩在脸上，同时还会拼命紧抓着座椅。这样的行为是很可以理解的，因为外面是巨大的可怕的宇宙。问问斯蒂芬·霍金博士。霍金的宇宙模型用了一个非常逻辑化的处女座概念——“奇点”。在时空中的奇点是一个物质密度和时空曲度都无限的地方。在奇点之外，时间和空间才一同分化开来。

但是在我们栖居的这个有限的物质世界中，事物崩塌是有原因的。当弗兰克·劳埃德·赖特快20岁的时候，经过旧市政大厦新建成的右翼时，他正好听到一声建筑坍塌时的咆哮，看到白色的石灰粉尘“带着人的痛苦的叫喊声”滚滚喷向天空。那些受伤的人疯狂地从碎石中冲出来，满身都是白石灰，就像一座座雕塑，不过是流血的雕塑。这些鲜明的影像在他的余生都挥之不去。

那天他没有走开。赖特在那些哭泣着寻找丈夫的女士们中待了几个小时，在那个巨大的垃圾堆里研究墙壁的残垣。他充分地分析到底哪里出现了问题，逐渐找到建筑师和承包商犯了悲剧性错误的地方。在灵魂的静默中，他发誓他的建筑绝不会造成这样的痛苦。在那场铲平东京的1923年大地震中，唯一完好无损的大厦就是赖特设计的帝国旅馆，地震后为成百无家可归的人和伤员提供了庇护。[11]

不论是居里夫人感兴趣的精微世界还是占据斯蒂芬·霍金头脑中的那个无限扩张的世界，都有一种至少想在某个局部调和无限和有限世界，让事物的运转更有意义的努力。在人类复杂的天性中，研究迷宫中的老鼠提供了走出迷惑的办法。经度线和纬度线帮助我们测量地图上的地点，头脑因解决方程中的数字而兴奋，甚至音乐也遵循谱号的逻辑体系。这样的体系可以帮助把一个人的能量引导和释放出来，对那些生于这组交点的人很有效，特别在艺术领域。在此前所列举的富有创造性的传奇人物中，莫扎特是完美的灵感的典范。

啊！莫扎特！“如果一个人有才华，它就一定会发出声响，而且让人备受折磨。”他写道。当然，众所周知，在他父亲利奥波德的审视和指导下，让人精疲力竭的练习从小就塑造了莫扎特的神童天赋。不过，他音乐中的快乐和洋溢的情感显然不是单调乏味的苦练和重复练习的结果，而是从灵感中自然流淌出的珍贵而纵情的快乐。莫扎特既是一位技巧大师（处女）也拥有不可思议的才华（双鱼）。[12]

在电影和小说中，莫扎特被描写成一个任性、不守规矩但恰好拥有惊人才华的傻瓜，这大大扭曲了事实。他的确被没有条理的经济问题所困扰（就像弗兰克·劳埃德·赖特一样），而且他确实有肆无忌惮的幽默感。不过莫扎特工作相当长的时间，他对工作的专心致志和沉迷是无与伦比的。在做私人家教（他讨厌这个）和作曲之间（他喜欢这个），总有一遍又一遍的排练。莫扎特是个完美主义者。“相信我，我不喜欢闲着，我愿意一直一直工作下去。”莫扎特在给他父亲的信中写道。他写信给朋友说：“但愿我能只写我想写的音乐。”[13]

最后一句话彰显了北交处女的另一个发展侧面，即行使挑选和选择的权利。除了是一个神童外，莫扎特还是一个有着惊人适应力的孩子。在他的一生中，他一直屈从于他父亲和其他人的愿望。莫扎特选择留在维也纳而没有跟父亲回萨尔茨堡，和父亲痛苦分离对他是最大的挑战。处女是关于选择和抉择的。在巨大的情感压力面前，莫扎特选择做他更想做的事情。

做出这样的选择对那些生于这个族群的人的方向和成就感是一个关键要素。当然，莫扎特也是全然的梦想家。“梦，如果它们是现实，”他用一种少有的忧郁写道，“可以让我的人生更容易忍受。”在短暂的逗留在地球上的35年中，这个梦想家让自己的技艺变得完美。从他的音乐中我们可以感觉并听到另外一个世界的神奇。[14]

应对每天平凡的存在，对梦想家和其他有这组交点的人一样是难以忍受的任务。即使那些成功过正常生活的人也会感觉到心底流淌的没有被涉足的道路、没有实现的梦想的潜流。他们在闪光的成就和真正的满足中能够感到经久不衰的渴望。

有些这组交点的人更喜欢从正常的生活中隐遁。极端情况下，这样的逃遁标志着无数的情绪和心理问题。不过，喜欢隐居或安慰对他们而言很平常，可能时不时以延长的休假和静修的形式表现出来。有好几个客户说想象中的寺院的宁静生活让他们感觉很亲切，还有几个人已经找到了远离日常世界的隐居地。

有些人在日志、日记、信件里留下了让他们陶醉的内心生活的踪迹，但很少人像艾米丽·迪金森那样让人感到酸楚。她并非一开始就是隐士，她在 18 岁到 23 岁是一个非常喜欢社交的人。不过，32 岁以后她明显地从外部世界隐退了。她选择生活在不同的神秘主义状态中，非常隐秘，甚至从来没有把她的作品拿给家里人看。据说，“看起来她通过直觉了解世界，但从那个带给我们温情和快乐的地方退缩了，退到了隐秘的森林之中。”在她去世后，她的书信展现出丰富的内在生活。“把一切带走，但留给我狂喜。”她写道。你甚至可以想象今天她在给斯蒂芬·霍金写那个“巨大而不朽的事物”。[15]

南交双鱼的许多人可能会认同艾米丽·迪金森所感知的，生活就像“夜间乘着一艘漆黑而载满货物的船前行，然而没有路径，只有广阔无垠”。[16]有这组交点的其他诗人，如雪莱，会说：“我的灵魂是中了魔法的小船，就像睡着的天鹅，缓缓漂流。”诗人罗伯特·勃朗宁也是这组交点的人。

这组交点的人还用一种不同样式的诗歌抓住了世界的想象力。“这不过是工作，草生长，鸟飞翔，海浪拍打海滩。我的工作只不过是击打人们。”没有其他拳击手像穆罕默德·阿里这样滔滔不绝地作诗。“像蝴蝶飘浮，像蜜蜂螫人。”永远不会有另一个阿里，很多人认为他是所有时代最伟大的重量级拳击手。阿里精通拳击的技艺，也给这项运动带来从未有过的想象力。[17]

不过阿里的生活方式有着明显的处女特征。“我所解决的每个问题都成为一个规则，日后可以用来解决其他问题。”他的同情心也众所周知。“服务于他人是你在地球栖居所交的租金。”尽管帕金森疾病使他日渐衰弱，但他一直为社会贡献自己的力量。不论他走到哪里，他灵魂的魅力都闪闪发光。[18]

就魔力和吸引千万人的想象力来说，作家金庸无疑是中国当今仍旧健在的出类拔萃的畅销书作家。他的作品如此风靡，作品中的角色甚至成为日常生活的有意义的参考框架。狂热爱好者涌向他作品改编的电影，看每天的电视连续剧，收集连环画报，玩根据金庸武侠世界改编的动画游戏。对他的作品的讨论和分析甚至催生了一个研究领域——“金学”。金庸把他自己幻想的双鱼世界展现出来，通过他的写作完善了一种文学风格，成为处女座独占的细分市场。这个细分市场也使他变得非常富有。还有什么例子比这个更好：从双鱼座灵感的泉水中汲水，用以浇灌公众想要逃避到一个幻想的过去世界的渴望。非常巧合的是，另一位武侠小说大师梁羽生也是生于这组交点。[19]

马龙·白兰度，一个真正借助灵感创作的演员，也是属于这个交点家族。他的自传被诗意地命名为《我母亲教我的歌》，他写道：“一个人必须得是一个天才，才能给这个世界上任何一件事一个简单而绝对的答案。”他以非常南交双鱼的方式评价自己的人生：“当我偶然回顾这些年来的人生，试图想它的意义的时候，我发现没有一件事是清晰的。”白兰度在功能失调的家庭长大，他的父母都是酒鬼。他很多年都活在幻想中——到一个热带天堂寻求逃避和安宁。家庭悲剧给他日后的生活打上痛苦的烙印，但他仍旧是一个富有同情心的人，献身于他信仰的事业。[20]

另外一个生于处女 / 双鱼月亮交点的演员是《X 档案》中的著名演员大卫·杜契尼。杜契尼在耶鲁大学的博士论文（还没写完）的题目——《当代美国小说和诗歌中的魔幻和科技》，可能是最具代表性的想要用技术逻辑（处女）努力调和魔幻（双鱼）的举措。当他被问及哪一部分的生活回报最多时，他说：“爱和艺术，还有宗教、精神生活。所有狂喜的状态，所有的狂喜。我喜欢那一部分。”他强调了双鱼与精神生活，特别是与狂喜状态的联系。[21]

这个交点的其他著名演员还包括休·格兰特，奥斯卡影帝西恩·潘，以及朱利安·摩尔。摩尔从波士顿大学表演艺术学校获得美术学士学位后，开始在外百老汇的制作和电视中作为模特和日间肥皂剧演员出演。不过，在她20多岁的时候，成为成功的电影演员的梦想在她看来是一片永远达到不了的乐土。然而，她一点点向前努力，终于她的第一部电影《妖夜传说》获得好评，然后在《晃动摇篮的手》中得到特别关注。

在32岁时跨入这个交点族群的“专注阶段”后，她开始在电影《逃犯》、《邦尼和琼》、《肉体证据》，特别是罗伯特·阿特曼的《人生交叉点》中体会到做电影演员所取得的实实在在的回报。这四部影片都拍摄于1993年，当年她32岁。同时，朱利安·摩尔还在戏剧舞台上磨炼演技，和艾尔·帕西诺一同演出了《父亲》，还有契科夫的戏剧《万尼亚舅舅》，后者后来被改编为《42街的万尼亚》。

她的成功最终让她成为头牌演员。摩尔能够演出各种各样的角色，比如和安东尼奥·班德拉斯一同演出的《刺客》，和休·格兰特一同演出的《九个月》，斯皮尔伯格所导演的《失落的世界：侏罗纪公园》，以及《忘情毕加索》、《谋杀绿脚趾》、《精神病患者》。她的两项奥斯卡提名，一个是最佳女配角《不羁夜》，另一个是最佳女主角《爱到尽头》，这两部影片都是在她的高峰期37岁时拍摄的。1999年她在5部电影里出任主角，包括罗伯特·奥尔特曼的《秘密遗产》、《世界地图》，以及2000年《沉默的羔羊》续集《汉尼拔》。

评论家们表扬摩尔具有“消失在角色中”的能力，这是来自于南交双鱼的个性证明。在表现双鱼负面极端的超现实独立影片《安然无恙》中，摩尔令人信服地扮演了一个女性，她对现代社会实际所制造的任何东西有一种变态的敏感，最后只能到一个与世隔绝的农村社区和跟她患同样过敏失调症的人住在一起。摩尔用天生的灵感和洗练的演技把技巧和脆弱性编织在一起。[22]

职业：

对生于这组交点的人，通常有 4 个职业困境：

1. 线性还是非线性的兴趣和追求
2. 实际、实用的职业还是理想的职业
3. 专业化还是通用型
4. 职业选择还是多才多艺

以上情况的任意组合都可能发生。在这四种困境中，最后一个困境会最早带来最大挑战。选择正确的职业显然对每一个人都很重要，但是对有这组交点的人来说可能特别复杂。害怕作出错误选择，结果把他们置于防御境地，而此时的本能反应只能是适应。他们没有选择一条特定的职业道路，而仅仅顺应当时碰巧可能有的选择。这种反应不过是延迟了应对更重要的事情的时间，不过确实使他们得到暂时的放松，不必作出明确选择。一旦开始工作，他们的思想至少就被手边的任务所占据，一些压力也被释放了。不过，没有经过选择而从事的工作通常不是通往成就的路径。“迷惑”可能是一个很好的藏身之地，而不决定在一段时间后本身就变成了决定。因为他们潜在的想象力如此丰富，他们可以想象自己在各行各业里的样子。除此之外，他们经常在许多领域展现出潜能。职业指标的范围可能很广，而且包含互相矛盾的信号。

作出选择的关键通常在于学会怎样设定优先顺序。如果你生在这组交点而且因为职业道路或工作选择而苦恼，就列一个清单，写出所有相关职业对你来说的重要优点和缺点，然后按照重要性重新排列这个表，看看每种职业或工作选择各有什么利弊。现在你可以给你的选择相应打分了。不论排在你的列表最上边的是什么，都可能帮助缩小选择范围。

另外一个可能帮助选择更明晰的因素就是时间表。评估要完成你表上的东西所需要的时间。在评估时要实事求是，安排必要的步骤序列。这些基本技能会检验你的逻辑水平。用你的分析能力帮助你精心规划职业方向。

不过，就算有了优先次序，还有三个剩下的问题。线性还是非线性的困境有几个解决办法。一些人会在双重职业道路上来回摇摆。一个非常极端的例子是：一位客户大学学的是工程，而早期的职业道路是建筑和房地产。虽然毕业后他当了一段时间承包商，但很快放弃了系统的日常工作，组建了一个摇滚乐队。后来他全职玩音乐。他的乐队四处巡演，给他带来了不小的成功和一个让他创造性表达自己的机会，让他活出他的梦想。

一天早晨，在摩洛哥的海滩上醒来后，他做出决定重返建筑业。他成立了自己的公司，开始在建筑债务项目中作为专业分析师提供服务。当专业和经验日益发展后，他开始聘请行业中的其他专家。现在他公司的训练有素的工程师和分析师都是世界顶尖的。

这样剧烈的职业变动确实发生了，不过却需要冒险。大多数客户看上去把时间分配在他们的各种兴趣之间，从而解决了线性和非线性的问题。刚才提到的那个建筑分析师，当情绪袭来时，还是会把吉他从墙上拿下来。另一个客户经营一家小的会计事务所，不过在当地的管弦乐团兼职演奏。另一些人，例如图画艺术家和建筑师，在职业中同时运用他们的组织技能和创造技能。

和选择创造性的职业还是运用理性分析能力的职业经常关联的是“实际的考虑相对理想的选择”。这是一个困难的领域。创造性行业的职业机会有限，你必须现实地评估幻想破灭和经济压力的风险。这是经常困扰从事创造性职业的人的事情。不过，对这组交点的很多人来说这种冒险似乎值得。

剩下的专业化还是通用型问题直接和成就相关。有些有这组交点的人可能是各个行业中的万金油，结果哪一行也不精。这样的适应性和多面手可以提供广泛的安全网，所以有利于安全感。不过，成为专家将提高获得职业成就的可能性。特长和专业化可以给这些人以竞争优势。他们总是可以在更广的领域中依靠他们的适应性，不过这是一种“不得不如此”而非“想要如此”的情形。在职业市场上发展出自己的独特定位也符合这个原则。

有三个常规的职业领域在这组交点的客户中占据主要位置：创意领域，工程 / 建筑，科学 / 健康相关职业。我的客户档案中的样本包括：六个演员，三个画家，四个图形艺术家，四个建筑师，一个交响乐团指挥兼作曲家，三个模特，三个摄影师，一个电影摄影师，一个电影制片人兼导演，几位音乐家，一个广告顾问，一个画家，三个工程师，两个建筑承包商，一个科学家，一个脊椎治疗师，一个牙医，一个医生，一个药剂师，一个信息治疗师，两个心理学家，一个会计和一个宾馆经理。

关系：

在所有月亮交点的两极中，没有人的内心比这个理想化族群的人更浪漫。没错，有的人变得愤世嫉俗，但那只是浪漫的另一面。大多数人宽宏大量到不可思议的地步，而且非常接纳他人，容易适应，心怀无条件的爱。当然，生活是充满条件的，因此也会出问题。

他们的负面特性在于，总是和梦想家一样，对生活、自己和他人充满不切实际的期待。在关系的初始阶段，他们通常不会批评对方，不过一旦关系合乎情理地确立之后，他们的批评就会显露出来。当疲倦、不安、处于防御状态时，他们通常会避免细节，变得逃避和让人捉摸不定。有些人退缩到内心世界，或邀请伴侣和他们一起到他们所栖居的那个逃避现实的乌有乡。在极端的负面情绪中，酒精和药物可能在他们的逃避中扮演重要角色，特别是如果他们的伴侣也沉溺于同样的恶习。

很多人有长期的忍耐力，一直支持他们的伴侣或那个对他们而言非常重要的人，并超过了合理限度。这样的支持可能来自于深刻的爱的能力。不过，就其黑暗的一面而言，不加置疑的支持也可能来自更深的、无法言说的放弃，感觉这个世界上的一切无论如何都无法符合他们的梦想："既然这样，为什么不接受生活给我的呢？"发现这种幻灭感可能给他们很大启发，让他们能够看到，不论对正在发生的事还是对身边的那个人，他们都是可以选择的。实际上，发展出洞察力和辨别力对他们获得令人满足的关系是一个关键。

当然，有的人和伴侣拥有共同的梦想。只要梦想还在，他们就能保持忠诚，以各种可能的方式支持他们的丈夫或妻子。这样的一对有时看上去就像梦幻夫妻，不过如果他们的梦想在一段合理的时间后没有实现，或者甚至更糟，只是其中一人实现了梦想，那他们的关系就会像海市蜃楼一样消失。

在追求和约会的浪漫场合，这些人可以展示出无与伦比的想象力。我记录的一个最极端的例子是一位年轻的作曲家，他被一个姑娘迷住了，他用自己获得的部分遗产筹划了一场交响乐演出，想要打动那个姑娘。他租了音乐厅，聘请了一个小型交响乐团。他亲自指挥演出，在演出时不时瞅瞅留给姑娘的座位。但那个姑娘一直没有出现。

如果你对这个交点的人感兴趣或已经在交往中，他们的行为可能让你困惑。当每件事看上去都很好的时候，他们可能变得挑剔，甚至指责起来："我做错什么了？"更可能的是，并不是因为你们现在的所作所为和既往表现有什么不同。实际上，他们的挑剔正是说明他们跟你在一起待得很舒服了。一些小事情现在冒出来了，而这是以前他们在关系中还没有安全感的时候根本不会提到的事。

现在他会让你知道他很感谢几个月前你给他买的那件毛衣，但他讨厌那个颜色。他开始细究你的饮食，说："我们现在需要开始注意我们吃的东西。"你会想："你的意思是，不再吃我们从开始恋爱时就吃的，而且一直以来都在吃的双层奶油蛋糕了？"你看，让灵感完美也适用于关系。如果他们真的恋爱了，一旦感到安全，他们会说"让我们看看能否稍微改善一下这些事"，或者最好"让我们把住处弄得更有条理一些"。

这些家伙总是需要浪漫的幸福、狂喜、婚姻、家庭和孩子。梦想家们有一个秘密，他们非常贪婪，他们想要一切。讽刺性的是，有时他们真的全都能得到。这取决于他们想要的天堂是什么样子。如果你符合他们对幸福生活的看法，你会发现自己就像生活在汉普顿（海边度假胜地）。或者更好，你会发现自己和附近的海豚游泳后，还能喝新鲜的鳄梨汁。然后留意他们审视的目光，那可是一个好兆头。

父母指南：

有些这组交点的人还是蹒跚学步的小孩时就会表现出对食物或衣服的挑剔，不过总的来说这些是很敏感的、适应能力很强的小孩。这些孩子看起来比其他孩子更像是住在一个丰富的幻想世界中，对音乐有不可思议的敏感。他们很有创造力，拥有极其活跃的想象力。许多有这个交点的客户提到他们自己的童年时，都说他们有隐形的朋友。他们生性特别敏感，有不可思议的能力，能够抓住那些影响或启发他们的任何事物的本质。

教他们学会专注于手边的事物常常是最大挑战。当他们的想象力投入进去了，他们可以花几个小时在一件事中，但如果做他们不太感兴趣的事情，他们的头脑很容易走神。他们易于接受其他人的关心，会在交流中适应老师或父母的教导，但自己却不想继续做同一个主题。他们可能看起来更多用耳濡目染的方式而不是推理方式学习，当吸收信息时他们没有清晰掌握相关的方法或技术。

很多时候他们会得出正确答案却不能够解释他们怎么得到的。这并不意味着他们对事情怎么样运作没有兴趣。不少人实际上对物理世界的机制和过程非常着迷。他们的创造潜力很显著，也可能存在某种科学倾向。他们富有同情心、同理心，支持弱者，可能去帮助那些被其他人虐待的孩子。他们是那种总是带着受伤的小鸟或流浪猫出现的孩子。

如果在不稳定的、紧张的环境下长大，他们会退缩到幻想的世界中。逃到白日梦里是他们处理压力的主要办法。其他人很难和沉浸在内心世界的他们建立联系。虽然他们表面上看上去很安静，能适应，不过一直处在混乱的环境中可能会永远扭曲他们在世界上的行为模式。说谎、推诿、完全的逃避模式在这种情况下常常出现。即使那些在相对正常的环境下抚养长大的孩子，也会和父母及其他人玩事实和虚构的游戏。这种游戏，不论是认真还是玩笑，都突出了他们和虚幻、真实、超现实之间的持久关系。

不过，大约 14 岁时他们开始变得现实点了。有些人会采取一种愤世嫉俗的姿态，好像要把他们自己和不久前还沉浸在幻想和白日梦中的自己分开来。过去他们很好相处，而现在很多人变得挑剔，难以取悦，并对过去不会让他们烦心的事情提出自己的看法。成年对他们来说，就是获得选择的权力。因此，练习选择对他们的青少年和早期的成年生活是重要因素之一。

例如，有权选择自己的服装可能比服装本身更重要。选择，改变，再选择兴趣、班级、学位专业是学习选择的一个过程。显然，他们需要学会和选择结伴而来的后果和责任。除此之外，要求他们有个计划很有必要。盘问他们，让他们逻辑地表达理性的、循序渐进的意图。这样的练习帮助发展他们的组织能力，让他们自认为的完美计划的缺点暴露出来。

成年和知道如何做事相关联。现在他们着迷于学会一些技巧和方法，这样就可以展现出成年人那样的运作能力。完成更复杂的家务活或任务是这个过程的一部分，例如学会如何熨衣服、洗衣服、做饭、修理破损的东西、计划零花钱等。尽管他们对某些日常事务会有正常的埋怨，但他们渴望证明他们的效率。

一个10多岁的女孩迷上了摄影，在她父母的地下室建了自己的暗室，甚至按照《时代生活》杂志中的管道说明自己安装了水槽。另一个例子里，一个15岁的男孩为了给父亲一个惊喜，在父亲出差到外地时重新粉刷了房子。当父亲出差回来时，被儿子精心完成的工作惊呆了。一个年轻女士是职业摄影师的模特，她制定了一个存钱上大学的节俭计划，而且她成功地做到了，让她的母亲大吃一惊。很多人在所选择的兴趣领域将努力实践很长时间，获得并完善那些可以把他们的精力和灵感导向优异结果的技巧。

生命周期：

23岁到32岁之间，梦幻世界在召唤他们。不论前一个阶段获得的技能和教育是什么，都会用于实现这个梦想。不过关键在于知道梦想是什么。对一些人来说，这可能是一个越来越迷惑的时期。选择了不那么有创意的职业的人，当新的灵感冒出来需要表达时，可能发现他们的工作和动机有冲突。有些人在这些年偏离原来的计划，转变生活方式，转到和原来精心计划的整洁有条理的生活完全不同的场景中。在这个阶段，有些人也可能表现出逃避和对某些事物的上瘾。

不过在艺术和科学领域，这可能是他们经历的最有创造性的时期。尽管很多人暂时在绝望中打滚，充满疑问，害怕浪费生命，被一种没有达到自己期望的感觉所困扰，但此时发生的认知将启发他们未来的生活。

到目前为止，这些年唯一重要的特征就是为个人生活打开更广阔的眼界。在关键的 27 岁和 28 岁，通常出现深刻影响一生道路的事件、梦想、远见或洞见。

23 岁到 32 岁之间的情形在很多方面形成一个背景，在这种背景下，这些人跟他们的灵魂再次连接。婚姻、孩子、离婚、职业发展将反应灵魂求索的过程。对安静地在实验室工作的科学家来说，不论在个人方面还是职业方面，工作的过程可能正好以几乎仪式性的方式帮助他们取得显著突破。演员和音乐家活出他们的梦想，不论他们成功与否。治疗师可能离婚，开始静修。实际上，未来将证明这个时期的经历可能有巨大的精神价值。他们获得的心理洞见将为此后的所有阶段提供一个参考的基础。

大约 32 岁开始，他们显现出重新组织生活的渴望。他们将有更大的专注力和聚焦点。现在的决定更基于务实的或实际的考虑。在前一阶段形成的关系可能终止。基于共同梦想的婚姻必须找到更实际的出路，要么就可能离婚。此前运转不良的模式会日益清晰地曝光。

在 32 岁到 41 岁，有这组交点的客户开始根据更理性的原因做决定。他们变得更脚踏实地，经济上的考虑更严肃，财务计划也准备就绪。现在他们开始投资于土地和房地产，许多人买下他们第一栋房子。男人和女人选择为人父母。创造一种更正常的、良性运转的生活的需要变得占主导地位。选择婚姻伴侣，既有浪漫的原因，也有实际的考虑。

这并不意味着浪漫的创造性的能量在这些年必然减少。实际上，对那些在创意领域成功的人，这些年可能是进一步完善技巧和才华的时间。对一些人，37 岁和 38 岁可能是让自己有更高的满足感的成就期。此前因为担心自己过着徒劳无功的生活而产生的恐惧可能平息下来。这经常是一个活跃时期，以至于日复一日沉浸在忙碌的生活中，无暇考虑此前的忧虑。有时，他们可能环顾周围，对着真实生活织就的挂毯莞尔一笑，这种生活以前只存在于幻想中。

从 42 岁到 51 岁梦境再次降临。尽管动机的转变并不意味着有条理的生活再次变得混乱，但是任何没有解决的精神和创造性问题会再次出现。一位客户是牙医，开始在这些年绘画。另一位客户为了寻找精神食粮到尼泊尔旅游。还有一位客户开始像她 20 多岁的时候一样练习瑜伽。

逃避的渴求也可能变得无法抵抗。在负面情绪中，他们有可能回到先前的沉溺中。在困难的婚姻中这种行为很常见。许多人在这个阶段寻求心理治疗。精神修行也可能重新开始。再次拜访个人的内在自我能够起到疗愈作用，并补充前一个忙碌阶段所消耗的能量。当然这是一个更内省的时期，也可能出现幻灭感，旧梦消失了而新梦开始形成。

从 51 岁到 60 岁，新的焦点再一次出现。这可能标志着另一个很有成效的阶段，也是更实际的阶段。现有的婚姻或关系进入这个阶段后可能运作得更切合实际或提供极大满足感。这些年发生的离婚是基于对问题更清醒的评估，这种决定通常是因为意识到能做的一切都已经做了，现在已经无能为力。这个阶段的决定是顺着更逻辑的线路做出的。对一些人来说，这可能是更有条理的时期，他们清理自己的行动，为随后到来的十年做准备。

从 51 岁到 60 岁所表现的务实态度在大约 60 岁的时候开始慢慢消退。在 60 多岁时，一种更少批评别人的面貌重新回来了，尽管现在他们的原谅和同情被更老练的常识所调和。不过，很多人活出了他们的梦想。一位治疗师退休后，来到海岸边的一个小岛。60 岁的时候，她的后院是大海，一群海豚栖居在那儿的海湾里。当地的捕虾者特意避开那个地区，让海豚们有自己的庇护所。在温暖的月份，这位退休的治疗师会在这群嬉闹的高级哺乳动物间游泳。她说，渐渐地，他们认识了彼此。对她来说这是梦想成真。学会在两个世界生活需要相当大的技艺，不过这正是这些灵魂学着做的。

第七章

♎ 北交天秤——南交白羊

和平的战士

出生时间：

1902 年 07 月 21 日，01：43 a.m.——1904 年 01 月 15 日，07：40 a.m.

1921 年 02 月 07 日，08：22 a.m.——1922 年 08 月 22 日，06：23 p.m.

1922 年 08 月 27 日，07：13 a.m.——1922 年 08 月 31 日，01：07 a.m.

1939 年 09 月 11 日，05：46 p.m.——1941 年 05 月 24 日，02：48 a.m.

1958 年 06 月 16 日，06：43 a.m.——1959 年 12 月 15 日，12：36 p.m.

1977 年 01 月 07 日，01：05 p.m.——1978 年 07 月 05 日，05：41 a.m.

1995 年 07 月 31 日，07：32 a.m.——1997 年 01 月 24 日，07：50 p.m

我们所说的一切，就是给和平一个机会。

——约翰·列侬

和自己成为好朋友，是极其重要的，否则就不能和世界上其他任何人成为朋友。

——埃莉诺·罗斯福

你和你的对手是一体的。你们是共存的关系。你和你的对手共同存在而且成为他的补充。

——李小龙

知难行易。

——孙中山

当陷入一场看起来没有尽头的战争中时，没有什么比和平更让人热切盼望。不过和平时光一旦到来，不管多么受人欢迎，常常又要让一些人花时间习惯它。战斗的严酷增强了自给自足的能力，也让人的肾上腺水平上升，而这些能力在战斗过后并不需要。在战争中你知道你的敌人是谁，你可以通过制服、旗帜和地点识别他们。和平时期可不是这样。微笑、礼貌的介绍和友好的握手无法为你能够信任什么人提供线索。不过如果你生在这组交点，你就想要信任别人。实际上，你寻求的满足感从分享而来，这比什么都重要。

人们让你困惑、好奇、着迷、气愤。很多人被人际关系导向的职业所吸引，结果把大量精力用于合作和婚姻。不过，分享是学习而来的个性特征。你通常不会本能地意识到其他人，因而需要发展这方面的能力。有时你对其他人的人性和动机抱有不可思议的天真，不过你会学习。当别人让你失望时，你不会停留在那里，你很会照顾你自己。

你内心有非常好的自我激励态度，别人不需要早上叫你起床，他们也最好别这么做。向前走的时候，你很少回头看。一旦你下了决心或采取了行动，就不会再走回头路。做了的就做了，除非其他人不停地质问你，你不打算浪费时间回头看。很多人用一种勇敢和辛辣的态度对待自己。你的血管里涌动着急躁，往往直截了当地说出自己的看法，不过说的时候会带着迷人的微笑。

当然，你并没有丢掉与人交往和合作的功课。很多人成为卓有成效的谈判人员，坦率而精明地考虑各方需求，促使协议达成。不过，这样的技巧不是一夜之间学会的。推荐你读任何可以增进你了解人性的书籍，并参加这样的工作坊。幸运的是，很多人喜欢心理学，也对占星或其他有关人性的学科或哲学感兴趣。如何通过协商达成共识的书籍或课程对你可能很有益处。

你对别人的行事原因越有见识，你的生活可能越有成就感。当然，你不可能自己练习关系中的相处之道，不过你在人际关系方面水平越高就越好。关系对你而言不是“不得不”做的事，而是你“想要”做的事。合作对你的生活不仅仅是辅助，而常常在生命故事的整体方向上起着关键作用，对个人生活和职业可能都是如此。很多人在追求你们感兴趣的人时展现出令人惊讶的热情，而且几乎三言两语就让别人知道你们的兴趣。你很坦率地表明自己的意图，对与自己利益相关的事情也非常直白。

即使你可能大胆地、有时天真地为了纯粹的个人私利找一个人帮忙，但你很少为了手边的事情请求别人帮助。你总是精力充沛地干活，看上去不需要任何协助。因此，也很少有人给你提供帮助。常见的情况是，你是那个帮助别人的人。你热心帮助别人，但事情最终可能超出你的预料。

有这组交点的客户常常会讲到这样的倒霉事。一位女士在慢跑时发现一只小狗挣脱主人跑开了。她穿过公园追上那条邋遢的小狗，然后把它带还给那个年轻人。但那个人没有表现出感激的样子，反而表现得非常尴尬甚至粗鲁。她没理会这件事，向她的汽车走去，此时被一位慌张的老妇人拦住，问她是否看见一只四处乱跑的小狗。听了老人的描述，她知道她追的就是那只狗。她立刻告诉那位老人发生了什么，飞快地跑去看是否还能看到那个年轻人和狗。不用说，他们早不见踪影了。

她对自己无意中帮助了盗狗的人非常生气，因此特意陪那位心烦意乱的老人回到附近的公寓。她被请进屋喝茶，看到桌上的照片，认出其中的一个人就是那个年轻人。结果，那个人是老人的孙子。他和一个朋友本来打算分掉卖小狗的钱。老奶奶最终领回了她的狗。然而，当我的客户在公园慢跑时，又碰到那个年轻人。他用威胁的言语辱骂她。不过她可不是容易被吓倒的，她直接跟他对峙，让他知道如果他太过分，她可以叫警察逮捕他。从此以后她再也没有见过那个年轻人。

在另一个更极端的事件中，一位客户在杂货铺外的停车场介入了一场家庭纠纷。他把自己置于挑衅的男人和尖叫的女人之间。我的客户以前是军队的巡逻兵，也是武术教练。当那个男人拔出枪来威胁时，他迅速地解下那人的枪，并把他扔到马路上。他一直紧紧扭住那人的手臂，而对方一边大叫，一边诅咒他要他停手。突然，我的客户听到“砰”的一声，他的后脑被重重地击打了一下。后来，当他跟警察谈话时（那时一个急救医疗人员在给他包扎），发现旁边有一个破碎的啤酒瓶，正是这个东西从后面打了他。没错，正是那个落难的女人打了他。

很多这组交点的人都遇到过这种“好心遭雷劈”的故事，虽然他们处理类似事情的时候比其他交点的人更公平。他们想去帮助别人的动机并不是因为个人英雄主义，而是出于白羊的习惯和天秤的动机，即迅速行动的本能和对公平的渴望。不过，一位有这组交点的客户用过来人的语气说：“在帮助别人这件事上我学会了两件事。首先，我问自己准备好了没有；其次，更重要的是，我问他们是否真的需要我的帮助。”有这组交点的人需要经历一些困难才能学到这种洞见。更多人会提到那句美国流行语——“好心遭雷劈”。不过很少人知道发明这句话的那位了不起的女性——克莱尔·布斯·鲁斯。[①]

虽然克莱尔·布斯·鲁斯现在几乎被人忘记，但从上世纪30年代到50年代的近30年中，却是美国最有影响力的女性。她是《时尚》和《名利场》杂志的编辑，也是她的第二任丈夫——《时代》、《人物》、《财富》和《体育画报》的出版商亨利·鲁斯的合伙人。他们是那个时代最有权力的一对。这种对合伙关系的认同常常出现在北交天秤的人群中，不过尖酸机智和自信才是她的商标。在第二次世界大战中作为《时代》杂志的战地记者，她冒着极大的危险进行采访。此后，在1943年到1947年间，她成为众议院议员。随后，在1953年到1957年间，她又成为美国驻意大利大使，是第一位在重要国家担任大使的女性。尽管有如此显赫的公共成就，她的个人关系却一直充满摩擦。她的第一次婚姻嫁给一个富裕的酒鬼，那人曾经对她进行身体暴力。她和亨利·鲁斯的第二次婚姻虽然广受吹捧，但又被他们夫妇所追逐的无数风流韵事破坏。她把自己的晚年称为“晚春”，虽然她对别人的嘲笑非常生气，但再也不听别人说些什么。不过，通过吸引他人阅读自己的作品，她坦率地与世界分享了自己的生活和观点，留下无数文章和3部被拍成电影的剧本——《女人们》、《和小伙子们吻别》和《误差界限》。②

当那个穿着军队士兵制服的16岁苗族青年和他的连队一起在沅水上漂流的时候，很少人会回头看他，更少人能想到他将成为现代中国一位深受爱戴的多产作家。和其作品中用余生来适应不愉快、不公正生活的士兵极为相似的是，沈从文把他的读者引到他记忆中的乡间生活的童话里。不过，沈从文的关注点总是和相处之道相关，特别是和谁可以被信任相关。

对沈从文来说，信任的纽带存在于那些生活在他多彩多姿的故事里的单纯、诚实的乡民的相互交往中。同样，他也珍视自力更生和小说中所描述的乡民的胆识。在他的悲剧故事中，他常常让没有心机的乡民的幸福感和城市居民腐化、不诚信的世故较量。对沈从文来说，这不是编故事，而是他亲眼所见。不过，对他来说，最重要的仍是关系的纽带。他在写作中寻求让大家能够更好合作的方式，他希望读者也可以找到这些。所以，这个15岁从家里逃跑出来的任性的孩子给大家分享的是，那些被战争和社会动荡所压迫、看上去异常天真的人仍旧懂得文明世界似乎已经忘却的相处之道。[3]

这个有时惹是生非的交点族群可能要花一段时间才会形成爱好和平的倾向。约翰·列侬在和妻子小野洋子唱出《给和平一个机会》(Give Peace a Chance)很久之前，曾让狂热宣讲圣经的原教旨主义者大为光火，因为他说披头士比耶稣更受欢迎。披头士的唱片在美国各地被烧毁，特别是南方。人们了解列侬辛辣的机智，他是披头士四人组合中比较易怒、喜欢讽刺的成员。他早期的歌词虽然是和保罗·麦卡特尼合写的，但也表现出南交白羊的影响。他的歌曲《总是变得更好》(Getting Better)是愤怒的年轻人的写照，写出了他以前对女人的残酷——他打她，让她远离她喜欢的东西。确实，《总是变得更好》是变革和转变的一个积极信息，但离后期杰作《幻想》(Imagine)，他还要走很长的路。他最后的那些歌曲暗示着他一生都在进行着这种演化。在歌曲《女人》(Woman)中，列侬明显在为过去自私的做法道歉。[4]

在这首歌曲中，列侬可能指的是过去发生的任何一件事，比如1972年一个派对上，喝得烂醉的列侬把一位女士拉到卧室做爱，而此时每个在外边的人，包括小野洋子都能听到里面在干什么。小野洋子描述他们第一次见面时，列侬还是个大男子气的男性沙文主义者。不过她接着说当他们在一起时，那个愤怒的年轻人逐渐消失了。她指的是当他们分居18个月后，列侬回到她身边的时候，她看见了列侬的改变。“回来的列侬和原来全然不同。他变成一个非常非常敏感、善良、温柔、有爱心的人。”[5]

这样的个人成长在这个交点的人身上非常典型。通过伴侣关系，不论在职业领域还是个人生活，列侬完成了他的灵魂的目标。不过，他既没有失去他的优势，也没有失去他尖锐的机智及嘲讽生活和自嘲能力。相反，作为丈夫和父亲，他增加了分享和爱的能力。他最后几年幸福的家庭生活见证了他所获得的和平与和谐。

美国民谣歌手琼·贝兹是和列侬同一时代的同一组交点成员。很少有表演者像她那样为民权及和平事业投入那么多的爱和奉献。贝兹是20世纪60年代和70年代早期的反战运动的一个关键的公众人物，就像这个交点的其他人物，例如前耶稣会牧师丹尼尔·伯利根，婴儿潮一代的医生本杰明·斯泊克，贝兹在东南亚为人权工作，对国际特赦组织做出了巨大贡献。她组建了Humanitas，一个国际人权组织，还有非暴力研究机构。在她的第二本自传《一起歌唱的声音》中，她写道，除了歌声，“我的第二个最大的天赋就是分享那歌声的渴望，没有这个天赋我就是一个和现在完全不同的人，过着完全不同的人生”。⑥

如果埃莉诺·罗斯福生于更晚的一代，你很容易想象这位前第一夫人出现在琼·贝兹的慈善音乐会上。在她自己的时代，埃莉诺是完完全全的社会活动家。在任何年代，她作为第一夫人的社会活跃程度都是显著的。在大萧条中，她走到受苦人中间，把他们的故事告诉总统。她赞助了一个项目，帮助西弗吉尼亚的矿工创造更自力更生的社区。为青年人的就业，她支持全国青年管理局和美国青年议会。在推进种族平等中她一点也不感到难为情，当美国革命女儿组织拒绝让黑人歌手马里恩·安德森用她们的设备时，她立刻就从那个组织辞职了。她对废除军队中种族隔离的态度非常坦率，因此惹恼了很多人。富兰克林去世后，她创立了美国民主行动协会，此后作为美国驻联合国代表，在起草《全世界人权宣言》中起了重要作用。⑦

埃莉诺的故事充满天秤和白羊之间的摇摆。为了适应8岁丧母、10岁丧父的生活，她依赖南交白羊的自给自足的本能。尽管充满强烈的孤独感，渴望被爱，但到15岁的时候她仍旧被形容为一个非常直截了当的、诚实的人，同时对所有和她生活在一起的人充满了同情。在和罗斯福恋爱结婚之前，埃莉诺对于女性在家庭之外的作用表现了热切的兴趣。不过，为了实现她的婚姻，她开始放弃在家庭之外服务并成为有用的人的强烈渴望，成为全心全意的妻子和5个孩子的母亲。⑧

作为一个体贴深情的伴侣，她本来看上去非常满足，但当1918年发现罗斯福给她的私人秘书露西·默瑟的情书后，她生活的动力发生了剧烈转变。在令人心碎地发现罗斯福的婚外情，并和他谈论离婚后，埃莉诺让罗斯福承诺不再见露西。罗斯福没有遵守承诺，但比这件事更重要的是它促使埃莉诺释放出全新的力量。正如传记作家约瑟夫·莱希所强调的，“通过露西·默瑟的婚外情，罗斯福解放了她，让她可以实现自我。”她不再期望以伴侣的方式实现自己，而这是此前她所希望的。现在她开始重新依赖南交白羊的常备能量。⑨

埃莉诺同意保持婚姻，继续管理家务和5个孩子，不过是用她自己的方式。在没有丈夫关心和陪伴的情况下，她反而以勇敢的白羊的方式向世界敞开了心怀。“当我有要做的事情时，我就去做。”她说。以后她又写道：“你永远不可能过其他人的人生，哪怕是你孩子的。你只能通过你自己的生命和成为你自己施加影响。”不过她并没有退缩到自私的自我中心中，她仍旧以他人为导向。埃莉诺在世界各地给予并获得爱，成为这个交点主题的典范，展现了人际导向的天秤和自我激励的白羊的最佳一面。⑩

孙中山是中国早期最受尊重的和平战士，为中国成为一个现代独立的国家而奋斗终生。他想要通过协商的方式，使国家从军阀独裁及被外国势力控制的痛苦的分裂中走出来，他的努力广为人知。如果你思考孙中山的事业模式，会发现他的天秤/白羊交点轴线的联系非常明显。他仓促组织的暴动总是虎头蛇尾地失败，符合南交白羊轻率鲁莽的性格特征。为了稳固脆弱的领导地位，他不得不依赖军阀的支持，这又和白羊座的战士主题相联系。在屡屡受挫后，孙中山很少因为失败而灰心丧气，总是能够再次激励自己，依靠自己站起来。本章开头引述了他的话“知难行易”，他故意颠倒了一句古老的格言，不过这真的是擅长行动的南交白羊的人才能说出的话。孙中山指的这个“知”是指如何把互相争战的各个派系拉到一起以统一中国的知识。这种知识是一个想要寻求和平、合作、公平的人（这些都是天秤属性），通过频繁谈判的迷宫得到的。同样，天秤还表现在孙中山想取悦他人上。他真诚地认为在各种敌对力量中间有谈判空间，渴望大家合作创造一个新中国。在那个时代的混乱中，这样的意图看上去有些天真，但只有南交白羊的人真的了解厌倦了争斗的灵魂的感觉是怎样的——为了个人的私利不断争吵，被争吵弄得筋疲力尽。有时别人认为他是一个妥协的候选人，这是非常明显的天秤的称呼，但孙中山的确把一个很小的革命团体带领成一个不断成长的大政党。即使在长时间频繁的国外流亡中，孙中山也是一个完全的协商者，到处筹款，希望这些钱能够帮助他把和平带给他的人民。[11]

在他的个人生活中，白羊和天秤的矛盾也很明显。他还没有跟第一任夫人卢慕珍离婚就急躁地跟宋庆龄结婚，这听起来很像白羊的性格。不过，他对宋庆龄的爱和他们之间分享的关系又是真正天秤式的，即使在争论中，也有强烈的伴侣主题。他和宋庆龄共同度过常常处于混乱和危境的 10 年，给这个饱受围攻的灵魂带来了满足感。因为宋庆龄的父亲激烈反对这门婚事，所以和宋庆龄结婚，他就可能失去宋庆龄父亲一直以来的经济援助。尽管我们只能想象他们之间亲密的纽带是什么样的，但在各种天秤意义上，他们都是伴侣。

还有其他属于这组交点的和平斗士完全符合白羊原型，并且更明显地用了运动方面的高超技艺。我的一些有这组交点的客户在体育竞技中表现非常优异。有些人从事与体育相关的工作，如教练、健身教练或武术指导，利用白羊的才华谋生。历史上跑得最快的亚洲女性李雪梅就生于这个交点，她在 1997 年 100 米短跑中创下了世界纪录。不过，在体育才能方面最著名的例子可能是前所未有的武术传奇人物李小龙。

李小龙一直通过武术、举重、服用维生素和锻炼磨炼他的技巧。在 1961 年洛杉矶的一次公开表演上，他向一个前拳击手挑战，那个人从观众中自愿报名击打他的脸。每次这个家伙没有击中，李小龙都会奚落他："嗨，你没击中。"这个前拳击手一直没能靠近他。和孩子们在一起的时候，李小龙会拿着一枚闪闪发光的一角钱硬币问："你想要这枚硬币吗？"自然，孩子们会回答："想要。"于是李小龙就会把硬币放在孩子的手掌中，然后告诉那个孩子："如果你在我抓到这枚硬币之前能合上手掌，这硬币就是你的了。"李小龙迅速地用手移近孩子的手掌，而孩子会"啪"地握紧手掌，幸福地叫着："我得到了，我得到了！"而当他打开手掌，看到的却是一分钱硬币。⑫

在上世纪60年代的电视节目《青蜂侠》上，李小龙扮演加藤这个角色。加藤是《青蜂侠》中会侧踢的司机，李小龙有时用意想不到的武艺表演戏弄演员和工作人员。他会突然跳到空中飞出一脚，这一脚擦着他人耳边而过。不过，有一次一个人在李小龙踢脚的时候移动了一下，结果被踢得下巴错位。后来他就不再做这么危险的动作了。

李小龙打破传统，综合了许多技艺，而且违反基本的禁忌把古老的武术秘密传授给外国人。李小龙认为他有必要把想法和技艺分享给世界，即使冒着被那些反对他的传统人士排挤、不信任和武力威胁的风险也在所不惜。在婚姻中，李小龙的妻子一直站在他身边，在他严重瘫痪的时候耐心照料他。幸运的是瘫痪的时间很短。那次事故是跟另一个人近乎致命的对打的结果，那个人被派去惩罚李小龙，因为他把秘密教给西方人。尽管经历了这些不快，李小龙仍旧热心地分享他的知识。"各种类型的知识最终都意味着认识自己。"他会说。⑬

好莱坞演员，例如史蒂夫·麦奎因、詹姆斯·加纳、詹姆斯·柯本都跟李小龙学过武术。他给成千上万的人上课，并影响了无数其他人。他激励并改变了武术世界。他在香港和美国都成了电影界的轰动人物，开创了全新的电影类型，热切地想改变以往美国电影常用的描绘东方人的"查理张"的套路。李小龙，这个华盛顿大学哲学专业出身的人，会开玩笑地解释孔子的话"天下一家"。在他灿烂的微笑下，他是认真的。[14]

南交白羊客户的一个共同点是，体育锻炼在他们的生活中非常重要。基本上，锻炼主题和安全感有关。基本的幸福感来自于行动，不管是跑步、激流小艇、自行车，还是跆拳道。迅速获得成果或肾上腺的涌动能特别地让他们感到安心。甚至杜鲁门也因他的步伐很快而闻名，让想要跟上他的记者很气愤。在某种情况下，对锻炼身体的沉迷可能代表有情绪或心理问题。不过，多数情况下，对于这组交点的人来说，健身是特别有效的减轻压力的方式。

其他有这组交点的伟大的运动员包括魔术师约翰逊、球王贝利、前网坛坏小子约翰·麦肯罗、罗格·里克（著名棒球运动员）、奥图·格雷汉姆（著名橄榄球运动员）、马林·欧森、法兰塔·肯顿（奥运会撑杆跳金牌得主）、弗莱德·汉森（美国撑杆跳运动员）。约翰逊被认为是 NBA 历史上最伟大的控球后卫和组织进攻的运动员，不过在篮球场外，他对别人也表现出了真挚的关怀。1991 年，当检测出艾滋病毒后，他成为美国认识和预防艾滋病的全国发言人。他还成立了一个基金促进艾滋病研究，并在艾滋病总统委员会短暂服务过。在洛杉矶的中南部，约翰逊大胆地建了一家 12 屏幕的复合式电影院，把最先进的娱乐设施带到这个被连锁影院忽略的地区。

除了运动之外，这个天秤 / 白羊交点族群还包括电话发明者亚历山大·格雷汉姆·贝尔。还有什么发明比电话更能体现天秤想要听到所爱的人的声音的渴望？还有《星际旅行》的导演吉恩·罗顿·巴里也属于这个交点。在成为电视作家之前，罗顿巴里在第二次世界大战期间在陆军航空军服役，是飞行员和警察。广播记者和主持人丹·拉瑟也是这个族群的人。其他有这组交点的名人还包括罗荣桓、苏步青、周培源、宫崎骏、梁实秋、周作人、冯小刚、王家卫、陈冲、倪萍、六小龄童、迈克尔·杰克逊、麦当娜、朱迪·格兰特、艾尔·帕西诺、凯文·史派西、艾玛·汤普森、马修·莫迪恩等。

职业：

南交白羊主动开拓的能量激励了很多事业方面的追求。一位私人健身教练的例子就表现出这个交点的两极。她通过半工半读上完大学，修心理学专业。她喜欢大胆尝试，这个天性让她的职业发展更有成就。她这么做并不是因为她在目前的职业中不开心，因为做私人教练可以让她利用北交天秤的一面和客户做一对一的交流。实际上，顾问的角色可以满足白羊独立的渴望和天秤作为咨询师的天生倾向。

南交白羊的主要问题可能是匆忙投入一个职业，而不考虑它所涉及的诸多挑战。因为缺乏计划和组织，项目开始的时候他们会很热情，但后来热情却消退了。如果不能得到立即的结果，他们的积极性就会快速减退。在有些人的情况中，可以看到职业背景上到处都是虎头蛇尾的事情。

如果能够明智选择伙伴，合伙关系可能让工作动力和成功几率完全改观。合伙除了可以有共同承担的好处，和同伴的互动还可以帮助去除盲点，提供独自努力时看不到的观点和客观性。在创业中的合伙企业特别有益。不过，因为合伙是他们需要学习的功课，所以要找到正确的伙伴可能会有些问题。

有这组交点的很多客户看上去吸引了有摩擦的情境，在没有明确协议的情况下天真地进入了合伙关系。口头的协议很容易变质。当这些交点的人匆匆忙忙向前冲的时候，他们的合作伙伴可能会感觉自己的意见没有被倾听。特别当合作伙伴看起来有些生气的时候，向他们提问可能会让他们处于防御状态。一旦他们处于防御状态，他们战士的一面就被激起了，因而很容易发生争吵。耗费精力的争吵可能会迅速破坏良好的意图。

在不愉快的合伙经历后，有些客户宣称他们再也不会和别人合伙做生意了。不过，这种反应通常是暂时的防御姿态。关键在于知道如何和他人协商达成共识。开始花点时间了解别人，仔细决定他们想要做什么和能够做什么（愿意做什么）很重要。这样的努力可以防止以后出现问题。

这组交点的人没有什么特定职业，不过有些职业上的偏好。正如前面提到的，各种各样的顾问工作看上去很普遍。在我的客户中有私人健身教练、武术指导、健美操指导、网球教练、家庭安全顾问和营养顾问。除此之外，还有很明显的白羊职业主题，例如军人、警察、驯马师等。在我的客户档案中的例子还包括临床心理治疗师、咨询师、劳工关系谈判家、信息治疗师、运动器材销售员、建筑承包商、市场调查员、建筑师、诉讼律师、成衣商、体育播音员、演员和艺术家的模特。

这些生于天秤/白羊的人在任何职业都有影响力。他们活跃、倔强、有时有些自以为是的方式可能会让别人转过头来看看是谁造成了这样的骚动。不过在和他人交往的时候，他们可以带着迷人的微笑，让每个人都知道他们没有恶意。喜欢戏弄同时又讨好他人，他们可以给任何事业注入满溢的能量和快乐。

关系：

虽然关系，也即婚姻、伴侣、恋人关系是每一个交点组合所关心的，但没有其他交点组合像这对组合一样为关系投入如此多的努力。关系是他们最关心的问题。这样的关心可以理解，因为关系对他们的生活起了决定性影响。

我经常坐在这组交点的客户对面，看到他们因为关系而产生的痛苦和挫折感。我总能记住这样的咨询，因为当这些客户在不耐烦和敞开、愤怒和道歉之间来来回回摇摆时，他们总是被激起强烈的情感。有些人的天真让人吃惊。在愤怒悲伤地描述他们让自己陷入的困境后，他们看起来完全迷惑了。他们的中心思想总是以“我怎么知道他们会”开始。初生牛犊不怕虎，这些人一定费了很大力气让自己从令人担忧的境地抽身出来。有些人忽视朋友和爱人的建议，因而得到血泪的教训。

拉娜·特纳就是这么一个极端的例子。虽然她的明星身份使她的情况复杂化，但她7次不幸的，甚至暴力的婚姻说明有时会发生多糟糕的事。在她的自传，《拉娜—女士—传奇—真相》中，她承认自己对于所信任的人及和她发生纠缠的人很天真且轻信：“我什么时候，怎样才能找到我想要的正常的婚姻？我为什么总是被不合适的人吸引？我为什么最后总是吃亏上当？”她的爱情故事因为她的黑帮情人约翰·斯托潘纳多被她14岁的女儿刺死而更加声名狼藉，因为她女儿相信她的情人要杀害她。斯托潘纳多对拉娜有身体暴力行为，不过拉娜强调她有勇气回击。拉娜所有的婚姻几乎都是一时冲动而进入的。

这样的极端描绘了这个交点两极可能的负面反应，很多人从早期的不幸中学习，使有益的关系和婚姻延续。有些这个交点的客户看上去在婚姻的互谅互让中迅速成长，伴侣关系给他们的生活带来了方向和成就感。另一些人表现出不同的态度，比如有一个人，在50年的婚姻生活后承认：“你知道，我结婚的时候，有一部分的我想结婚而有一部分的我不想结婚。过了这么久后我仍旧这么想。”

当然，仅仅因为生于天秤/白羊交点并不意味着他们必须结婚。天秤意味着社会交往，这可以发生在各种各样的职业和个人情境下。友谊和伴侣关系的形式多种多样，每个有这组交点的人都必须找到对他们来说最有效的方式。相当一些人一直是单身，但看上去对自己的生活很满意。独立让他们获得安全感，而通过与人群分享他们的生活则让他们感到有成就感。他们的人生表现出真正的完整性。

但是，对那些生于这组交点且正在寻找恋爱关系的人，或那些在他们新关系早期的人，最好的建议是，慢慢来。为什么要匆匆忙忙？开始的时候每个人都倾向于表现出他们最好的一面。你需要时间让裂隙显露出来，需要熟悉另外一个人的历史。他们曾经离婚两次是不是意味着他们已经学到了重要的教训？还是他们有一种行为模式，如果你成为他们第三次婚姻中的对象，会让你后悔？当然人人都会改变，或者说改善，但通常是其中一个主题上的改善。你要发现那个主题是什么。更有可能的是，他们的行为机制还是没变。问他们和孩子、职业、金钱及家庭相关的问题，都能帮助你“了解他们”的一部分。想要更深入地发现有关另一个人的优缺点可能不那么简单，人们会撒谎而且玩捉迷藏的游戏。但是你可以更耐心地听那个人说什么，不仅听他们说的话，而且看他们如何说的。最重要的是，发现他们想要什么。早点提问可以帮助你知道他们的意图到底是什么。他们言行一致吗？这些都是常识，不过在开始的时候常常被忽略。

在新开始的关系中，另外一个因素是学会认识到你的行为对另外一个人的影响。你们很多人精力十足，这可能让人感到吸引和振奋。一开始，你会很快让其他人拜倒在你的脚下，就像你也很容易拜倒在别人脚下。不过，在你的行为中有种急迫的潜在情绪导致别人不容易敞开自己。当然很多人逐渐变得更能接纳别人，也更有理解能力，但这些能力都需要学习才能获得。

在某些情况下，你善意的但有时让人尴尬的戏弄会冒犯一些人。如果他们用一种尖锐或粗鲁的方式回应你，他们可能无意中触发了一场令人非常不快的交锋。你防御性的反应是咄咄逼人的，你会回击。即使你根本无意进入这场争执，你自然的反应也可能很快点燃争吵或争论的火苗。

当试图协商任何重要事情时，要意识到你在哪儿会感情用事。如果你觉得没有安全感，那就不要协商。和别人的讨论几乎每次都将变成争论。相反，去做一些你可以立刻得到结果的事情。锻炼身体、散散步或做做个人就能完成的项目。甚至可以独自离开，或做些杂事，或购物来转移你的情绪。

一旦你觉得有足够的安全感了，那才是去看看另一个人有没有准备好和你讨论的时机。当你感到安全的时候，你和另外一个人取得互相谅解的机会可以大大提高。如果你和某人正在进行一场非常有意义的讨论，而你发现自己升起防御之心，那就要放下讨论。你可以非常礼貌地表示自己的意思，但要暂时搁置讨论。你可以说："可能现在不是谈论这件事的合适时机，我需要一些时间想想你说的话。"别让另一个人强迫你留在讨论中。当你在防御状态时，你的天秤的谈判特质会大大削弱。最终，最佳的讨价还价姿态是"不需要合作"。记住对你来说，"关系"真的不是"必需"，而是"渴望"。你不需要"必须有"，你只是"想要有"。

对我们所有人来说，在任何一对一的关系或婚姻中，最深的真相在于所经历的仪式的本质。渴望和另一个人在一起相当于和自我内在的对立力量结合。对那些生于天秤 / 白羊的人，内在的结合类似一个年轻的新娘和她当兵的丈夫在战争时的分离。当分开时他们必须变得更自立，并学会应付天各一方。像二战中的那些妻子，年轻的新娘可能要去当地工厂工作，做那些以前她们认为男人才做的事。同时她的丈夫要忍受战争的恐怖。到战争结束，他们活下来，等待重聚的一刻。

一位经历了真实战争情境的女士，说她想象当他们再次拥抱对方时，他们会一直"吻啊吻啊吻"。不过那一刻的力量比她所想象的更强大。当他在 3 年离别之后再次走近她时，可怕的痛苦的面容扭曲了他的微笑。"开始没有说一句话，他所做的就是把我拽到他身边，搂住我。然后他开始喃喃道'我爱你，我爱你，我爱你'，一遍又一遍。他抓我胳膊抓得那么紧，都淤青了，不过我不在乎。只有那时，当我们站着紧搂着对方的时候，我才能了解我们经历了什么。"

随后，他们重新结合在一起。开始时会有冲突，过去几年的习惯使他们变得独立。"不过我们比过去更能活在当下，我想我们更欣赏对方，你知道确实有更多可以欣赏的地方。我们现在知道我们是谁了。"

战争考验了他们自我奋斗的精神。所以对生于这个交点的人，与人分享的经历的奖赏是，让完整自我中的男性和女性部分连接，弥合两者分离如此之久的灵魂裂隙。

父母指南：

4 岁时，这些劲头十足的孩子就会用他们自信满满的样子让父母印象深刻。因为他们看上去对独自玩耍很满足，和其他孩子相比，通常很少需要互动，所以很多忙碌的父母就随他们去。不过，除非有一个大人花时间教他们考虑并意识到其他人，他们靠自己不大可能知道这个。这种行为可以从那些飞快地骑着小车、几乎不回避冲撞的孩子身上看见，或者在小区的每件东西上练习空手道劈刺的孩子身上看到。

这种自我主导的方式让他们的父母有很多关于他们的故事，比如一个 5 岁的男孩试图用纸和铅笔木屑给自己做香烟时差点把家点燃。还有一位父亲开车经过家门前牧场的高速路时，看到 8 岁的女儿自己骑上了一匹赛马，这让他大吃一惊。这个小姑娘瞒着她父亲学了几个星期的上马下马了。作为交换，她清理他们家附近农场的马厩。当父亲后来问她为什么不告诉爸爸或妈妈自己在干什么，她耸耸肩，说她不知道，她想要告诉来着，不过她还没抽出时间来。

在先天本性和后天养成的共同神秘作用下，许多人看起来生在需要自立的环境中。各种各样的童年环境都可能导致这种现象。有时是单身父母——“妈妈得工作”，所以他们成为挂钥匙的小孩；有时他们是一串兄弟姐妹中最小的那个，而既然已经有了最后一个孩子，妈妈就着急重新进入工作的行列；或是在功能不调的家庭，爸爸整天工作，而妈妈是个酒鬼。不管怎样，结果都一样。在父母都在的家庭里，典型情况是父母之一离得很远，或因为某种原因不能跟孩子互动。

在这样的家庭环境长大，这些孩子倾向于按他们自己的方式行事。

他们要么和其他朋友一起玩，惹是生非，要么自己一个人玩特别刺激的游戏。他们可以很好地开始做一件事，不过不太擅长完成事情。那些学会体贴别人的孩子有不寻常的魅力。他们新出现的取悦别人的能力可以和他们的冲动融合，产生一种新鲜的、特别有感染力的方式。不过，没有学到这种能力的孩子可能很吵闹鲁莽，不注意他们的行为对他人的影响。

即使在充满爱和支持的家庭，当父母或权威阻碍他们做自己想做的事情的时候，这些天秤 / 白羊的孩子也会大吵大闹。有些人要花很长时间才会学到合作的好处。另一些人在妥协上变得更有技巧，只要不过度干预他们自己的自由时间或兴趣，他们很愿意做别人让他们做的事情。

当进入青春期后他们开始对别人有了新的认识。青少年时期常有的社交压力在这个交点族群更大。那些社交技巧熟练的人热衷于在消费场合交男女朋友。在青少年早期和中期的所谓狂热恋情对许多人来说很正常。这些青少年的父母需要跟他们真诚地谈一谈交朋友的优缺点。监督是必要的。

不过，那些在童年没有发展出良好社交技巧的人在这些年可能经历非常重的挫败感。他们很清楚他们的朋友都成双成对了，而自己则落单，因而很困惑于自己的形单影只。有些人继续从运动或行动导向的领域获得安全感。有身体天赋的运动员和社交笨拙的年轻人之间的差异很明显。父母有时把孩子对运动的关注解释成他们不需要约会或关系。不过大多数情况下，对这个交点的人而言，这尤其错误。如果他们喜爱的人对他们表达爱意，他们的反应是惊人的。18 岁的新娘和新郎在这个交点族群更常见，这个天秤 / 白羊族群的人通常拥有热烈的、鲁莽的、天真的青少年情事。

在 14 岁到 23 岁这个发展阶段，另一个开始出现的特征是讨价还价和协商的能力增强了。成年不仅等同于社交自由和伴侣关系，也意味着达成协议。显然，有些人不太擅长这个，他们不能非常有效地说服父母或其他人。不过，那些掌握了说服艺术的人将会不断在父母和他人身上练习，并赢得令人惊讶的让步。操纵别人的企图通常不是长期计划的一部分，而是基于某些眼下目标的短期策略。这个族群中的很多人在23岁前就可能结婚或和另一个人同居。大学生活中，用于约会和社交的时间通常多于学习，而关系的动力经常定义了他们的方向。

生命周期：

23岁时，他们开始转向个人主导的目标。这并不意味着关系或伴侣对他们不再重要，不过那些在23岁之前结婚的人更可能在这个9年中离婚，特别在27岁、28岁这两个关键性年龄。这个阶段新的关系特征是，他们新的伴侣可以和他们的兴趣和睦共处。在前一个阶段所表现出来的妥协不那么明显了。因此，从23岁到32岁之间的特点是更自私的追求自我。

有些人重返大学，特别在27岁时，学习和过去完全不同的知识领域。这些年会经历一个重新定义自己的时期，强烈激励自己追求个人目标。一些有这组交点的客户在这个阶段为他们自己建立了更有安全感的生活，在职业领域站稳脚跟或在个人的企业公司获得成功。结果，有些人会买他们的第一套房子或租一套很酷的公寓，过着活跃的单身生活。

不管他们结婚还是单身，这个阶段的重点都会在自我发展方面。对很多人来说，这些年他们在自己选定的领域有了一定的自我把握能力。因此这个阶段被用来更充分地发展他们的才华。

在32岁时钟摆开始向另一边摆动，他们更热切地寻求伙伴关系。现有的人际关系可能经过重新协商以吸引更多的伙伴投入。生意伙伴在这个9年间更容易形成。他们也可能承担顾问的角色。这些年的特征是他们变得更合群。这个阶段发生的事情很大程度上取决于他们是否发展出对他人的意识，以及他们的合作技巧有多高。

就他们的两性关系而言，这个阶段可能是最重要的阶段。在这个阶段的浪漫经历可能很深刻，不管它是好是坏。前一个周期的自我把握和自我完善将在关系这个更具挑战性的领域受到检验。关系方面的影响力在 36 岁到 38 岁这个关键年龄特别显著。对约翰·列侬来说，从 36 岁到 40 岁是他和小野洋子以及他们的儿子西恩最幸福的时光。因此，在他 40 岁因悲剧过世之前，他最终能感受到他寻找了那么久的深深的平和与满足。

41 岁时，他们开始感到一种全新的自信。前一个 9 年花在别人身上的精力可能已经带来了更满足的生活，不过现在的转向更为自我导向的生活。做决定时安全感问题会起很大作用。对一些人来说，这些年可能要求有一个新的开端。新的努力对带来更稳定安全的生活可能是必要的。一旦战士的一面被召唤，他们将投入新的战斗以保护他们已经创立的生活。不过，现在他们是更有经验的战士了，不太可能像年轻时那样冒失地冲进新情况。

40 岁时，这个交点族群的另一位成员，约翰·格林在“水星计划”“友谊 7 号”的双子座太空舱中成为第一个在太空绕地球的美国人。44 岁时格林对他在太空项目中所起的作用感到失望，所以从太空总署退休，成为美国航天航空局的顾问。1974 年，在他进入下一个交点周期的 53 岁时，他被选为美国参议员，在那儿服务了 24 年。当他 77 岁时，距他第一次取得开创性的成就 37 年后，他再次环绕地球飞行，显示出有些属于这个交点族群的人多么健康和有活力。

在任何年龄，生于天秤 / 白羊交点的人都可以表现出他们就是那个合适的家伙。不过，伙伴关系在他们的人生中经常有很大的作用。想想和此前提到的人常常和夫妻身份联系在一起：埃莉诺和罗斯福，列侬和小野洋子（或此前，列侬和麦卡特尼），鲁斯夫妇——克莱尔和亨利，还有一阵子是艾玛·汤普森和肯尼斯·布拉纳，还有以前的汤姆·阿诺德和罗斯·安，甚至流行歌手组合 Captain&Tennille 中的汤妮·坦妮尔。这样的关系既带来挑战也提升了这些人的生活。在交往和分享的过程中，他们最终感动了很多人的生命，而其中一些人为了让这个世界更和平做出了巨大贡献。

第八章

♏ 北交天蝎——南交金牛

转化的周期

出生时间：

1901 年 01 月 20 日，06：36 p.m.——1902 年 07 月 21 日，01：43 a.m.

1919 年 08 月 15 日，04：52 a.m.——1921 年 02 月 07 日，08：22 a.m.

1938 年 03 月 03 日，06：15 p.m.——1939 年 09 月 11 日，05：46 p.m.

1956 年 10 月 04 日，04：36 a.m.——1958 年 06 月 16 日，06：43 a.m.

1975 年 07 月 09 日，08：20 p.m.——1977 年 01 月 07 日，01：05 p.m.

1994 年 02 月 01 日，04：11 a.m.——1995 年 07 月 31 日，07：32 a.m.

悲伤刻入你生命越深，你能得到的快乐越多。

——纪伯伦

当我和我的敌人交朋友时，我不就在毁灭我的敌人吗?

——亚伯拉罕·林肯

书籍应该像劈向我们内心冰冻海洋的一把斧子那样服务于我们。

——弗兰兹·卡夫卡

贝多芬第五交响乐。你知道它的旋律。Da da da dum!da da dad dum! 当它在你脑海里奏响的时候，你可以听到这绵绵不绝的有力乐章。如果你像贝多芬一样有天蝎/金牛月亮交点,这就是你的主题音乐,你充满激情的一生的伴奏音。这种炽热情感的奥秘部分根植于你不可思议的习惯性的抗拒模式，因为你的坚韧固执和内心的激情一样强烈，这是其他月亮交点组合无法相比的。当出现矛盾时，这些互相对立的力量可以悄悄勾结在一起，带来一个剧烈变动的人生。然而，在最深沉的激情的引导下，你的忍耐力可以帮助你做出巨大的努力。不过别误会，你需要这种力量，因为即使你所有积蓄的能量都支持你的人生意图，你的人生仍然是一个不断转化的人生。

生死之间的舞蹈仍然是你意识觉醒的关键点，当它让你与生命产生更深沉的亲密联系时，你被这种舞蹈深深吸引。你常常在对抗中发现这种亲密联系，也常常在失落和悲伤中发现它。虽然拥有抓紧不放的本能，但是你应该学会如何放手，如何重生。离开此生之前所经历的各种死亡将带给你们额外的辛酸，并净化你们的精神。失落、背叛、贪婪、渴望、嫉妒、欲望和对权力的渴求，这些经历可能让你拥有可怕的执著。

这种执著因为你拒绝放手而得以维持。你们中的许多人要么让环境、要么让渴望把自己带到灾难边缘。但是即便在灾难中，你仍会在自己身上发现从未认识到的足智多谋和应变力。所以你能从足以毁灭他人的情境中生存下来，让那些想着你是否已经完蛋了的人惊讶的是，你将像凤凰一样从毁灭的灰烬中振翅飞出。

最终，你的生命是一系列深刻的仪式，包含了巨大变化的生命道路。阶段性的差异非常大，每一个阶段本身都可以看成独立的一生。在不停的强风暴雨之后是平静的时刻。你暂时控制住激情，在平静周期建立稳定感。随后，这样的激情不可避免地渴求释放，然后你被激情驱使着再度冒险。

经常在你人生较早的时候，这样的模式就已经建立。人生开头可能是无忧无虑的时光，随后这种无忧无虑就会被失去亲人或被情境的巨大改变所破坏。父母或祖父母的死亡，或父母的离异可能给你的人生刻上一道分界线。家庭经济出现困难以及随后名誉或稳定的丧失是常见的特征。个人往往还会神化这些早期阶段。对于一些人来说，过去可能看起来是失去的黄金时代，是没有烦恼的世界中的一段心满意足的时光。在那种情况下，带着被时间所扭曲的永远失去的伊甸园的记忆，一条忧郁的暗流在正在形成的景观下流淌。然后这种改变生命的事件可以唤醒沉睡的力量并带来显著的蜕变。

一个 24 岁的年轻人，在父亲自杀之前，没有表现出任何迹象有能力接手父亲陷入困境的户外广告公司。他在布朗大学读书的时候因为被发现宿舍有女人而遭到开除，一直生长在看上去永远无法取悦的酗酒的父亲的阴影下。当他面对拯救父亲公司的任务时，几乎没人相信他能成功。然而 7 年后，他重建了父亲的公司并使之拥有稳健的财务基础。

然后，在 31 岁到 32 岁之间，他决定再次冒险。他把自己所建立的一切拿去抵押借款，买下了独立的 UHF 电视台并把它建成第一家卫星电视台。他的节目编排策略建立在家庭喜欢的节目重播、老电影和体育节目上。就这样，特德·特纳开始建立一个媒体帝国。但是在建立了一家超级电视台，并且拥有两家球队后，他仍不满足。他决定建立 24 小时的有线电视新闻网（即 CNN），再次以他所拥有的一切冒险。大多数人都认为他是个疯子。

这个家伙在 1977 年 37 岁时因赢得美洲杯帆船赛冠军而获得“疯

狂的船长”的美誉。而另一些人称他为“南方的喉舌”，因为他直言不讳，非常坦率，在对抗面前急于说出自己的观点。此后，带着 CNN 的成功和特纳网络电视，他又再次冒险，并成功收购了 MGM（米高梅公司）。他在 46 岁时为了改善与前苏联的关系，超越传媒大亨的角色创办了友好运动会。除此之外，他还开始推动环境保护问题。51 岁时特纳与简·方达结婚，这是他的第三次婚姻，当年他成为《时代周刊》的年度人物。1997 年他又向联合国捐献了 10 亿美金。

特纳常常拿所拥有的一切来冒险。原因是什么？是贪婪吗？是对权力和控制的渴望吗？是激情？还是冒险的兴奋？常常可能是所有这些原因的组合。因为这也是有史以来最为著名的飞车特技表演家埃维尔·克尼维尔的交点。他在一次又一次的表演中，在 10 多次濒于死亡的冒险中，几乎摔断了身体的每一块骨头，但是这个故意捣乱的高中肄业生用面对死亡来谋生，并建立了报酬可观的职业生涯，还结婚成为三个孩子的父亲。

特纳和克尼维尔是这个交点部落的极端例子，一个拿破产和倾覆冒险，一个拿受伤和死亡冒险。虽然这个部落的其他人很少敢于尝试骑着摩托车飞跃大峡谷，但很多人也会以自己的方式冒险。在特纳的例子中，他放下的越多，他最终掌控的越多；他因冒险可能失去的越多，他得到的越多。在克尼维尔的例子中，他不但活了下来而且还过得越来越红火。当然，建立在像这样的冒险之上的每一个成功故事也对应着许多失败故事。但是这里有一个起作用的关键法则，这个法则和放手一搏有关。成功或失败不是关键，生存下来才是关键，为了生存必须放下恐惧。

对于有天蝎 / 金牛交点的人，冒险并不是寻求激情的肾上腺冲动的需求，而有更深的本质。他们渴望和生命之间有更强烈的激情关系。仅仅活着并不够，必须感受到自己活着——实实在在地活着，并愿意面对一个人最害怕的恐惧。这就是转化的本质。当然，生命转化的经历并不是这个交点所特有的，但是对这个交点中的很多人来说，危机就潜伏在河道的下一个弯口。

一个有此交点的客户讲述了一个发生在夏日的事故，这是一个真实的例子。那本应是快乐的一天，当时他们坐着轮胎在河上漂流，在半睡半醒中突然遇到一股急流，这股急流快速带着他们摔下一道虽然很短但非常急的瀑布。快到瀑布下面的时候，他的轮胎被冲走了，他紧紧抓住一块岩石，爬了上去。奔腾的激流将他的身体冲得漂起来，就像一束长长的海藻漂在岩石上。他死命抓住岩石，不过很快意识到——正如他事后幽默地说——他不可能余生都在那岩石上度过。最后他放开岩石，顺着汹涌的水流往下游，在下游上岸，为自己从这场意外的险境中活了下来而兴奋不已。

生于这个激情的北交天蝎的还有两位相隔一个时代的作家，张爱玲和琼瑶。这两位才女的生活和人生故事表现出这组交点所共有的强烈的情感经历。不过，简单审视她们的生活就可以发现非常大的差异。

就像在金丝笼中受尽折磨的小鸟，张爱玲在贵族家庭的悲惨童年让她陷入似乎永远无法调和的混乱中。遗弃和背叛——典型的天蝎情感，从童年就出现在她的生活中，且一再重复。母亲和丈夫离婚后抛下她和弟弟远走，她和父亲及后母之间的激烈对抗，她从父亲的监禁和虐待中逃跑，这些都是她早年生活中尽人皆知的一面。这里充满天蝎的主题：受到困扰的强烈情感需要释放的出口，她和家庭之间权力的斗争和对抗，还有因为无法控制的情形破坏了出国留学计划，让她深深失望，所有这些戏码到 22 岁都已上演。而正是这一年，她的第一本小说出版并大获成功。一夜之间，她成了最炙手可热的作家。她的小说一本接一本涌出，好像世界末日会在她把小说写完出版之前就来到。她甚至不顾前辈作家让她降低写作速度、完善技巧的热切告诫，大声疾呼："出名要趁早啊！"可能她天蝎灵魂的直觉早已嗅出更大的危机已经逼近了，在 22 岁后的 10 年内她几乎出版了一生中最重要的小说，然后就从舞台上消失了。

在她的小说中，最常见的描写是男人和女人之间、父母和儿女之间、兄弟姐妹之间的对抗和操纵。她忠实于天蝎灵魂的需要，丝毫不迟疑地直面和暴露人性中扭曲、可怜而又可憎的一面。然而，在她荒凉的赤裸裸的描述背后，流动着主人公希望和所爱的人深深连接在一起的强烈渴望。当连接的企图失败后，这种情感变成了天蝎的毒液，无论对主人公还是对她周围的人。

虽然在某种程度上，几乎她的所有作品都是悲剧，但多产的 20 多岁是她一生中最快乐的时期。她的才华至少在这段时间内带给她声誉和金钱，让她可以满意地享受生活，这是南交金牛的安全感所需要的。在写作的激情释放和所挣得的安适生活的回报之间，这些年可能是交点两极最平衡的时候。不过，天蝎和金牛之间的拉锯战在她对金钱的态度中表现得非常明显。考虑到张爱玲的贵族家庭出身，读者可能对她锱铢必较的金钱观感到诧异，虽然成名前她的确常常为缺钱所折磨。对这些灵魂而言，对基本财务需要的威胁确实是让他们惊骇的事。不过此时，她的才华所带来的回报可以让她尽情享受生活。这个时期张爱玲的生活充满了丰富的色彩、声音、气味和味道，她为自己选择最绚丽的衣服，用最响亮的颜色装饰房间，沉浸在她的作品所描述的金牛感官的享受中。

当然，对这组交点来说，金牛的感性经常转变为天蝎的激情。这不仅表现在她的小说中，也体现在她和胡兰成的激情中——这是一段转化她一生的情感。尽管胡兰成已婚，尽管他因为和日本人的合作而成为出名的卖国者，但她强烈的渴望展现出不可抑制的激情。在胡兰成迅速背弃她之后，和这个最懂得她的男人恋爱几乎毁了她。这就是这些灵魂所冒的风险，好像他们在寻求让人无法理解的毁灭，以此来转化他们自己。①

虽然她后来再婚，但很多人觉得她的很大一部分生命，包括文学生命已经凋谢了。仿佛在她激情动荡的青年时代，她的灵魂已经从她这个人身上攫取了自己需要的一切。她在二十多岁时曾经写道：“时代是仓促的，已经在破坏中，还有更大的破坏要来。”当她 70 多岁在加州一个如雪洞一样空荡荡的房间去世时，很少人知道这个古怪的与世隔绝的老妇人在大洋彼岸是那么有名的人。在生命最后20年，她近乎病态地疏远人群，花了大量时间一遍遍修改半自传小说《小团圆》，回忆她对母亲和那个男人的绝望的爱，这两段爱改变了她的一生。对这组交点的人来说，真的“放下”确实是一个令人痛苦的过程。

最后，按照她的意愿，她的骨灰被洒进太平洋。她的丰盛的作品仍旧是她所了解的这个世界的见证，在《第一炉香》的茶会之外，在诸如《色戒》中所描绘的命中注定的情事和秘密的审讯中，你还能感到那颗在生命激情经历中获得满足的跳动的灵魂。②

琼瑶是当代中国一位多产的流行作家，11岁时和家人一起逃到台湾。她动荡的青少年时期完全遵循了这组交点模式的极端，非常容易看出来：和高中老师的不伦之恋，考大学连续失败两次，自杀未遂，一次可怕的婚姻经历，在那次婚姻中她有了一个儿子。她在第一次婚姻的严峻的经济条件下挣扎，这使她成为一位作家。她的生命，就像张爱玲的一样，因为小说《窗外》的成功而突然改变。第一本小说的出版不仅带来写作职业生涯的开端，而且还让她和很有影响力的报纸和杂志编辑平鑫涛开始了浪漫爱情，他们后来结为夫妻。听起来是不是有点熟悉？

然而从这里开始，张爱玲和琼瑶的生命方向完全不同。琼瑶和平鑫涛的合作是非常有成效而且有成就的结合。平鑫涛的商业才能和琼瑶的写作激情结合在一起，让琼瑶在台湾和大陆的知名度大大提升。她的许多畅销言情小说被拍成电视连续剧和电影。以前，琼瑶就像张爱玲一样，还是一个小姑娘时就开始写作，高中时写了很多文章，16岁时发表了第一本小说。她自己令人困扰的青少年时期也成了很多小说的主题。正如她的读者所知，她小说中的女主角经常因为激情和爱情而饱受心理折磨。小说中的家庭压力也反映了她成长中所经历的压力。她的小说很多以悲剧结局，直到《还珠格格》才有一个大的改变。可能这个快乐的结局反映了作者自己内在的和解，让那驱动她生命的激情最终获得了极大的安宁。[③]

对这些人来说，和驱动生命的激情和解，并不意味着变得顺从。他们活着是为了净化灵魂和重生。我的很多有这组交点的客户从生命的危机中重生，并找到新的力量感。他们感到自己拥有更多的自主能力，而不是成了受害者。在经历了磨难后，一个客户说："我活了下来，是一个幸存者而不是受害者。如果我放弃了，那我才会成为受害者。"放弃和放手不同，放弃意味着向恐惧投降并允许恐惧将他从生命中拉走。在紧紧抓住恐惧不放手的过程中，对生命的渴望也被消耗殆尽。当对什么都不再关心后，无助感越来越强烈。有些人甚至想自杀，或在自杀的边缘徘徊。

当意识到再也不能恢复听觉后，31 岁的贝多芬将自己与世隔绝，并给他的两个兄弟写了一封诀别信，附言中带有悲伤的自杀的调子。然而他意识到自己虽然耳聋，仍旧可以在心中听到自己的音乐，仍然感到有从灵魂中把音乐倾注到乐谱上的激情。他的音乐在他完全耳聋后变得更为深沉和宽广。很多年后，当他 53 岁时，在《第九交响乐》第一次公演后，他无法意识到音乐所引起的轰动和雷鸣般的掌声，直到他的朋友拉了拉他的袖子使他转身看到这一切。[④]

有这样交点的人在天蝎座灼热的激情和金牛座坚定的持之以恒之间摆荡，看上去被生活的龙卷风之路所吸引。很多人在挑战中迅速成长，而这些挑战会摧毁不那么顽强的人。因为拥有解决困境的能力，他们可以应对最糟的情境，常常走上崭新的、更有成就的生活方向。自然，不管是哪个交点，只要活得足够长，危险和损失总是生命的一部分。问题不是危机是否会发生，而是这样的经历是否可以让一个人变得更深沉并转化他们。这些从混乱中获得了重生的客户的故事传递了他们所体验的精神升华力量。这些英雄故事强调克服恐惧和克服恐惧后增强的生命感。从历史观点看，这两者如影随形。

这个动荡交点家族中的另一个历史人物是塞万提斯，他在 50 多岁时写了不朽的《堂吉诃德》。降临在塞万提斯身上的灾难包括在 24 岁的一场海战中失去左手，随后被土耳其海盗逮住，在阿尔及利亚过了 5 年半的奴隶生活，3 次逃跑都失败了，几乎让他丧命，海盗索要的赎金耗尽了姐妹的嫁妆和父母的所有财产。

他的灾难还不算完，此后他因被控滥用作为海军代表为无敌舰队补充物资的权力而被塞尔维亚主教逐出教廷（实际上是因为冒犯了他们的权威）。此后，粗心的账本记录和企图使自己摆脱这种状况的行为反而使他入狱。很多人认为就是在塞尔维亚的皇家监狱中，他构思了《堂吉诃德》。怪不得第一部现代小说的英雄疯疯癫癫并有着疯子般的乐观精神。

尽管人生充满灾难，作为西班牙君主的忠实仆人受到不公正对待，但塞万提斯通过他的著作超越了怨恨和逆境的所有障碍，表现了没有任何困难可以干扰、没有任何危险可以使之惊慌的坚定和勇气。正如堂吉诃德对桑丘所说，“所有降临在我们身上的暴风雨，都是好天气很快就会到来、事情会变好的预兆，因为不管怎样，好或坏都不可能永远持续。”在《堂吉诃德》临近结尾时，塞万提斯用桑丘的话表达了天蝎座对于转化的感情。虽然受伤了，但是堂吉诃德最终变得清醒。当他和桑丘接近故乡的村庄时，桑丘一下子跪倒在地，他说：“我渴望已久的家乡啊，睁开眼睛看看吧，你的儿子桑丘·潘萨回来了。张开你的臂膀，也请接受你的儿子堂吉诃德吧。他虽然败在别人手下，却战胜了自己。他对我说过，这是他所企盼的最大胜利。”[5]

另一个代表天蝎 / 金牛交点的著名人物是亚伯拉罕·林肯。林肯早年生活在小木屋的形象常常强调他谦卑的出身，但卡尔·桑德堡抓住了林肯童年的荒野和泥土的金牛座感觉：“他的光脚和大地的泥土交谈；泥土在他的脚趾甲里，沾在他脚趾关节的皮肤上。”在这片森林处女地中，悲剧来得很早。林肯九岁时母亲就死于发烧，多年后，在 30 多岁时，他根据自己的早年生活写了一些诗歌。[6]

我又看到我童年的故乡
看见这景象仍让我悲伤
回忆依然充满我的脑海
其中也曾有欢乐时光
哦，回忆！居于
大地和天堂之间
在那儿，万物枯朽，爱人离去
从如梦般的阴影中上升
从大地的所有卑劣中解脱
看上去空无，纯粹，明亮
就像那些被催眠的小岛的景象
一切沐浴在流光之中

在母亲死后的那一年，林肯的父亲再婚。很幸运的是他的后母是一位善良而和蔼的女人。⑦

26 岁时林肯已经在伊利诺斯立法委员会的下院服务一年，并爱上了红头发的安妮·拉特里奇。在谈论结婚时他们还谈到上大学的计划，认为林肯虽然也许要离开大学参加立法会议，不过这也可以安排。但是，那个夏天安妮就因为风寒和发烧病倒了。她去世时林肯就在床边。葬礼的一周后，一个朋友碰见林肯独自徘徊在树林中，嘴里喃喃着一些听不懂的话语。几天后的晚上，一场暴风雨结束了夏季的干旱，人们发现林肯在狂风暴雨中躺在安妮的墓上哭泣：“我不能容忍雨落在她的身上。”

如果不能理解所失去的一切把他带到的深度和灵魂所转化的深度，就无法理解林肯。没错，他出生在反对奴隶制的家庭中，但是他尖锐的讲演和观察反映出那诞生于失落和悲伤的清澈洞见。没有一个美国总统曾经经历过林肯所经历的动荡和对抗，也没有人如此剧烈地改变了国家的道路。

在内战中，林肯抽时间给一位在战斗中牺牲的老友的女儿写信。在这封感人的信中林肯写道：“在这个令人悲伤的世界中，悲哀会来到每个人面前。对年轻人来说，它显得尤为辛酸痛苦，因为它在他们没有意识到的时候就来临了。”他接着写道：“完全的解脱是不可能的，除非随着时间流逝。你现在不认为你会慢慢感觉好起来。然而这是错误的。你肯定会重新获得幸福。要了解这个，这是真真切切的，这么想将使你不那么悲伤。我有足够的经验知道我在说什么。”林肯下结论说：“对你亲爱的父亲的回忆，而不是痛苦，将使你心中充满悲伤的甜蜜，这种情感比你以往所知道的更纯粹、更神圣。”⑧

内战结束时，林肯的态度是和解，而不是报复。他的目的是包扎国家的伤口。带着对任何人都没有恶意而对所有人都仁爱的感情，他在被刺杀前一个月的第二任就职典礼上说：“当我与我的敌人交朋友时，我不是在消灭我的敌人吗？”这句话凸显了林肯的洞见和意图，正如北交天蝎的最深的含义一样。

在谈判中与敌人交朋友，用这种方式来消灭敌人不仅是一种突破，更把威胁的力量转变为信任的纽带。这样的转化不是劝说或诱惑，而是天蝎北交渴望与他人深情联结的特点。比北交天秤想要与人分享的情感更为强烈，天蝎的影响力迫使个人与其他人在核心层面融合。

生于此交点部落的其他知名人物的例子也显示出其中一些人有非常明显的天蝎情结，例如弗兰兹·卡夫卡、玛琳·黛德利、贝拉·卢戈西、贝尼托·墨索里尼、弗朗西斯·福特·科波拉、蒙哥马利·克利夫特和原子科学家恩里科·费米。这样一群人就像费里尼电影中的角色。的确如此，费里尼本人正是生于这组交点。

卡夫卡最著名的短篇小说《变形记》是有关一个未婚男人的生活，他一直长时间地工作以养活他的母亲、父亲、妹妹和他们的女仆，直到一天早上醒来发现自己变成了甲虫。接下来发生的是整个家庭的变形记。卡夫卡作品中黑暗的、令人气馁的强烈情感使他的名字成为病态执著的同义词。然而在一封给朋友的信中，当他说书籍需要“像不幸那样作用于我们，像我们深爱的人死亡，我们爱那个人胜过爱自己”，卡夫卡表达了作为一个作家的天蝎意图。毫无疑问，他渴望激起很深沉的情感，希望读者就像在自杀的边缘那样体验他的故事。本文开头引述的卡夫卡的话——“书籍应该像劈向我们内部冰冻海洋的一把斧子那样服务于我们”，突出了生于北交天蝎的这些人对于情感宣泄的渴望多么强烈。在占星术语中，天蝎座也和一种原始渴望相连，渴望激发他人感受到活着这种更深沉的情感。这种渴望可能是侵略性的，但即使在对抗中也要建立起联系。因此许多有这个交点的人发现对抗的利弊，学会如何在人类情感的更黑暗的河流中游泳的同时，隐秘地通过所经验的强烈情感而茁壮成长。⑨

令人陶醉的杰出演员蒙哥马利·克利夫特在生活中逐渐上演了天蝎座所有毁灭性的极端，包括从一场让他毁容的几乎致命的车祸中活下来。大面积的外科整容手术使他能够重回银幕，但是对酒精和药物的沉迷从内心摧毁了他。从他早期危险的恶作剧中可以看到他心中的黑暗面，例如在晚上把自己倒吊在海轮的一侧。想想这个憔悴的、受尽煎熬的灵魂和他的肢体语言，他本来可以成为另一个伟大的卡夫卡。

这个交点组合中的其他名人包括三位女性，她们的生活都以失去心爱的人为特征：杰奎琳·肯尼迪，摩纳哥公主杰奎琳和 NBC 电视台《今日播报》主持人凯蒂·克瑞克。当凯蒂的丈夫在 1998 年 42 岁时因结肠癌去世后，眼泪汪汪的凯蒂公开讲述她如何应对这场对她的心灵造成永远的伤害的悲剧。她要求在演讲前关闭所有摄像机，告诉观众她每天拽着自己从床上起来，继续向前走，就是为了向她的两个女儿展示：“当生活给你出了一个大难题，你必须怎么做。”⑩

这个交点族群的桂冠诗人卡里·纪伯伦通过他的诗歌揭示出由深

层情感开启的生活道路可能带给人的奖赏。纪伯伦生于黎巴嫩的一个基督教家庭，早年受到美丽而喜爱艺术的母亲的影响——她精通多国语言，并使房间充满了歌声。家族关系让纪伯伦能够在11岁移民到美国，随后又搬到波士顿。在14岁时他回到黎巴嫩上学，不过其间多次回到美国。然而在他20岁时，他的母亲、妹妹、哥哥先后死于肺结核，此后他的灵魂彻底改变了。[11]

纪伯伦在20岁以前已经表现出文学才华，现在他用笔作为脱胎换骨的利器。一些有名望的波士顿人被他作品的激情和洞见所打动，开始帮助这个年轻的黎巴嫩移民并鼓励他继续努力。他继而成为一所阿拉伯裔美国作家学校的领导者。这所学校的名字来自阿拉伯语，意思是“钢笔的纽带”。属于这个交点族群的人一定要读纪伯伦的《先知》。他把“欢乐”定义为“没有掩饰的忧伤”。他的抒情诗句描述说，“从你泪水注满的同一眼井中，你的欢乐涌出”，这诗句激情地揭示了纪伯伦非凡的洞见。[12]

除了激情和失去带来的问题，此前从正面提到的、和赋予自主权相关的力量问题，也可以转变成负面的权力滥用。在美国有一种非常流行的说法，出自19世纪英国历史学家阿克顿勋爵的名言“权力带来腐败，绝对的权力带来绝对的腐败”。这句话部分呼应了段祺瑞，这个在1916年到1924年间最有权力的人的生活。这个让人害怕又受人欢迎的人，知道如何操纵、压制和讨价还价。在父亲去世后，段祺瑞由外祖母抚养长大，1889年从天津武备学堂毕业，随后又到德国进入柏林军校，还被派到克虏伯炮厂学习了有关炮兵的知识。

之后他的谋略细节都显示出他愿意在危险的联盟中承担风险。他被指责背叛了以前支持他的人。他为了获取经济和军事的支持与日本人合作，特别是在1915年所签订的“二十一条”点燃了抗议和反抗的怒火。有些时候他是军阀，有些时候他是政治家，似乎比有九条命的猫还多一命，在军事失败后他仍然非常顽强地生存下来。1924年冯玉祥发动政变后邀请段祺瑞出山，组织中华民国临时执政府，段祺瑞临时执政。不过当孙中山 1925 年患癌症去世后，他想凭借一方压倒另一方，重新获得权力的企图失败了。

因为“三·一八”惨案，军队向无辜的示威者开枪并杀死了几十人，他至今留下恶名。不过并没有证据说是段祺瑞下令开火的。据说当他听到屠杀的消息时，长叹一声，说他的一世英名毁于一旦。他到了屠杀现场，跪了很久，并且从此之后开始吃素，而且终生信守了他的诺言。从这个事件后，他的支持者越来越少，一些人厌倦了他的两面派做法。不过段祺瑞还有另外一面，从他在政治生命结束以后对生命的敬重中，我们看到他重新回到了南交金牛。他是虔诚的佛教徒，在自己的家中修建了佛堂，虔诚地祷告和打坐。尽管他被很多人害怕和憎恨，但也受到很多人爱戴。有些人希望他能在危险的年代里给国家带来稳定，重新建立一个新的国家，但这不是他的命运。飞离北京后，段祺瑞 1936 年在上海去世。[13]

愿意对抗生命和权力 / 自主权的吸引是天蝎 / 金牛交点主题的共同因素，不过并不是每一个生于这组交点的人都会明显表达这些问题。很多人表现出金牛座更低沉而稳定的力量特征。当然，不管什么风格，对抗和争论仍旧是这条道路的标杆。而且，这种激烈情感被潜在的坚韧所支持。

这个动荡族群的其他成员还包括：美国拉丁流行歌手葛洛丽娅·艾丝特凡，她在一场几乎致命的事故后回到舞台；前阿拉巴马州长乔治·华勒斯，他在竞选美国总统时遭到枪击，导致半身瘫痪，不过他仍旧坐着轮椅履行州长的职责；还有伊朗的最后一位沙王穆罕默德·礼萨·巴列维，他在伊斯兰革命后失去王位；还有赫尔姆斯利，一位著名的“酒店业女王”，因为逃税声名扫地，被起诉并受到监禁。其他知名人物还有：政治人物张学良、陈毅、吴仪，作家柏杨、王朔、刘震云、池莉，医学家林巧稚，科学家童第周、严济慈，围棋国手李昌镐，飞行家查尔斯·林白，制片人大卫·O·塞尔兹尼克、蔡明亮，演员梁家辉、赵薇、舒淇、林心如、梁咏琪、徐熙媛、米基·鲁尼、科林·法瑞尔、瑞茜·威瑟斯彭、高尔夫球手泰格·伍兹等。

职业：

对任何生于天蝎/金牛交点的人来说，职业的成就通常尾随着激情而来。不管兴趣的领域如何变化，这些人渴望在他们所从事的职业中体会到生命的激情。不过，渴望在充满激情的领域冒险必须要克服安全感方面顽固的防御。安全感很自然和物质上的舒适、经济上的稳定等相关。南交金牛的业力使他们喜好享受生物的舒适感，许多有这个交点的人为了稳定增加的经济收入而在同样一份安全的工作中待上很多年。

当达到一定的舒适程度后，想要进入更激动人心的领域的渴望会驱使他们冒险。特德·特纳的职业故事代表了一个成功的极端模式，先构建稳定性然后拿自己拥有的一切冒险以得到更多。当然，对权力的渴望也会诱惑北交天蝎的人。但是即使对这个交点中那些最世故、最成功的人来说，权利和财富也无关地位和物质的积累，而是这一经历本身带来的精神升华。天蝎与放下而非紧抓的渴望共鸣。一旦南交金牛满足安全感的需求后，一个人可能在这儿或那儿把10亿美元赠送掉，或甚至把别的亿万富翁说成吝啬鬼。

很多有这个交点的客户在追求高风险事业时拿他们的稳定生活冒险。一些成功了，一些没有。由于不习惯轻易放弃，这些人常常是最后离开沉船的人。甚至在失败时刻，他们也常展现出他们非比寻常的足智多谋，能一切从零开始。

其他有这个交点的人依靠他们金牛的耐力和能力建立起一个稳定的职业轨迹。他们可能被有对抗性质的职业历练所吸引，例如法律/

刑法，他们的职业慢慢建立在一个稳固的基础上。一些人一直努力，就像凯蒂·库里克，直到他们的成功成为最好的回报。在她早期的职业生涯中，当 CNN 总裁瑞尼·思科菲尔德听到库里克尖锐的“吱吱”叫的嗓音后禁止她在 CNN 播出节目。而在 1998 年，库里克与 NBC 续签了合同，年薪从 200 万美元变为 700 万美元。

对很多有这个交点的人来说，在职业周期中常有丰年或荒年的动态变化。收益期之后跟着是亏损期,反之亦然。不过不像对面交点——南交天蝎 / 北交金牛的人，他们的丰裕期带来的是安全感而不是成就感。在占星术语中，天蝎和金牛都是有关钱的星座，但不像维持一定物质生活的金牛座，天蝎座是有关资源的流动——资源的进和出。

有这组交点的人也把其他人牵扯到他们的冒险中来，有时会被他们热衷的项目或内心贪婪所诱惑，为了他们的事业，拿所有相关人的幸福冒险。例如一位客户总是减少自己的投资风险，而强调用“其他人的钱”的投资原则。

有这个交点的客户中相当一部分人在银行或投资机构、保险机构工作。甚至卡夫卡白天也是为一家保险公司工作，而晚上则在一种难以置信的狂喜状态下热烈地“涂抹”文字。双重职业情况经常发生。例如，一位客户白天在一家计算机公司上班，晚上则在家拼命写剧本。另一位客户除了白天在银行上班，一周还有 4 个晚上在夜总会唱歌。

在类似的情境中，一位与一家大公司合作已取得很大成功的合同谈判家开始上声乐课并增加了公众演出时间。她说她渴望存足够多的钱以离开她的公司，买一家自己的夜总会，最好还带有某种异国情调。不过，这位客户已经在公司的窠臼下获得了成就，因为她的工作是承担高风险投资买卖高科技公司，而许多天蝎北交的人对此非常擅长。

除了这些在银行、保险、投资、抵押贷款公司工作的人之外，还有一些人在健康领域工作，比如护士（在急救室、危重病房）、X 射线技师、医疗研究人员、病理学家、急救医疗队工作者。在娱乐领域，有摄影师、制片人、特技表演者、演员、歌手、声乐教师、电影研究人员和剧作家。其他例子包括高级的软件设计者、海军情报军官、私家侦探、科学家、地产商、律师、高层管理人员招聘人。在任何领域中，最有价值的是那些同时表现出潜在的坚韧和对处理危机或深入探寻事情本质具有热忱的人。作为危机解决者，或承担让一个垮掉的企业或公司部门重新恢复活力的任务的人，这些足智多谋的人可以挽救看上去无法挽救的东西。即使被拖入对抗或危险境地，再也没有人能像这些人那样从危机中得到蓬勃发展的机会。

关系：

对这些人来说，最佳关系既能满足稳定感的需求又能满足亲密感渴望的关系。这样一个简单的公式听起来很容易。而这个交点拥有的不变本性会使得关系在婚姻或恋爱中发生极端的转变。虽然他们珍视伴侣的可靠性，但是关系成功的秘方却在于不断发现更深层次的联系。尽管在这种情感深化中存在抵抗，但大多数人既渴望深刻地向对方揭示自己，也希望了解伴侣最深的秘密。

许多人有固有的自给自足的本性。一些人看上去只依靠自己的努力不断向前，似乎不需要其他人的支持或帮助。然而通常真相却和看上去相去甚远。虽然他们非常坚定且能够按自己的方式生活，但他们其实渴望和他人联结。然而，告诉别人他们的需求和渴望是需要学习的过程。他们可能偷偷期待伴侣能猜到他们的感觉，但他们经常不去表达深层情感，直到冲突迫使这些情感浮出水面。

关系模式也倾向于遵循一个可预测的周期。在强烈的风暴期前是一段很长的平静期。在风暴期，会发生巨大突破，也会有新的发现。这些情感动荡的插曲经常带来崭新的激情，或带来以前没有的亲密感。而如果这种动荡阶段一直持续，经常伴随着背叛的出现。在舒适的日常生活中跋涉了一段时间后，他们常常因为发现伴侣的出轨而被粗鲁地惊醒。此前的心满意足在受伤的洪流中跌成碎片。

显然，痛苦的发现有时会毁掉一桩婚姻，不过生于这个交点的人往往在情感动荡中醒来。在无眠的夜晚和偏执的白天，个人的转化会出现。有些人离婚开始新的生活，但更多的人会留下来而与伴侣形成更深的联结。这种情况下没有简单答案。所有关系都是建立在信任的基础上，重建信任是一个艰难的过程。安全感的考量，特别是关于孩子和家庭的考虑，激励着金牛的坚守力量。但是如果没有面对并解决深层次问题，这样的忍耐不过只是在延迟不可避免的事情的到来。然而，如果两个人都准备好了，而且愿意一同为他们的伴侣关系而努力，这些人可以成为一块岩石，新的努力能够建立在其上。不论好坏，这些人都坚守在那儿。

不管这样的耐力是祝福还是诅咒，获得稳固的安全感并不能满足他们所需要的感情上的满足。在浪漫爱情和婚姻中，他们真的需要更能带来精神升华的情感。如果你和这个交点的人在一起，认识到他们模式中的这种跷跷板现象非常重要。当他们不安全的时候，这些人是满足而固执的。在这个比较消沉的模式中，他们不大会捣乱和惹是生非。然而一旦安全，他们会变得爱争论和挑衅。

必须要理解他们想要肇事的强烈渴望来自于他们想与生活更深联结的渴求。看起来他们无法不去搅乱本来挺好的生活，但其实是因为生活还不够好。这个隐藏的议题将会表现在权力争斗上。当然，他们希望更多地控制生活或关系也是一个诱发因素，不过，斗争本身激起的强烈情感会驱使他们更加好斗。对方变得越激烈，他们也变得越激烈。然而，通过权力争斗和夺取控制权，他们最终会经历更令人满足的关系。如果事情变得失控，他们会退后，并会心不甘情不愿地撤退到一个可以维持现状的模式中，但是他们不会永远待在那儿不动。任何有兴趣与这个交点的人维持长期关系的人也得有相似的渴望，渴望发现自我，而且愿意在各个层面剥离掉自己与他人隔绝的相关情绪。这些人通常会选择强有力的并有挑战性的伴侣，因为他们因敌对和抗拒而成长。太容易被吓倒或被操纵的人对他们缺乏吸引力。

激情的潮起潮落是长期关系或婚姻中的普遍现象。然而激情对这些天蝎 / 金牛交点的人来说比任何其他交点都显得重要，除了相反的交点北交金牛 / 南交天蝎之外。对性爱的终生迷恋可能使这些人成为令人兴奋的伴侣。当他们从满足或乏味的休眠期中走出来，可能会表现出难以置信的激情。而先前，他们的性激情潜伏在压倒一切的安全考虑中。这个模式是真实存在的，不论他们单身还是已婚。

例如，一个单身的年轻公司管理人员一周工作 60—70 个小时以获得经济上的安全感，因而没有时间留给个人生活或性爱生活。然而一旦经济安全感的舒适程度达到后，一种惊人的可以耗尽一切的激情将会把这个人带入一段新的关系中。同样，忙于孩子和职业的父母可能一段时间内将他们之间的性爱渴望升华。但是，一旦家庭前沿安全，那就要小心了！原来休眠期的性爱有多不活跃，被重新激起的性爱活动就有多激烈。

因为他们觉醒的性驱力如此强劲，有些人可能会在婚姻关系之外寻找性关系。然而，稳定的家庭生活和激情的婚外情之间的分裂通常是暂时的。

威胁家庭稳定的婚外情很容易终止。这种不检点的行为较少出现，而且通常是整体觉醒模式的一部分，并不是因为想要破坏已建立的家庭生活。总的来说，这个交点的大多数人看起来更喜欢发现与伴侣之间的亲密关系，喜欢在伴侣之间探索性爱。因为连接过程对这些人非常重要，而且牵涉到他们时间和精力的投资，他们想要一种根植于信任和互相理解的关系作为报酬。如果他们对灵魂目标非常真诚，并学会信任打开自己的过程，他们可能经验到更丰富、更有所回报的两性生活。

父母指南：

在他们还是蹒跚学步的婴幼儿时，就常常会发生控制权的战争。这些灵魂喜欢一早就试探他们与父母之间的纽带。小心！从早期的权力争斗事件可以瞥见日后成人的行为模式。不过在 4 岁到 5 岁之间他们的激烈程度会消退，大多数孩子会稳定下来进入更自得、更可预计的常规生活中。但是，不要把他们的平和误认为是被动，因为他们的本质仍然是固执和拒绝改变的。

在稳定、物质生活舒适的环境中，这些孩子很容易放松。在他们熟悉的景象、气味、声音、味道和感觉的世界中，他们是悠闲的、懒散的、被溺爱的孩子，生活不慌不忙，对现有世界感到满意。因为他们通常非常可靠，他们的父母常常会被他们的自给自足和安闲从容打动。有些孩子可能有点小气或自私，不愿意把他们的东西和别的孩子分享。这是需要父母努力的一个地方。

不过，一种不稳定的或有问题的家庭生活将考验这些灵魂的忍耐力。其结果取决于压力的性质和关键事件发生的年龄。正如在本文开始时提到的，很多有这个交点的人的童年生活有一个共同模式，那就是平静的生活或安全的生活会被一场危机打破。在那种情况下，童年生活常会被珍藏在心中的神殿中，失落的伊甸园将会给正在发展的青年时代投下阴影。甚至非常早期的家庭事件都会形塑他们的人生观。

葛洛丽娅·艾丝特凡两岁时，家从古巴移民到迈阿密。在古巴他们过着舒适的生活，这种生活和日后她成长时的那种靠艰难奋斗维持收支平衡的生活形成鲜明对照。小时的记忆和照片无疑让她感到失落。在经济紧张的环境中，这些很有耐力的孩子经常会分担家庭负担，长大后对于物质财富的价值也有非常敏锐的鉴赏力。

稍大一些后，环境的激烈变动对他们来说更为艰难。一个已经习惯了舒适而悠闲的物质生活的孩子，10 岁时面对恶化的生活条件会有强烈的失落感。这种情况下他们适应新世界的速度很慢，对已改变的环境没有足够准备且非常抵触。不过，面对这种情景时，这些孩子会逐渐展现出内在的坚定和忍耐力，使他们能够忍受这一切，直到他们依靠自己的力量走出来。

对这些孩子来说，学会应对损失是生命中的一个重要仪式。林肯9岁时失去母亲，然而10岁时，新的继母进入他的生活。她对小林肯热情而开放的接纳，对创造新的家庭和帮助他从丧母的痛苦中恢复过来起了很大作用，并使得一切有所不同。林肯一直觉得继母进入他的生活对他是一种恩赐。不幸的是，大多数继父母经常无法填补这样一种失落，并常常使已经不幸的生活更加不幸。

不论孩子经历的是怎样的失落，无论是失去祖父母、兄弟姐妹，或甚至一只心爱的宠物，家长都应该给予他们特别关注，以帮助他们走过悲伤的自然过程。教导他们如何应对损失对他们日后的生活是无价之宝，并且可以培养一种理解力和弹性应对能力，他们日后肯定需要这些。显然，生于这些交点的人的童年生活多种多样，有的人童年可能没有任何危机或损失。不管哪种情况，他们都将学会如何面对生命的强烈经验。教导他们关于变化的事情，没有什么是永恒不变的，教导他们如何处理危机，如何处理对抗，对他们的成长是至关重要的。

14岁时，他们掌控的需求又会变得很明显。成年等同于拥有权力，与父母或成人争夺控制权的经历非常典型。他们在逐渐获得权力的同时也需要学会负责任。和权力同来的是责任，在10多岁时学会这点的孩子日后会更少滥用权力。

抗争是不可避免的。他们将会试探父母或权威的斗志，特别在和金钱以及与社会生活相关的事情上。金钱意味着力量，诱惑也是力量。成为成年人意味着可以发生性关系。新出现的操纵权力的欲望显现了。有的人用讨价还价的方式，有的人试图恐吓，不过最终他们想要的是控制。“你别管我穿什么！你别管我看什么！我怎么用我的钱由我来决定！”这样的反抗非常典型。

这些青少年面对的另一个困难是关系中的离别或分手。父母有时完全没有准备好应对这些青少年在伤心过程中经历的强烈情感和创伤。对于有性行为的青少年来说尤其如此，因为他们情感上的联系被身体上的联系加重了。沉迷的行为非常普遍。在极端情况下，男友可能跟踪前女友，反之亦然。有些人会变得忧郁甚至威胁要自杀。于是，这就和责任有关了。父母需要告诉他们亲密关系所带来的情感和心理上的风险。这些事情应该得到深入探讨。

这些青少年的激情不仅以性的方式，还会以音乐、诗歌、科学、摄影、运动的形式展现出来。不论他们投入到什么中去，这些激情都非常显著。在他们过去感到安逸的地方，现在因为生活的激情变得生气勃勃。在觉醒的或增长的激情驱使下，他们将彻底探寻他们所沉迷的领域或主题。他们常常因为迷恋而选择专业或工作兴趣。因此，摇滚吉他手沉迷于吉他练习，而舞者总在上舞蹈课。最终，事情就是这样，在 14 岁到 23 岁之间他们将会发现他们对什么东西最有激情。父母在这方面可以提供很多支持或帮助，以使他们面对他们感到自己必须追随的那些领域的优缺点。

生命周期：

到 23 岁，当他们开始考虑更脚踏实地的事情时，激情开始退潮。因此在 23 岁到 31 岁之间，对职业和生活方式的激情有多深将受到考验。这时他们需要的不仅仅是激情或信念，而是要有可行性和实用性。

经济上的压力越来越要求做事情有结果。那些在艺术领域的人通常必须做另一份工作来支持自己专业性或创造性的工作。金牛一端非常强烈地感到缺钱或缺少资源。在这些年中，许多人将选择更为可靠的职业道路。那些打算在商业或金融领域获得成功的人将会努力工作以建立稳固的声誉。有些人会存钱或投资。他们可能想增加自己的资源以最终买下属于自己的公司或资产。这个阶段安全考虑优先，他们的决策建立在东西值多少钱的现实考量之上。

个人生活的考虑也会很实际。以前性诱惑很吸引人，而如今稳定性更吸引人。他们会更多根据婚姻或情感的稳定性而非激情来选择伴侣。总之，这是一个构建阶段。比较传统的人倾向于在这个阶段结婚，如果经济上比较安全，他们将组建家庭。就算不那么传统的人也倾向于寻找更稳定或更可行的社会环境，例如摇滚音乐家找到一个仓库，整个乐队都住进去也能负担得起，或艺术家跟其他人合用一间工作室。27、28 岁时，他们常常会在职业和个人生活上做出和安全性相关的重要决定。

到 32 岁，天蝎主题慢慢渗入他们已经建立的生活。这个潜流将以多种多样的方式改变个人生活的景观。那些因为实际原因结婚的人可能发现他们情感上并不满足。如果他们的伴侣在亲密程度上不愿或不能更敞开，他们可能会离婚。另一方面，和准备好深入情感关系的伴侣可以建立更紧密的纽带。这个阶段进入的婚姻通常基于深深的激情。同样，新的关系将会开启更高程度的发现或以前没有意识到的亲密。

那些在企业或金融机构的人将会开始冒险或巨额借债。这期间有的人会拿一切抵押，以从事他们热烈相信将会使他们更富有或更有权力的事业。在这个阶段冒险的程度取决于他们可以获得的资源。那些在创意领域的人将感到他们对实现自己的艺术野心有了新的热忱。然而，对某些有创造力的人，这可能是一个非常矛盾的时期。18 岁时的艺术激情和 37 岁时的不同。

在这个时期，创造性力量的死亡和重生将会发生。创造性能量将涌入不同的新方向。总的来说，在这些年，更强烈的投入生活会促使一个人在情感上更诚实和坦白。这是一个情感净化和突破的时期，一个巨大转变的时期。那些做父母的人在这个阶段将会体验到孩子的出生其实是他们自己转变的一部分。

到42岁时，舒适和稳定的生活再度进入画面。金牛的安全感需要开始主导个人的动机。另一个建设周期开始了。这在很大程度上取决于在过去9年中发生的事情。过去那个阶段的冒险和不安定将会把这些人带向新的方向。大的变动或职业改变已经是总体变化和发展的一部分。他们现在渴望的是稳固这种变化或建立一个更稳定的基础，追求的是悠闲和富裕而非变动。家庭安全，特别是经济上的富有变成了最重要的目标。

自然，渴望变化和新的生活激情将开始在51岁左右浮现。深刻的重生经历将在这个时期发生。对许多人来说，从51岁到60岁的9年将是人生中最有成就感的时期。另外，当我们年纪大时更可能失去心爱的人。在这10年中，对于北交天蝎的人，有所失去将提醒生命是脆弱的。林肯51岁竞选总统，内战第一次爆发时52岁。在他56岁被刺杀前，他的每一天都生活在国家舵手的位置上，为一个浸染在重生的血泊中的国家掌舵。

一个客户在55岁经历了危及生命的疾病后从死亡的袭击中康复过来，她说她真的学会了把每一天当做生命最后一天来过。“我问自己，今天对什么最有激情？我就把那个作为今天的首要事情来做。”在60岁到69岁期间，一定程度的心满意足和舒适物质生活的渴望可能重新回来，但是在任何年纪，这些天蝎 / 金牛交点的人都期盼不断有所发现的生活。和其他交点相比，这些人在一生中历经许多不同的生命历程，他们的灵魂在这一历程中得以转化。

第九章

♐ 北交射手——南交双子

智慧的显现

出生时间：

1918 年 02 月 13 日，01：57 p.m.——1919 年 08 月 15 日，04：52 a.m.

1936 年 09 月 14 日，01：29 a.m.——1938 年 03 月 03 日，06：15 p.m.

1955 年 04 月 02 日，06：06 p.m.——1956 年 10 月 04 日，04：36 a.m.

1973 年 10 月 26 日，09：00 p.m.——1975 年 07 月 09 日，08：20 p.m.

1992 年 08 月 01 日，05：07 p.m.——1994 年 02 月 01 日，04：11 a.m.

2011 年 03 月 03 日，07：37 a.m.——2012 年 08 月 29 日，10：39 p.m.

解释事情的唯一方法，就是说出全部真相，没有任何隐瞒。

——欧内斯特·海明威

日子一天天过去，我有时问自己，是否会被生活迷住，就像孩子被水银球迷住；这是否就是生活。非常快，明亮，兴奋。不过可能都是表面的东西。

——弗吉尼亚·伍尔芙

如果你对自己不说实话，你也不可能对别人说实话。

——弗吉尼亚·伍尔芙

除了害怕本身，没什么是可怕的。

——富兰克林·罗斯福

恭喜！如果生于这组交点，你的一生就是一段冒险旅程。即使不太清楚要问什么问题，你也会学习所有你好奇的事情。即使你不断改变想法和目标，你也会到达所有你想去的地方。这个世界任你探索。

没有别的交点族群比你和你的伙伴们能更快地评估你有哪些选择。生于南交双子说明你善于找到聪明的短期解决问题的办法。你脸上狡猾的微笑表示不管手中有没有车票，你已经找到待在这个生命旅途中的方法。在这个奥德赛旅程中，你是“终生的学生”，有些人甚至不用交学费，似乎兜里装着宇宙奖学金。可能是你在上一辈子挣到的吧。当然，如果你想在这一生毕业，还得认真学习你的功课。同时，当好奇心不断带着你兜圈子时，变换的车道和川流不息的思想迷宫会让你分心。你很少找不到话说，当你又一心多用地过了一天的时候，流言蜚语在你的耳边盘旋而过，嗡嗡作响。

不过，在每日例行公事之外，另一种景象在召唤。在变通和快速的答案之外，在熟悉的街道标志、小巷和捷径之外，冒险在召唤。生活中你本来就躁动不安，但一种更大的不安分渗透了你的灵魂。虽然大多数人整理好了行装随时准备上路，但你渴望的冒险不仅仅是奇异的远方。你寻求的满足感来自智慧上的冒险。你已经精通生活的日常问题（what，when，where，how），是生活的意义（why）促使你寻找答案。就像寻找香格里拉的精疲力竭的记者，你的旅途带你远离熟悉的思想景观。最终，上天许诺你广阔的生活，在这条路上你也可能变得睿智。知识和智慧是上天给你的奖赏，虽然需要你自己去挣得，但无疑仍是上天的恩宠。当然，在这个旅途中会出现各种各样的问题。

在你的人生路程中，很多人可能暂时会聪明反被聪明误。此前提到的迷宫中到处都是变通之计。你昨天说了什么？跟谁说的？为什么那么说？如果最大限度利用你头脑的灵活性，你可能发现自己在一个永远没有尽头的迷宫里，那儿的道路和长廊看起来不通向任何特别的地方，除了通向明天。日子一天又一天过去。不久，不管你多聪明，解决了多少身边的问题，或多么好地适应了变化的环境，获得了某种程度的安全感，但生命中似乎总是缺失某些东西，那缺失的东西的名字叫“意义”。

寻找意义也是寻找真理和理解，因此需要诚实的态度。在你人生的自我实现中，诚实是一个相对性的词汇。你的本能是做任何可以立刻解决问题的事。对于“必须解决的事情”，这是不错的。不过，“必须解决的事情”并不构成卓有成就的一生。半半拉拉的真理加在一起也不是全部的真理。一旦你开始看到伴随着它们的一半谎言，觉醒便开始了。当你发现人生的真理时，会惊讶地、兴奋不已地大叫：“我找到了！”你可能无法相信——“我以前怎么不知道？”

同样让你震惊和无法相信的是，你身边的人似乎没有找到这个真理，他们看不到你所看到的，或不在意它的意义。这就是一个中国年轻人的经历：那是1906年，他靠一笔奖学金在日本学医，然而突如其来的觉醒将他带到另一条截然不同的崭新道路上。有一次上完课后，日本教授在黑暗的教室中给学生放幻灯片，是去年刚刚结束的日俄战争中一个被控间谍罪的中国人被处决的纪录片，让他非常惊愕而且感到困扰，而更让他感到惊愕的是聚集在那个即将被砍头的中国人旁边的中国同胞脸上的冷漠。后来他写道：“身体上，他们和任何一个人一样强壮健康，但他们的表情清楚地显示了他们灵魂上的无情和麻木。”周树人就这样跌跌撞撞地离开那个印象深刻的难以置信的画面，他很快离开医学院，开始他的灵魂使命，去唤醒同胞昏睡的意识。①

正如周树人清楚指出的，这是一个灵魂的问题，因此需要灵魂的治疗。这是典型的射手式的思虑。周树人的使命感也是北交射手的标志。在这条崭新的、引人入胜的道路上，周树人开始变成一个学者。他依靠双子座写作和翻译的才能，翻译外国作品，发表文章，所涉及的学术范畴非常广，尤其着力于宗教、哲学和变革领域。回到中国后，他做了老师，这是另一种和射手相关的职业，同时学者的名声也越来越大。

不过，更重要的是，他开始写短篇小说。双子和射手之间的互动经常激发出人们的文学渴望，和第三章相反一组的交点族群类似。不过，当南交是双子时，作家的角色是为哲学家的角色服务的，而不是相反。真理的发现驱使这些灵魂去唤醒别人身上的真理。他们的热情里有一种崭新的东西，有时让人觉得天真。不过，双子的发明特质会支持射手的需求，让他们在道德罗盘的指引下穿越人迹罕至的领域。周树人除了写杂文之外也开始写小说，而效果非常显著。因为杂文有时显得说教，而且太学者气。小说当然是编造的故事，用双子的办法满足射手表述真理的需求，用小说的方式解除人们的道德戒备，让人们更容易接触真理，还有什么比这更好呢？

随着第一篇小说《狂人日记》的诞生，周树人变成了鲁迅，这笔名和他的作品紧紧联系在一起。除了小说外，他广泛涉猎了各种文学形式。在他的杂文、评论、短篇小说集之中，鲁迅用讽刺的笔法和令人信服的论点进行了多姿多彩的表达。不过，所有的表达都围绕一条主线——被道德破产的社会所激怒的男人。不奇怪有人把他和尼采相比，尼采也有同样的交点和同样的怒气。鲁迅小说中的人物都处于他严厉的批评目光下，虽然他对他们的处境抱着同情。这种二元矛盾显示出灵魂想要调和高等思想和低等思想的企图，如同第三章的北交双子 / 南交射手一样。在新获得的射手热情能量的审视之下，不关心道德准则的双子变成了不道德的双子，显示了一个正在和自己的过去作战的灵魂。这样的灵魂的救赎在哪里？当左翼作家鲁迅发现无法用自己的作品改革当时的政治现状，他对自己所见所闻越来越不再抱有幻想。救赎看起来只能来自于未来革命者的革命行动。但他不幸于 1936 年 55 岁时因肺病过世，无法再看到或评价后来的状况了。②

救赎的问题也渗透在另一个这组交点的传奇作家——欧内斯特·海明威的作品中。《太阳照常升起》中的女主人公勃瑞特，表现出她并不熟悉的高等意识。她爱上了一个年轻的斗牛士，但知道如果自己总是去找他，他就会被毁掉，因此她放弃了这段爱情。她说："你知道，当你决定不做一个婊子时，这让你感觉很好。"除了救赎的主题之外，寻找意义也酸楚地成为海明威小说的激烈基调，在他的作品中，绝望的迷失的人们想要寻找生活的意义。有些人甚至称海明威是宗教作家，在不断重复的小说象征中，主人公们被死亡和生活的无意义所吸引。③

海明威的形象成为爱好异国冒险的射手座的缩影：他一战中离开美国中西部的家，到意大利前线成为红十字会的一名救护车司机；在巴黎的拉丁区过着外国记者的自由生活；30 岁时成为畅销书作家；在深海捕获枪鱼和金枪鱼作为给自己的奖赏；在非洲游猎；在西班牙和公牛一起狂奔；在西班牙内战中站在西班牙共和军一边战斗。但正如他的作品所揭示的，他所寻求的不仅仅是冒险的刺激。在他职业后期，和高中生有过一番谈话，海明威谈到他怎么开始写作的。"我总是想写作。我曾在校报工作，我的第一份工作就是写作。我上完高中后去了堪萨斯城，在《星报》打工，日常工作就是写谁射杀了谁？谁闯进哪里？在哪儿？什么时候？怎样进去的？但就是从来不问为什么。"这句话明显与射手对意义的追寻相对应，同时他也回应了双子的一面——"写小说的人，如果没有从事这行的话，很可能成为骗子。"④

在对生活的看法中，海明威强调射手 / 双子交点旅程的本质："有些东西不可能很快就学会，我们必须为得到它们花很多很多时间。它们是最质朴的东西，需要花一生的时间才能认识，所以每个人从生活获得一点点新东西的代价非常高昂，而这是他必须留下的唯一遗产。”生于这个族群的人比生于其他族群的人更愿意为这些简单的知识付出代价。这是驱使他们前进的强烈动力。⑤

在海明威之前，有一位最伟大的美国短篇小说家从各方面都像海明威小说中的角色，他因为挪用公款被判刑5年，在监狱里过了3年零3个月，之后写出了他的第一篇短篇小说。他就是威廉·西德尼·波特，以笔名欧·亨利闻名，成为20世纪前20年作品流传最广的短篇小说家。在1910年，他去世后的10年，除吉卜林外，他的作品卖得比任何一个作家都多。不过，在成人生活的早期，他看上去满足于双子座循规蹈矩的线路，暂时舒服地耽溺于低层意识的游乐和好奇心。

进监狱以前，欧·亨利就和社会底层的人接触。虽然他出生在北卡罗莱纳州格林斯博罗的一个南方家庭，在逐渐消失的彬彬有礼的环境中长大，但他不仅喜欢研究底层生活，而且在这群声名狼藉的人之中看上去还很自在。一个朋友这样描绘欧·亨利：“他给我打电话，让我过去一起出去遛遛。我们都对夜间出去转转很沉迷，出去遛遛是他最喜欢的说法。他会在大街小巷溜达，和最穷困潦倒的人之中最糟糕的人碰面，从这么近的距离观察他们成为了我的特权。”据说欧·亨利异常机智，在他的早年生活中这种机智看上去被浪费在他乱七八糟的朋友中了。不过他对普通生活的审视让他的故事具有了富于穿透力的真实性。他很多年后说道：“你在成为一个艺术家之前必须是个无赖。”⑥

除了在银行当出纳养活妻小之外，欧·亨利还自己编写并出版了一份叫做《滚石》的报纸。这份报纸失败了，加重了他的经济负担和挪用公款对他的诱惑。但大多数情况下他都是一个很可爱的人。一个和他一起工作的银行职员说：“银行其他人都和我一样，认为他开始拿公款时没有真的想要留下它。”据猜测，“他拿了钱，期望棉花期货中的投资可以让他有个好的收益，然后他就可以偿还他拿的钱了”。听起来像是在射手 / 双子交点的进退两难中，“他没能协调好”。⑦

不管他的动机是什么，在他遭受挪用公款的指控时，更悲惨的事发生了。他妻子的肺结核加重了。审判因此延迟了几个月以便让他照顾妻子，他待在她身边直到她过世。尽管有各种证据证明他挪用公款，但他仍声称自己无罪，可能是为了保护女儿。后来，他还想尽办法不让女儿知道他被捕入狱。当女儿和朋友住在一起时，他和女儿通信，假装他在出差。在卖出第一篇小说后，他在狱中又写了 14 篇短篇小说，还在医院值夜班，后来又在食堂当会计。那 14 篇中的 8 篇都和为一个丧失了正直的人辩护相关。在这段时间他改名叫欧·亨利以掩盖过去的身份。获释后，他发誓说没有兴趣给“这个社会有病的灵魂开药方”。在他的故事里没有辛酸的痕迹。相反，他故事中的人物啼笑皆非地用聪明和情境较量，而结果经常暗示着微妙却充满讽刺的道德秩序。⑧

寻找新的道德准则当然容易让有这组交点的人走上宗教之路。在踏上宗教朝圣之旅的寻道者中，有四个著名的例子：传奇的佛教高僧和探险家法显，唐代的义净法师，中国天主教三个伟大精神支柱之一的李之藻和 18 世纪中国基督教第一位华人传教士梁发。法显为了求取佛法真经，在公元 399 到 412 之间经过尼泊尔、斯里兰卡到达印度，这段传奇之旅是射手北交的冒险经历和宗教追求的典型代表。他一直走到佛陀的出生地蓝毗尼朝圣。而且，他翻译了神圣的经典，还写了一本游记。众所周知，他的游记《佛国记》是公元 5 世纪丝绸之路的生活和文明的纪录。让我们看看，历史、旅行、宗教、神圣经典，还有比这更明显的射手主题吗？自然，也有法显小时候的故事——更确切地说，是传奇。他很小就到了寺庙，他的智慧和坚定信仰的勇气让其他僧人印象深刻。甚至他的名字“法显”，从字面意思也是“杰出的法”或“出色的法的大师”。⑨

很多这组交点的人因为信仰的转变而改变了人生，有些人进而走上一条改变他人的道路。这当中就有一个叫威廉・富兰克林・葛培理的16岁男孩。他在1934年的一次布道中幡然觉醒，随后就热切地把自己的一生献给了教会。葛培理成为20世纪最著名的基督教布道者，在世界各地担任信教神职达40年之久。葛培理履行了北交射手的承诺，在他的信仰中生活和布道，并且到世界各地去布道。当然，葛培理也依靠他南交双子的沟通技巧，用广播传播他的节目《决定的时刻》。这帮助他建立了一个广阔的听众基础，后来在他任何一个所到之地，听众都能将体育场充满。

不过，维护自己的信仰通常对于这个交点的人的成就感很重要，不管他们看起来如何，受到什么样的抨击。显然这就是简・方达的遭遇，她在越战期间访问河内，并在广播中宣传和平，这些做法为她赢得了“河内简”的昵称。因此很多人给她贴上叛徒的标签，甚至要求审判她，处决她。她在公众场合被嘘，被讥讽，被吐唾沫，甚至被泼洒红色颜料。在河内事件5年后，主流电影界还一直回避她。

尽管遭遇嘲讽、公开的辱骂和职业上的挫败，但投入反战运动是方达人生中的一个突破阶段。她在功能失调的家庭中长大，13岁那年母亲自杀，她的家庭生活就这么被打断。她快20岁的时候被描述成一个永远的半吊子，她父亲被一份描述她混乱生活方式的报告所震惊，因此把她从巴黎召回家。不过，方达从性感小猫转变为反战积极分子只是灵魂真诚求索的一部分，保卫她所信仰的一切将帮助她面对个人问题的真相。方达从母亲自杀后就患了贪食症，最终在1974年克服了饮食失调问题。她在有关信仰和事业的问题上一直坦诚直言。她与丈夫特德・特纳的爱情冒险最终在2001年4月以离婚结束。据报道这部分是因为方达重拾对身为一个基督徒的热情。方达的经历展示出对于北交射手的人，和伴侣之间的哲学或宗教信仰的差异会怎样为婚姻促成重大的方向改变。

就射手对理想的拥护而言，很难找到比茱莉亚·巴特福来·希尔更有代表性的例子了。她为了拯救一棵千年古树和树周边3平方公里的森林，在一株古红杉树的树荫上住了738天。在经过漫长但成功的谈判后，茱莉亚于1999年12月18日从高高的树枝上下来，开始踏上从环境行动主义到精神行动主义的人生旅程。她帮助创立了生命圈组织。她的详细故事可以在她的书《月神的传奇》中看到。

茱莉亚的故事突出了寻求真理，以及理解如何带领这个交点族群的成员穿过许多不断演化的哲学和精神概念。有些人可能在更保守、传统的宗教中找到成就感，而其他人会寻找各种各样的宗教信仰，热情地拥抱各种哲学。我的一位客户是某种东方宗教的信徒，20多岁时花了几年时间住在一个隐修处。后来他通过做瑜伽老师供自己读法学院，在通过律师考试后，成为绿色和平组织的律师。他说对他而言仅仅认识真理是不够的，他必须活出真理。

另一位客户，曾经从犹太教转向印度教又转回到犹太教，同样相信她必须活出她的真理。她是一个经常发表文章的流行病学家，其知名度让她常常成为反堕胎极端组织的攻击对象。尽管有这些骚扰，她在努力提高公众对生殖健康的意识和教育方面仍旧非常大胆坦白。

有些人年轻时走过弯路。有位客户因为入室盗窃和小偷小摸的罪行在青少年拘留所待了一阵子。一位很有影响力的年轻牧师在他16岁到17岁时影响他并帮助他改变了人生方向。后来他靠田径奖学金读完了大学，继而成为年轻的咨询师。"在我还是孩子的时候，我想我可以比任何人都聪明，直到我被逮住。开始，我的所有时间都花在想下一次我该换个什么办法干，可以不被抓住。然后那位可敬的人走过来看着我微笑。他知道我在想什么，他以前见过我这样的人。"一个真正聪明的人不会去偷，"他说，"一个真正有智慧的人知道偷别人的其实就是偷自己的。"开始我试图把这句话当成狗屁，不去理睬，但它一直在我脑海中回响。这是我第一次尝到真理的滋味，而它增加了我渴望更多真理的欲望。

值得关注的是，这个迷失的年轻人并没有神秘体验或经历剧烈的情感重生，但他从精神上被触动。虽然情感无疑在他的转变中起着重要作用，但却是他在哲学层面对真理的反应让他的生活从此不同。正如在本章所强调的，北交射手对真理的声音很敏感。在这个例子中，这个把街头智慧作为防御手段的少年犯臣服于新的理解力和新的生活方向。在我们讨论高等意识和低等意识时，很重要的是不要判断一个就必然比另一个好。这个少年犯的故事和此前欧·亨利的牢狱事件使和低等意识相联系的双子看上去带来的只有危害，但事实不是这样的!

就积极的方面来讲，正如已经提到的，双子南交说明有多种多样的技能可以依靠，特别表现在常识方面。同样，双子的语言能力和沟通能力也可以支持北交的高等目标。对于生于这组交点的人，内在的根本性转变发生在将双子的短期视野转到射手的宏大愿景时。这里我们讨论的是双子立即的解决方案和射手能够看到问题背后更宏大的画面之间的区别。前者代表信息的交流，而后者是在概念和意义的层面上界定更广阔的事件。这些灵魂经常用双子座的方式在内在和外在的自由之路上，寻求如谚语所说的“真理让我们获得解放”。

在压迫面前仍旧对自己的道德准则保持真诚可能是双子最后的考验。南交双子特别难以抵抗环境的诱惑。拒绝放弃真理的最戏剧化的例子就是纳尔逊·曼德拉，他对种族隔离的抵抗让他在监狱待了27年。他用射手方式在自传《漫漫自由路》中讲述自己的故事。这部自传汇集了他对自己人生的回忆，在他入狱的早期就开始秘密写作了。

虽然当局发现并没收了他手稿的复印件，但原稿还是被偷运了出去。这是运用南交双子才华的正面例子，每天像记日记一样写回忆录帮助曼德拉应对每日的现实处境。他最终在1990年获释，主持了种族隔离制度的废除，并成为南非第一位由包含所有种族在内的自由选民选出的总统。他为南非终止种族隔离制度并和平实现非种族歧视的民主做出重大贡献，这使他1993年获得诺贝尔和平奖。

在1953年，作为首个成功登上珠穆朗玛峰的人，埃德蒙·希拉里爵士永远和这个壮举联系在一起。他的冒险经历和他为理想献身的生活使得他的人生读起来就像一本北交射手向导书。在登上珠穆朗玛峰之前，希拉里在新西兰登山，后来又攀登阿尔卑斯山。为了应付喜马拉雅山的严峻考验，在攀登这个世界最高峰之前，他登过11座超过20000英尺的高峰。登上珠穆朗玛峰之后，被封为爵士的希拉里转向南极探险，领着新西兰人在1955年到1958年间参加了穿越南极的长途探险。

20世纪60年代，在经历过更多的登山探险之后，希拉里越来越关注尼泊尔人民的福利，帮助他们修建了诊所、医院和17所学校。在逐渐兴起的旅游热中，希拉里对尼泊尔环境的损害提出警告，因为伐木者为了燃料而大量砍伐森林。为了说服尼泊尔政府保护森林并创建一个珠穆朗玛峰国家公园，希拉里利用自己的声望从新西兰政府那里获得支持，还获得了管理森林所需的专业技能。不幸的是，他在一次飞机失事中悲伤地失去了妻子和女儿，此后希拉里再次踏上探险征途，这次他从印度的恒河河口一直追寻到喜马拉雅的源头。1979年他出版了这次恒河跋涉的记录，书名为《从海洋到天空》。他后来再婚，继续投身于环境保护事业中。他在新西兰广受尊重，他的言论被公认为令人尊敬的良知的声音。

如果没有提到美国前总统富兰克林·德拉诺·罗斯福，那么对这个交点族群的讨论就不完整。本章开头那句他经常被引用的有关恐惧的话就是射手精神的例证。在最黑暗的大萧条日子里，他对国家需要什么的认知表现了北交对时代观念的敏锐把握。凭借乐观主义的真诚和积极的世界观，他提振了千百万人的精神，他的新政引导着这个急需安抚的国家。虽然他出身上流社会，但却依靠双子南交的才华清晰地向普通美国公众传递他的观点，并被看作美国最擅长交流的总统。他的《炉边谈话》是用常识（双子）解释政策（射手）的交点典范。他没有让神经灰质炎造成的瘫痪迫使自己从政治生活中退出。相反，他的任期长过任何一届美国总统，并带领国家之船穿过最艰难的水域。对于任何生于这组交点的人，罗斯福的个人日记都值得研究，从他人生的经历中可以学到双子南交和北交射手的功课。

另一个非常值得提到的北交射手人物是张海迪，她同样经历了克服残疾的过程。2008 年，在中国残疾人联合会第五次代表大会上，她被选为主席。为了除去脊柱上的肿瘤做了 4 次手术后，她在 5 岁的时候就患了高位截瘫，然而她对生活的热情从来没有被她的残疾所摧毁。更让人感动、也特别符合这个北交主题的是她对知识的渴求。张海迪自学了小学、初中、高中、大学课程，学会了英语、日语、德语、世界语。很巧的是，她在吉林大学的硕士学位是哲学学位。她丰富的知识、对生活的热爱和理想主义的世界观都美妙地回应着这个交点主题。

还有一个属于这个交点族群的是画家林风眠，他的先锋现代主义绘画真诚地传达了一个灵魂的美丽，在经历了包括坐牢在内的无数悲剧和痛苦之后，他的创造性在作品中进一步迸发。[⑩]

其他射手 / 双子交点的名人还包括：詹姆斯・乔伊斯、维吉尼亚・伍尔芙、阿纳托尔・法朗士、索尔仁尼琴、毕加索、马友友、英格玛・伯格曼、杜琪峰、李远哲、比尔・盖茨、龚如心、杰克・尼克尔森、希拉里・斯旺克、汤姆・汉克斯、张国荣、周润发、陈道明、林志玲等。

职业：

生于这个交点族群的不安分的特质经常让他们有过多的工作和职业经验。他们通过应用多才多艺的能力建立安全感。很多人非常擅长语言、写作以及与交流相关的工作，也有一些人适合和科学、数学、计算机相关的职业。有些人可能是通才，把他们解决问题的能力用在那些需要灵活性的工作中。

职业选择常常取决于他们生长的环境和他们的好奇心在哪个领域受到鼓励。他们通常学得很快，南交双子的人可以适应任何摆到他面前的情形和问题。因此，如果这些孩子在偏好机械的家庭中长大，家庭成员就会对他们修理破损部件的聪明能力印象深刻。而在喜好书籍和观点讨论的气氛下长大的孩子经常发展出文学和语言技巧。大孩子教他们南交双子的弟弟妹妹乘法表时，会对他们快速记住答案的能力感到吃惊。模仿和快速记忆是基本的双子才能。

不论什么样的南交才能被应用，对一个人的职业道路来说，这些都将是他们可以依赖的才华，或在进入一个安全的职业时成为敲门砖。除此之外，他们的灵活性可能是他们真正的资产。当他们发展更有成就感的职业时，灵活性可以使他们利用那些能够支持他们的机会。一位客户在取得他的数学学位的同时做导游工作，另一个在获得记者学位时为一个快递公司工作。生于这组交点的人的职业档案包括了各行各业，例如计算机技师、数学家、注册会计师、占星师、记者、作家、剧作家、电台音乐节目主持人、律师、法律助理、老师、治疗师、汽车销售员、销售顾问、市场总监、房地产经纪人、广告代理人、流行病学家、护理指导、咨询师、空乘人员、旅行代理人员、跑车修理技师、景观建筑师、邮差，等等。

这个交点组合有一些共通的职业问题：1. 原则和政策相对于变通性；2. 从事他们信赖的工作；3. 自由和灵活的时间；4. 有教育意义的或有冒险经历的活动。这四项对于成就感都很关键。他们能迅速熟悉新工作，也很容易了解工作场合的关键词术语，而且很快就对日常工作了如指掌。一旦在他们的位置上有了安全感，他们就开始关心以前忽视的原则性问题。能在多大程度上成功处理这些原则问题经常取决于问题被忽视了多久。长时间的忽视明显削弱了原则的可信度。一些人会对他们认为是虚伪的问题采取行动，这些交点的人有时发现他们是恶意流言的对象。不过如果这些原则足够重要，要设法解决这些原则的渴望最终将会压倒其他顾虑。

在失去工作或和同事或雇主有了不愉快的关系后，捍卫个人信仰的智慧有时看起来很莽撞。不过，对于这个交点的人，职业成就感最终取决于公开支持真理。技巧是如何在一开始就解决政策和原则的问题,而不是等到后来。在开头建立理解比事后再去处理简单得多。当然，一个人职业准则的发展需要时间和经验。如果你生于这个交点，尽早学会问有关公司和员工政策的问题，提前让别人知道你做事的方式。这样的坦诚也会鼓励其他人的诚实和直截了当，可能防止日后产生严重问题。如果情况允许，你总是可以特事特办，但有一个大概的指导原则可以让事情不至于偏离正轨。显然，道德问题也包含在原则还是变通性的标题之下。

道德原则也和一个人的信仰联系在一起，不过解决方法不总是那么简单。不是每个人都能为绿色和平组织或塞拉俱乐部工作，或在尼泊尔帮助建立学校。不过，让一个人的职业和他所信仰的一致对于这个交点族群是重要的动力。这种一致性不必和组织性的理想相关。一个注册会计师很可能信任这行当的职业道德，她可能在公司规模很小的时候就加入进来，因而在公司政策和方向的发展上起到关键作用。市场总监的热情可能来自于她对产品的信任。同样广告经理可能因为把亲切的老生常谈嵌入成功的广告宣传中而兴奋。当然，有些人选择的职业跟他们的信仰直接相同，比如一位客户的工作是诉讼监护人，使她能够在倡导儿童权益和儿童保护方面起到重要的作用。

有些人有办法在两种职业中游走，利用一种职业获得安全感，而在另一种职业中追求成就感。一位客户在计算机高端系统设计的工作上很成功，同时也在认真严肃地学习占星。他想最终成为职业占星师。

他很幸运，在计算机行业有一份收入不错的咨询工作，这个工作让他有时间发展对他更具吸引力的职业。另一些人依靠曾经试炼过的技能支持他们发展与职业无关的目标，比如一位法律助理存了足够的钱去喜马拉雅探险或去马丘比丘旅行。

这个交点族群内在对自由的渴望主要表现在需要弹性工作时间上。如果他们能够有更多自由安排工作时间，他们的工作动力会显著提升。理想情况下，最佳职业是可以跟自由生活方式一致的职业。一位治疗师非常高兴她可以根据自己的时间表自由行动，让她有时间追求不同的理想，且每年都能到遥远的地方旅行。有一个暑假可以旅行让教书成为另一种吸引人的职业。尤其是，教师这个身份本身也很适合北交射手的追求。

最后是学习和冒险的问题。那些感到自己一直在工作中学习的人比其他没有感到自己在学习的人更容易留在目前的职业中。来自这些客户经常的抱怨之一，是他们无法在工作中学到新的东西，所以他们很失望。对这些人，一份没有出路的工作不是野心无法实现的工作，而是无法获得新知识的工作。因此，知识本身就是目的，提供成就感的深刻层面。这个交点族群的人是永远的学生，很多人会时不时回到大学或上一系列的非正式课程。

冒险的追寻通常和对知识的渴求密切相连，职业方向往往被这类扩张性目标所吸引。自然，渴望冒险也让他们对旅行更有热情，能够提供机会看看世界的职业有很大吸引力。抱有更国际化的视野也经常对职业的成功很关键。国际化的考虑确实能帮助事业腾飞。国际市场可能正是想在本土的限制之外扩展商业范围或职业领域的人的答案。

简单地说，从大处着想确实是一个很好的射手北交口号，不仅仅在想得更远的意义上，而且还在观念上。射手中更高的意识导向对于在一个更广阔的概念水平上理解生活非常好。抓住主题对剧作家特别适合，因为所谓的高潮迭起对于一个吸引人的电影故事的展开是很关键的。实际上，双子南交的语言和交流的天赋在写对话方面很有用，加上射手对意义的兴趣，这么一个组合可以产生完美的剧作家或电影编剧。不过，同样的组合也适用于讲故事的人或普通作家。从大处着想，也特别适合广告和市场营销。许多有这组交点的人是天生的销售员，不管是在一对一销售还是构思到一个大的营销方案，他们都能做得很好。

关系：

关系的安全感建立在南交双子的融洽之上，而成就感却是通过分享生活来实现的。分享生活就是一场冒险旅行，而他们可以从中学习。所以，理想关系建立在相互交流的基础上，而在交流中，可能因为哲学、宗教、教育方面的兴趣，以及对自由和冒险的渴望走在一起。哇！这是真的，不过你把这些列在征婚广告里试试看！让关系保持平衡的最佳协议包含对生活的开放态度、良好交流的需求以及对真理和理解抱有同样热情。同样真实但更吸引注意力的广告词可能是："单身，富有冒险精神的灵魂寻求一个聪明、快乐、诚实、善于交流、对生活的意义感到好奇的伴侣。(当然，如果你碰巧在一个大的航空公司工作，还可以有些其他的可选条件。)"

对，幽默感也是很重要的一个条件。在谈到合适的伴侣的时候，很多有这组交点的客户坚持要找一个能让他们开怀大笑的人。大笑也是射手的天赋之一。这些人被谈吐幽默且将生命欢欣的真理带到每天生活中的人所吸引。不过，对这些家伙，关系的曲折发展可能发生非常奇怪的转折，对他们来说，诚实是通过学习得来的品质。

幽默感在很大程度上取决于年龄和成熟程度，不过心理游戏对于30岁以下甚至更大一些的人都很常见。有些人摆出聪明的挑逗姿态，仿佛就是为了得到活泼而机智的回答。这样做有几个目的：首先，也是最重要的，这使得他们知道另一个人的交流能力怎么样，他们用什么样的时髦词语，对什么感兴趣。双子座的安全感建立在由词语、语言、闲话、当下事件构建的基础上，这些让他们感觉舒服。在这样的聊天中，他们关注对方，并且不断和对方开玩笑，看对方有多聪明。不久他们就开始玩游戏。他们会随意找一些领域的主题，这些主题他们比对方了解更多，如果需要的话，会用小计胜过对方。有些人甚至敢说谎话或故意误导别人的话，或用半真半假的话开玩笑，看他们的谎话是否可以不被发现或不被质问。

自然，不是每个生于南交双子的人都伶牙俐齿。有些人可能是书呆子，只在他们感兴趣的领域很聪明，除非他们发现另一个人了解一些他们所喜欢的事物，否则他们会表现得很紧张。有些人甚至存在沟通问题，虽然这种情况不常见。大多数人急于说和听，对另一个人要说什么很好奇，时刻准备在谈话里插上一两句。

除了建立和谐关系的安全感需求之外，那些有知识的人让他们着迷。他们很容易喜欢老师、教授、长老、萨满、心理学家、占星学家、医生。他们被建立于知识之上的权威所吸引，而非被权威本身吸引。当然，如果加上点冒险色彩，他们就很快会被浪漫爱情捕获——假设那个吸引人的文学教授刚刚写了一本畅销书，一本色情小说，别有用心地说他刚刚和伴侣分居。在这个交点族群的人年轻的时候，倒不是说别人结婚与否对他们不重要，不过对他们而言，生活是一段冒险旅程而关系是学习的经历，道德的考量只有当年纪增长时才对他们有越来越重要的影响。

道德的考量始于诚实，当真理像清晨的阳光一样照耀时，你感到敬畏。你们很多人开始参与风流韵事和爱情游戏，不过逐渐将变成一个最诚实、有原则、有智慧的人。这很令人惊讶，特别对你而言。

因此在经历至少一次的试婚或特别不着调的关系后，你们中的很多人将选择一个生活哲学和自己很相似的人，他和你同样喜欢冒险，对生命怀有同样的热情。顺便说一句，如果关系中没有这些东西，那这种关系就无法持久。你需要一个在一起旅行时能够与你玩得很开心的人（但你并不强迫你的伴侣必须跟你一起去），或在你旅行时不会拖你后腿的人。最好他们也喜欢旅行，这样就不会一直碍事或用“你去哪了，你干什么了”这些问题来烦你。

自由对这个交点的人来说如此重要，他们不见得非得结婚才能幸福。虽然对那些已经透彻理解“真理让你自由”这句话的人，传统婚姻的约束并不会限制他们人生的总体方向。只有当两个人在哲学和宗教方面非常和谐，又通过良好的沟通建立了信任，对真理有着共同的渴望，他们才会喜欢一桩长久且带来满足感的婚姻。在最糟糕的情形下，这些人可能去适应扭曲的关系，自我欺骗以维持这段关系，直到真相让他们无法容忍，必须采取一个立场。

因此，在职业中很明显的模式也同样适用于婚姻或重要的两性关系。他们原来的伴侣本来已经适应了他们的谎言，所以可能对他们不愿再撒谎以维持婚姻感到困惑。当伴侣无法或不愿适应他们新的诚实态度时，就会发生离婚的事。不过，他们的伴侣会给他们贴上伪君子的标签。那又怎样？事实就是事实，即使像这么一个善于生活在谎言中的人也有容忍的极限。你看，他们早晚会抽出时间思考真理，对他们来说，越早这么做越好。因为他们该死的聪明总可以找出解决问题的办法，以至于他们有时自己糊弄了自己。不过最终原则会胜出。长期来看，幸福的婚姻和家庭来自于遵守准则，而这准则又出自对有关美满关系的智慧的理解。

父母指南：

这些不安分的小不点会考验你的耐心。只要有机会，他们就到处跑。父母们经常莫名其妙就找不到这个孩子了。幸运的是，大家忙乎一阵后，他们会和某个人手牵着手出现在门口——当他在4个街区外自在地蹦蹦跳跳时，有个人认出了他，把他带回家。在4岁半前他们冒险，是个野孩子，不过他们也非常幸运，不会因此出事。因此，那个两岁的小孩把黄油刀插到了电源插座里，不过竟然没被电到，等爸爸妈妈发现时，只看到一个烧焦的插座。对他们来说，甚至一个带篱笆的大院子也太小了。显然，当他们还是小孩子时，一定要看好他们。

在4岁和5岁，他们的天赋变得更明显了。他们还是很不安分，不过不会不经提问或不看看哪里有风险就做傻事了。所以在下一个9年，这些本来就很聪明的孩子就变得更聪明了。他们几乎对每件事都好奇，很容易参与到讨论中，而且能够在常识的基础上推理。不过，你需要很敏锐的耳朵和警觉的思想才能领先这个孩子一步。

这个交点的孩子的家长主要关心的是有关诚实的问题。当听到这些孩子随口编造或杜撰的解释时，父母们常常被他们如此不诚实弄得目瞪口呆。最典型的是妈妈的反应，她无法相信7岁的儿子真的认为她会把他滔滔不绝的明显的胡说八道当真。当别人质问他为什么撒谎，他承认常常知道妈妈可以看穿他的谎话，但一旦他开始说谎就停不下来。这些孩子并不是正在形成反社会人格，不过只是表现出他们的自然倾向，他们会说任何让他们的处境好点的话以使自己获得安全感。对他们来说，诚实绝对是需要学习的行为，让他们知道说真话有哪些好处是在他们童年时代常常要重复的课程。

道德教育不是对这些孩子不起作用。实际上，如果某个事情的规则或规范没有事先给他们讲清楚，很多孩子可能感到生气。“你没有告诉我不能做那个”或者“没人说过那个”是通常的抱怨。他们喜欢一开始就跟他们解释清楚什么是对的，什么是错的，因为这可以帮助他们认识到对错。因此，如果他们不守规矩，他们至少知道是他们自己选择这么做的，而不会显得既违背道德又很愚蠢。

在9岁和10岁，他们基本的认知和沟通技巧通常超过其他兄弟姐妹在同等年纪时表现出来的心智发展程度。如果他们是最大的孩子，他们会跟弟弟妹妹耍花样，给他们找麻烦看他们如何解决，必要时在最后一分钟提供解决方案。有时这些小的弟弟妹妹会是告密者，告诉爸妈他们犯下的错误，让他们非常愤怒。对这个交点族群，童年像是一出道德剧接一出道德剧，每一个人都想让他们保持诚实。

尽管总是走神，但很多人是非常优秀的学生。自然，这在很大程度上取决于他们接触什么比较多。正如在职业一节所提到的，他们会模仿适应他们周围的任何环境。如果在学术导向的家庭中长大，稳固的学习习惯可能为未来学术上的优异表现奠定基础。在 14 岁到 23 岁之间，这个交点的人常常会得奖学金。14 岁之前，他们更多是靠记忆学习。他们对概念的掌握倾向于在作为青少年的北交期间发展。

在不和谐或有害的早期环境中，这些孩子很容易学坏。他们是天生的“骗子”，不用多久就有自己的诡计。一个有这组交点的客户说到他 10 岁的时候，上了 8 个小学，最后他妈妈把他留在叔叔家，这样她可以去追求另一段伴侣关系。此前他从妈妈的男友那里学了很多把戏，包括纸牌戏法、迅速变装的技巧。幸运的是，他的叔叔对于小男孩的教育方式有不同的看法，花了很大努力教会他了解做一个坦率和诚实的人有什么好处。虽然他做的很多事情会让不如他叔叔睿智和耐心的人发火，但他逐渐认同叔叔的看法，尽管这要到他 10 多岁之后。

14 岁到 23 岁可能出现一个突破，他们会理解与以前的性格倾向完全不同的事情。有些人会拥抱宗教或理想，在这些领域展现新的热情。那个 10 岁时被逮到的抽烟的孩子，18 岁时公开抨击烟草公司并哀叹他们邪恶的市场营销策略。他们一度认为扔一个汽水瓶没什么大不了的，现在他们提醒每个人注意回收。现在他们容易对世界的虚伪敏感，正义感开始天真地显现。他们对大局的把握让他们充满了高见。在高中或大学时，他们对于世界应该如何的热情，有时可以促使他们为他们所相信的原则表明立场。

在这个阶段的转变并不意味着他们都变成了伪君子或道德完人。不过，认知取向的转变很常见。虽然他们靠聪明和记忆力解决了此前的很多问题，但是对相关原则的把握现在开始把他们的思想水准逐渐提高到了概念水平上。一些人成为成绩优异的大学生。此前在小学或中学很普通的人到了高等知识的圣殿中开始变得成熟。当然，在思想的地平线扩展的同时，更遥远的地平线也在召唤。

4 岁前瞥见的天生的漫游癖现在可能变得很显著。那些出身困难家庭的孩子可能离家出走。甚至海明威高中时也曾离家出走过，虽然他后来为了从学校毕业回了家。旅行和冒险的诱惑非常大。至少，自由与长大成人划等号。教导他们如何管理他们的自由可能是他们最重要的功课。

学校资助的旅游，特别是海外旅行会给他们很大启发。同样，交换项目也有长远的好处。对无限自由的渴望可能也会让某些人变得非常狂野。不过，同样的狂野也会出现在互相矛盾的宗教或精神活动中。因此，好斗的不可知论者可能在一年内变成修行的佛教徒。这样的波动对这个交点的人很正常。真理和自由的组合可能让人头疼，但对他们的成长和寻求成就感非常重要。

有些人，像年轻的柯林·鲍威尔（前美国国务卿）直到上大学才找到自己的真理。虽然被父母强迫着努力学习，获得很好的教育，鲍威尔在高中时仍是一个很普通的学生。不过，在纽约城市学院，鲍威尔的思想被高等知识的概念和原则唤醒。他对学习新产生的热情给他的方向感带来动力，并让他 21 岁时就从陆军后备军官训练团作为上校学员毕业，这是学员能被授予的最高级别。

生命周期：

大约 23、24 岁开始，安全感的需求开始挑战道德原则。因此，那些为支持清洁空气政策而游行的大学生可能发现他们现在成了汽车公司的推销员。当然，很多人会找到使信仰和生活的权益之计相调和的办法。他们可能选择公司政策和他们的信仰一致的公司工作。不过，个人准则在这些年会被随意扭曲。有些人发现自己暂时陷在一个迷宫里，而这个迷宫是由他们自己解决问题的才能所建构的。在办公室的流言蜚语中，道德似乎失去了立足之地，办公室隔断的迷宫看起来伸展到已知的地平线之外。不过，他们仍然珍视假期，假期提醒他们，创造他们这种样式的生活往往是辛苦的。

婚姻和家庭在 23 岁到 32 岁之间可能会因为没有考虑到全局而发生。誓言都出于好意，但结婚的动机可能因为想要适应现有的生活。“看起来这是应该做的事”可能只是因为情境所迫，而不是出自更深的原因。一个客户回忆道：“我们从大学毕业就住在一起了。父母对我们有些压力，不过结婚看起来好像是下一步该做的。我记得我还想过我们结婚会得到的礼物——一台微波炉会节省早晨不少的时间，而且会有多方便。我们都工作太忙了，所以我发现自己很期望一个蜜月，仿佛那就是我们结婚的原因。”

显然，不是每个有这组交点的人在这些年都会看不到婚姻的全景或他们的信仰。不过，这个阶段的职业和社交生活倾向于遵循更双子座的导向。做生意会使用诡诈，而追求爱情时不考虑道德或伦理。直到 32 岁之后，钟摆自有办法向更射手的方向摆去，过去忽视的观念和概念开始重新出现。

1997 年的电影《甜心先生》真的抓住了这个交点主题的本质。在电影中，汤姆·克鲁斯扮演的杰瑞·麦奎尔是一个没有原则的体育经纪人，用典型的双子方式周旋在生活中。在磨难之中，他一天晚上突然良心发现，冲动地写了一封令人吃惊的、极其诚实的信给自己所在的体育经纪公司，谈到困扰他的虚伪和不道德的职业行径。在这封信之后，一切都开始改变，麦奎尔的世界开始崩溃。

不久他只好离开，跟着他的只有一个客户和他的女友——一位单身母亲。虽然麦奎尔很感伤，但是，长期来讲，对诚实的坚持将他带上了一条更好地改变他的灵魂和生活的奥德赛之旅。生于这组交点的人可能喜欢这种现代道德童话。毕竟，这也是他们故事的一部分。

理解这个交点两极在人生周期反复变化的最简单的方式是重温射手和双子的基本概念。显然，在 32 岁之后开始的射手阶段，往往重新唤醒让生活和一个人的真理相和谐的巨大渴望。对北交周期，对诚实的更强的渴求很正常，就像对旅行和冒险的渴求一样。在 37 岁和 38 岁的关键时期，可能会突出由更深的真理和创造自由的生活方式的需求所引导的事件和决定。

从 42 岁到 51 岁，还有从 60 岁到 69 岁，权益之计的阶段将会是这两个南交双子周期的特点。而在 51 岁到 60 岁和 69 岁到 78 岁的北交射手阶段，对学习的新渴望将会促使他们增加阅读和参加课程。同样，早年没有进行的远途旅行会发生在任何一个更扩张性的时期。

在任何年纪，生于这个冒险的交点家族中的人经常看起来获得了某种宇宙奖学金。可能是他们为这一生存起来的。对我们其他人而言，这些人的生命将会让我们的精神振奋，并提醒我们生活中的一些大事情。他们的诚实清新而富有洞见，而他们的机智也让人开心。

第十章

♑ 北交摩羯——南交巨蟹

成就之路

出生时间：

1916年05月31日，02：15 p.m.——1918年02月13日，01：57 p.m.

1935年03月08日，12：38 p.m.——1936年09月14日，01：29 a.m.

1953年10月08日，11：28 p.m.——1955年04月02日，06：06 p.m.

1972年04月27日，03：03 a.m.——1973年10月26日，09：00 p.m.

1990年11月18日，02：20 p.m.——1992年08月01日，05：07 p.m.

2009年08月21日，02：24 p.m.——2011年03月03日，07：37 a.m.

上帝啊，你的确以勤劳为代价卖给我们所有好东西。

——里奥纳多·达·芬奇

回避危险最终比直接面对危险更不安全。胆小的人被逮到的几率和胆大的人一样多。

——海伦·凯勒

你必须识别最重要的事情。然后一直追求，不要放弃。

——贝聿铭

权力是随时间而来的力量。

——奥普拉·温弗瑞

我长大的地方只有户外简易厕所，没有抽水马桶。没有人知道我的生活还有别的可能性，好像我只能在工厂或密西西比州的棉花地里干活。没有一个人知道，没有一个人。我强烈感到我可以用我的生命作为范例，向人们展现我们可以成就什么。

——奥普拉·温弗瑞

对于那些被给予了许多的人，对他们的要求也会很多。

——约翰·肯尼迪

有时很难相信你是成年人了。你的反应总是让自己措手不及。你像了解一切似的冲着幻想微笑，眼睛一眨一眨——那是孩子的眼睛。你们中最坚忍克己的人也是感情用事的，而且永远是孩子。要花很多时间和精力才能说服你内心的这个孩子可以像一个大人那样，有时这个孩子就等着你做什么事情失败了，这样就可以冲你大笑并说：“看，啊哈，你仍旧是个失败者。”他不愿把人生的控制权转交给某个成年人——特别是你！然而你将事情管理得越好，你的这个孩子就越能学会信任你成年人的一面，你最终会长大成人。

在你的孩子和大人之间建立信任是你获得安全感和成就的关键因素之一。对你们中大多数人来说，这个大人 / 孩子的关系一直来回摇摆，甚至那些很年轻时就表现出将会有远大前途的人也会在攀登高峰的路上被不安全感折磨。你们最显著的成就出现较晚，很多人大器晚成，在 32 岁到 33 岁才开始踏实下来，而要到 37 岁到 38 岁才能够发挥才华。在 32 岁之前，一些人往往活在潜能中，“我可以做这个，或者我可以做那个，或许可能那个……一旦我长大之后，等我长大的时候”。

不愿做出承诺不是因为害怕一旦承诺就会失去自由或独立性，而很显然是因为害怕失败。然而，你对成功的渴望多过对失败的恐惧。成功是你成就自己的灵丹妙药，你可以尝到成功的强烈滋味。你越成功，就越想获得更多的成就。你获得的成就越多，你想要完成的事就越多。你比其他交点部落的人更因为成功而兴旺。

获得他人的尊重对你来说特别重要，信用意味着一切。不过不论你们已经获得了什么样的地位，你们中的许多人总是看起来像社区里新来的孩子。就是这种孩子气——你们中的大多数人都表现出来，也常常是你们的魅力所在。你依靠孩子的本能告诉自己，哪些感觉行得通，哪些行不通。最后，你的情感将变得收放有度，并在拼搏中表明，无论你多成功，你都会不断向前。

你已经学会发挥天赋才能，你也知道违反本性会有什么后果，当你没有做真实的自己，就会尝到失败的滋味。这是在玩一场输和赢的游戏，发现什么行得通，什么行不通。你们当中获得最大成功的人已经经历了相当多的失败和挫折，即使竞争会带来不理性的焦虑，人生的竞技场也像闪闪发光的摩天大楼的最高层一样吸引着你。最终，你的成就建立在半压抑着的暗流汹涌的情绪汪洋周围。潮水常常把你儿时的回忆冲上岸。于是，或好或坏，过去总跟你在一起。

随着时间流逝，你会带着感伤和怀旧的情感把一些记忆珍藏起来，而其他小时的故事仍旧会引起情感上的激烈反应，也让你更加有力量。为了那个很久前受伤的悲哀的孩子，你将努力把世界变成一个更安全的地方。

对你们中的一些人来说，世俗的地位和物质的炫耀将使人心满意足，可以用来证明成功和弥补充满缺憾的童年。当然，成功的性质和意义对你们每一个人都明显不同，不过相同的是渴望创造成功的生活。成功渗透到你生活的各个方面——婚姻、家庭、职业、友谊、社会贡献，简而言之，一切！自然，要想成功就要承担很多压力，你们中的一些人在压力下会时不时地倒下。但是，你不会休息太久，因为不行动比行动的压力更大。一旦你的精力恢复了，你会更急切地一头扎入要做的事情，在习以为常的勤勉中继续前进。

是的，情绪可能把你带上到处都是挑战的情感岔道，不过不管怎么说，这似乎也是计划的一部分。你的使命感很强。不是你的自我而是你的责任感驱使你向前，有时似乎像是要承担家长的责任。你看，在自我成长的道路上，家长的责任延伸到生活的许多领域。于是某种程度上，你生活中的每一个人都成为这个不断扩展的家庭的新成员，也带有家庭的所有祝福和诅咒。情感和感觉是你的家庭基础的粘合剂，于是你在情感上依附于周围的每一个人和每一件事，在滋养别人和被别人滋养的需求中波动。当安全的时候，你成为滋养者。当不安全的时候，你需要可以让你伏在上面哭泣的肩膀，让你彻底释放哀伤。

责任不会压倒你，而会使你成长。尽管要经过不安全和紧张的阶段，在责任和承诺上坚持到底将会使你更有力量。虽然可以糊弄过去，但在必需的时候，你已经本能地学会了在事情的规划中考虑行为的长期后果。很多人成为高效的规划者，能够指挥协调周围的人完成目标。许多人把抱负藏在心中，很少人猜到你早年的雄心是什么。但是每当你到达一个高地，更远的高峰激励着你去攀登。你在这个忙碌而又充满挑战的一生中不断重新设定志向。

你和历史上一些非常有创造力的人为伍。文艺复兴时期最著名的三个人，里奥纳多·达·芬奇、伽利略和哥伦布都是这个家族的成员。既高效多产（摩羯）又一直在潜力的状态下生活（巨蟹），里奥纳多·达·芬奇是这个月亮交点潮汐波动的两极的缩影。作为画家、雕塑家、建筑师、工程师和科学家，他因惊人的成就而广受赞誉，同样，他在这些领域未完成的作品或未竟的事业也广为人知。他的想法和计划绝对是多得漫了出来，野心在不断变化的目标中互相冲突。他一生都是一个勤奋的天才儿童，被异想天开的想法和情绪拉来拉去。[①]

作为探险者和所谓“新大陆”的发现者，克里斯托弗·哥伦布这个受人欢迎的形象，掩盖了一个异常勤奋的人为了找到支持他远行探险的资金奋斗八年的故事。在为野心勃勃的计划寻找经济支持之前，他已经是一个航海能手，非常熟悉连接冰岛、爱尔兰、亚速尔群岛、里斯本的北大西洋海路。他对航海非常精通（摩羯），即使在今天，现代帆船赛手也无法做得比他更好，而这种才能也刺激了他对成就的胃口，并加强了他的决心。有人把他成功穿越大西洋归功于他航海的丰富经验，有人归功于他作为水手的天生直觉（巨蟹）。摩羯对成就的渴望为哥伦布指明方向，同时他又依赖巨蟹的直觉感知变换的风向和天气。当许多有这组交点的人努力让他们的计划取得进展时，依靠的是他们的第六感——直觉。[②]

伽里列奥·伽利略的故事一般聚焦在他用望远镜进一步推进了哥白尼的太阳中心说，还有他晚年受到天主教宗教审判所酷刑的威胁，被迫公开宣称放弃他已经发表的观点。不过伽利略从来没有想激怒任何人，更不用说挑战天主教教会了。尽管他有好战气质，但伽利略的动力更多来自于野心而不是反叛。早在他看到木星的卫星以前，他已经是比萨大学一位非常成功的教授，在那里他演示了亚里士多德对于自由落地速度的假设是错误的。他对投掷的抛物线路径的相关解答，对物体力度的测量，还有作为杰出的仪器制造者，制造罗盘、测量仪器和数学仪器，这些都不仅提高了他的声誉，还提高了他的收入！不过伽利略把他的大部分收入花在为姐妹置办嫁妆，支援兄弟们和赡养他年迈的母亲，这展现了摩羯的责任感，“成功的大人”的角色，还有南交巨蟹对家庭的依恋。

如果伽利略就此止步躺在他的荣誉之上，就可以避免随后而来的审判和苦难。然而正如作家丹尼尔·布林斯廷所迷惑的，“由于某种原因，伽利略不能就这么止步”。不过，如果把伽利略放在北交摩羯的背景下，他的动力源头并不模糊——总是为了获得更大的成就而努力，向前看，目光被远处的山顶所吸引。怪不得伽利略是第一个看到月亮上山脉的人！许多有这组交点的人都奋发图强，渴望更高的成就，总能从孩子式的潜能源泉中汲取能量，注满灵魂，一旦恢复精力后又重新努力向前。[③]

一份有这组交点的著名中国人的不完整名单即使不让人生畏，也让人印象深刻，包含有获得各式各样成就的名人，例如：周恩来、陈独秀、贝聿铭、张大千、弘一法师、侯宝林、李安、成龙、邓亚萍等。在大多数情况下，都可以在他们的传记中发现“大师”这个词汇，比如周恩来是政治大师，贝聿铭是建筑大师，张大千是绘画大师，侯宝林是相声大师，邓亚萍是乒乓球大师并被选为中国世纪最佳女运动员。人们惊叹于他们所取得的一系列成就，很容易对他们顶礼膜拜，不过没有一个人因为月亮交点位置而确保获得成功。尽管他们内心渴望自己有很大成就，但他们可能是最后一个相信自己已经取得了如此伟大成就的人。

一个野性难驯的小男孩早年丧父后，由异常严厉的祖父抚养长大，很小就养成反抗权威的习惯，这种习惯既激励也阻碍了他一生的成功。他从小由祖父执教，学习四书五经等中国古典典籍，一旦无法正确背诵，就被祖父痛打一顿。祖父一心想让孙子好好读书，以便未来考取仕途，而孙子却和祖父一样决绝，当被痛打时，不掉一滴眼泪，而且更加痛恨这种高压的学习方式。9 岁时祖父去世后，他公然反抗，赶跑了所有聘来教他的老师。只有母亲的眼泪和痛苦才最终说服他开始学习并好好准备考试，以便将来走上仕途。

在这样的月亮交点的背景下，想想这个孩子的童年经历，他可以信任谁？只活在母亲的记忆里的很早就从生活中消失的父亲？或是连村子里的小孩子都害怕，听到他来了就会吓得跑掉的脾气暴戾的祖父？摩羯代表权威人物，而巨蟹，代表和母亲及家庭的情感连接。虽然祖父去世时，他意识到那个让他受尽折磨的人离开了，但即便如此，就像失去父亲一样，他又失去了一个长辈，只剩母亲和哥哥。他为了母亲才好好读书。然而他一生都不信任权力，对那些手握权力的人滥用权力的可能性永远保持警惕。虽然他无法向离世的父亲证明自己，或反抗祖父，向祖父证明他对孙子的判断是错误的，但他起码可以让他的母亲为他而骄傲。他做到了，最终以全省第一名的成绩考取了秀才。[4]

这个昔日的学子就是陈独秀，这位常常被淡忘的中国共产党的缔造者，作为学者、出版人、哲学家、政治家，一生为了成功实现中国的现代化和独立而奋斗。他 17 岁时，对自己优秀的考试成绩非常厌恶，宣称自己所做的八股文和那些评判它的人一样毫无价值。陈独秀认为整个科举制度都是荒谬的，所以次年考举人落榜后反而感到解脱。18 岁时，他通过了杭州求是书院（浙江大学前身）的考试，可是到 21 岁又因为反政府言论被驱逐出校。在警察的追捕中，他逃到了日本，进入东京专门学校（早稻田大学前身）。他在那儿编辑革命杂志。

在陈独秀的故事中，充满了摩羯和巨蟹的主题。没有其他黄道星座比摩羯座更关注社会结构，因此摩羯座和权威、管理、政府、行政、政治紧密相连。社会怎样被管理？事物怎样被运营？没有效率和浪费对摩羯座而言是最可恨的，甚至比缺乏社会地位、缺乏尊重更可恨。小陈独秀当然从来没有得到祖父的尊重，但无疑他用孩子的犀利目光看穿了这个蹒跚老人的错误，不管他的外表多么可怕。这就是陈独秀早年和有关滥用权力的腐朽之间的联系。

有些人说陈独秀缺乏正规教育是他反对传统和推动激进思想的原因，不过这样说明显忽视了当时的现实。陈独秀对于周遭摇摇欲坠的腐朽的社会制度感到既无能为力，又非常震惊。制度的腐败和残酷让他难忘，而日益觉醒到中国在列强中的屈辱地位也让他深深感到触痛。我们可以看到，陈独秀将自己需要被尊重的需求投射到他渴望中国被世界尊重上。当然，陈独秀自己的摩羯式的野心和他认为中国应有的面貌的野心融合在一起。他对中国的感情，就像童年时对母亲的感情一样，可以尽自己的全力为她奋斗。不过又因为对权威的不信任，不管谁当政，他都会大声说出自己的怀疑。

在日本，陈独秀和两个同学抓住一个行为不端的清朝学监，并剪了他的头发，随后他又被遣返回国。陈独秀不断写作，宣扬他激进的新思想，他用白话文写作，接触到更广大的读者，这在1904年之前是闻所未闻的事。他知道如何诉诸人民的情感和情绪，这是明显的巨蟹特点。同时他继续开展自己的学术研究，并在1917年接受了北京大学的邀请，成为北京大学文科学长（即文学院院长）。陈独秀大声疾呼，积极参与20世纪早期的社会和政治运动，成为新文化运动和五四运动的领袖人物。1921年，陈独秀和李大钊还有其他一些革命领导人创建了中国共产党，和摩羯北交表示权威的意思相一致，陈独秀被选为党的第一位总书记。⑤

在早年动荡的政治生涯中，随着党内的分裂和孙中山死后国共联盟的破裂，陈独秀对权力滥用的恐惧导致他和国民党及共产国际都发生冲突。对陈独秀来说，国民党和清政府一样腐败，而他又深深憎恶共产国际这种外国势力对共产党的影响。陈独秀在1927年被迫辞去总书记职位，并于1932年在蒋介石的反共清洗中被国民党逮捕。1937年被释放后，他拒绝了蒋介石请他做劳工部长的邀请，反而希望重新回到共产党内。可是，形式已经发生了变化。他被告知如果要重新加入共产党，就必须公开放弃他的观点并承认他思想的错误。陈独秀虽然感到悲伤，但仍旧坚决拒绝这么做。他继续写作，继续政治和学术的追求，认为自己在政治上受到排挤，就像父亲从心爱的孩子身边被驱逐开去一样。在他默默无闻的生命的最后十年，他深思熟虑所写的信件都被原封不动地退回。

虽然在陈独秀看来，重要的人物都不再听他讲话，但对他个人的严厉评判忽视了他文章的影响力，他一直发展着自己的观点，直到1942年去世。在现代中国，人们仍旧在阅读他早期的文章和他后来的学术文章。一方面，由于童年长辈的负面榜样，陈独秀易于挑剔权威人物；另一方面，就像一个孩子在父亲缺席的情况下想象自己的父亲应该是什么样子，这个孩子会对父亲理想化。所以虽然陈独秀绘制了理想的政治地图，并在风暴中艰难地试图坚持自己的道路，但这风暴最终倾覆了他的事业。尽管他巨蟹的内在孩童非常忧虑，但他还是遵循了摩羯灵魂的指导，为他原定的目标而努力工作。

陈独秀的个人生活同样多风多雨，他的恋情充满情绪的动荡。保守主义人士认为他有伤风化，这也导致他被北大解聘。同样表现出巨蟹南交情感的是他因兄长去世而写的悼亡长诗，整篇诗作满含乡愁和对兄长的怀念和敬意，是巨蟹和摩羯最好的结合。⑥

这个交点族群的人可能比其他任何交点族群的人都更容易受到成功和失败的折磨。不过，不像第四章的相反交点，成功和失败并非都需要治疗。相反，对成功的追求通常带有年轻人急切想要证明自己勇气的热情，尽管知道这可能冒着尴尬失败的风险。在这条生命道路上，灵魂从这个人身上掘取很多东西，因为就在追求目标的过程中，灵魂改变了，既通过失败也通过成功。不管一个人生于贫困还是生来富有，或是出生于中产家庭，对他们来说，一生之中随时要面临挑战，即使像成龙这样带着诙谐喜剧面具的大孩子也一样。

成龙生于 1954 年 4 月 7 日，本名陈港生。他在电影事业的成功也是一个传奇故事。他父母都很穷，父亲是厨师，母亲在香港的法国大使馆做保姆。小时候，成龙很早起床，在父亲上班之前和父亲一起练功夫。因为父亲接受了澳洲美国大使馆主厨的新工作，成龙 7 岁时就悲伤地离开了父母。部分因为成龙孩子气的坚持，他上了中国戏剧学校，他的父亲也认为这对于儿子是条出路。这个学校按照古老的传统培养他们日后靠唱京剧谋生的本领，因此他在随后 10 年内学习武术、杂技、唱歌、演戏。但在那种严苛的环境下，只要犯错误或不听话就会挨打，所以成龙经常遭受体罚。⑦

想家的小男孩无处可去，被迫在非常严格的管教下忍受惩罚，任何人都会在这种极端的摩羯 / 巨蟹力量面前退缩。童年跟父亲一起练功夫，在和父亲一起共度的时光中享受乐趣（巨蟹），而早早起床也表现出纪律性（摩羯）。随着突然的分离，加上威吓的环境，成龙必须找到取悦无情的老师的方法。为了应对严苛的环境压迫，他无疑压抑了自己孩子的一面，而通过表演的创造性出口，他可以获得放松。在那些年褪色的照片中闪烁着他顽皮的笑容，流露出他用以应对环境的幽默感，预示他可能成为一个喜剧演员。

毕业后，成龙找工作因为京剧市场的衰落而受阻，而且他的学校没有教他们读书和写字。成龙不愿仅仅做一个体力劳动者，于是成为特技替身演员。他很快因为愿意尝试任何事情而小有名气。他如此大胆，不仅因为冒险可以给他带来兴奋感，而且也因为他需要让自己比其他人更出色。后来经过曲折的道路，他终于获得了成功，而他多年年来拍摄的诸多电影就是他的履历。⑧

成龙的生活也展现了摩羯和巨蟹之间的很多矛盾。在他 20 多岁的时候，他的努力工作和一次次放任的狂欢乱饮形成鲜明对照。这种情形很常见，不过却是一种不健康的释放情绪的方式，随后又会是一段严格自律的时期。从一方面看，他的特技表演需要严肃而严酷的排练，表现了摩羯的计划和效率。而从另一方面看，他的面部表情可以从一个天真的孩子变换到一个被吓坏的小男孩，这是巨蟹孩子气情绪的夸张刻画。当然，他充分利用了自己泰迪熊似的机灵可爱。⑨

从积极的意义上说，成龙贡献了大量的时间、精力和财富给慈善事业，特别是小孩和老人。他是一个停不下来的人，很少有人能跟得上他的步伐。不过他也要求别人像他一样，比如他的儿子房祖名。在个人生活中，他既有遵守承诺的一面，也有冲动的一面。虽然结婚多年，但他和香港演员吴绮莉的一段风流韵事给他带来了一个私生女。成龙自己的生活就像他的电影《醉拳》中的武术大师，似乎在酒醉最厉害的状态下无意中获得了成功，这正是摩羯 - 巨蟹的两极化极端。为了促进自己的计划和项目，成龙有时需要作为商人出现，但说话颠三倒四的他有时会让自己陷入麻烦——在错误的时机说错误的话，就像突然跑出来的几小时前就应该上床睡觉的孩子。在他的交点背景下考虑到他的不自由的童年，你会发现成熟和不成熟在他身上同时存在，而且表现得还不错，这真是一个奇迹。不管怎样，他已经找到办法，把自己的矛盾化作巨大的成功。

当然，成功不仅要靠外在的成就来衡量，同样要以个人目标的达成来衡量。内心生活是一条地下河流，也有流淌的的方向和目的地，灵魂成就的水流寻求着自我证明。对某些人来说，水的流动在早年既狂野又自由。例如弘一法师，早年是一个浪漫而有点放纵的艺术家。不过当他在 39 岁那年皈依佛门后，成了一位高僧。他对戒律的严格遵守是内心忠诚和信守承诺的令人敬佩的例子——重要的摩羯特征。从某个程度上，弘一法师代表了这个交点光谱的极端，他严格遵守戒律的苦行和他早年放纵的情感生活相去甚远。

对其他人来说，内心生活在外在生活中找到了连续的表达。伟大的画家张大千是这种努力的完美例子，他的作品范围极广，他像一个天才那样创作，不断发现各种新的艺术形式。贝聿铭也是一样，他所设计的建筑奇迹遍布世界，从 1961 年科罗拉多州博尔德的国家大气研究中心到 2008 年卡塔尔首都多哈的伊斯兰艺术博物馆。电影导演李安可能会感到自己还不配进入这个大师的名单，虽然他优美的电影作品受到高度的赞扬。

李安的早年生涯很符合大器晚成的模式。他选择上国立台湾艺专让他的父亲深深失望，后来，即使他在伊利诺斯大学获得戏剧学位，并在纽约大学读电影制作，用毕业作品获得不少奖项后，他也找不到一份与电影有关的工作。看上去他的事业还没有开始就失败了。随后很多年，都是从事微生物研究的妻子在养家，而他待在家里做居家男人。依照南交巨蟹的习惯，李安买菜、做饭、带孩子，他是一个全心全意的父亲，也是一个失败的电影制片人。直到 37 岁他才有机会执导他的第一部影片《推手》，这是一部感伤的喜剧片，探索了住在纽约的台湾人所遭遇的文化鸿沟。从那儿以后，李安在许多电影中表现了他的导演才华:《喜宴》、《饮食男女》、《卧虎藏龙》等，而《断背山》为他赢得了奥斯卡最佳导演的奖项。[⑩]

就内在和外在的努力来说，很少有人经历过海伦·凯勒所遭受的障碍。一岁半的时候，一场高烧使她变得又聋又哑。她的一生就是一个极好的例子，表现出属于这个交点族群的人可以被如何激励。她早年的极端行为戏剧性地表现出巨蟹/摩羯的极端，即毫不约束的情绪化反应相对于专心致志的努力和为取得成功的不屈不挠。

在生病以前她是个活泼、健康的孩子，已经可以说一些简单的词。然而高烧过后，她发现自己生活在一个奇怪的、黑暗的、没有声音的世界中。她运用触觉和嗅觉逐渐重新适应环境，学会挤牛奶、揉面团、在花园里摸索着玩耍。7岁时她甚至发明了60多种不同的手势跟家人交谈。然而通过感觉家人的嘴形和嘴唇，小海伦敏感地意识到他们和她交流的方式不同。她的挫折感非常强烈。

在小说和电影的描述中，海伦经常大发脾气，在屋里乱撞的时候又踢又叫。她变得失去控制，从家人的盘子里抓食物，把易碎的物品往墙上和地板上扔。正像这个交点的许多人一样，需要一个强有力的、有爱心的大人的影响来打破这个孩子的愤怒，并使她能够发展自己的潜能。7岁时，海伦成为帕金斯盲人学院的安妮·曼斯菲尔德·莎利文的特殊教育学生。安妮了解海伦痛苦的原因，挡开了海伦的又踢又咬，并逐渐穿过海伦防御性的情绪旋风，找到管理和引导她的方法。

一个戏剧性的转折点是，安妮领着海伦到外面的一个喷水井边，在她的手心写字，让她感觉“水”这个英文单词中的每一个字母，同时把水喷到她的手心。安妮一遍一遍重复，直到海伦突然意识到这和组成单词“水”的字母相关。于是海伦每触摸到一样新东西，就急于知道这个东西的意思。她进步非常迅速，很快学会用布莱页点字法阅读，并用一个特殊设计的打字机写作。更了不起的是，在10岁时，凯勒仅仅在经过1个月的学习后就学会了说话，“对于一个从来没有听见过声音的人来说，这可是非常大的成就”。[11]

随后，年轻的海伦·凯勒越来越坚定要上大学的雄心壮志。在安妮的帮助下，她在波士顿帕金斯学院接受正规教育，随后在纽约进入怀特赫玛森聋人学校。19 岁时，她进入哈佛大学拉德克利夫女子学院并以优等生毕业。她被描述为具有非常杰出的专注力和记忆力，并有顽强的获得成功的决心。在大学时她就开始写作《我的生命故事》，并从书的销售中挣到足够的钱，买了自己的房子。[12]

在随后 60 年，作为女性参政活动家、社会活动家，投身于各种旨在让世界变得更好的社会活动中，并帮助建立起美国盲人基金会，在全国和全世界开讲座。她不断写作，出版了 10 多本书。一位日本女性曾说，海伦最大的成就是以自己为榜样，向其他人证明，残疾不是世界末日。[13]

她自己的话为摩羯 / 巨蟹交点主题提供了充分证据：“如果我们一直坚持，就可以做我们想做的任何事情。”“不是每件事我都可以做到。但我可以做一些事。我不会拒绝我可以做的那些事。”“当我们尽了最大努力时，我们永远不会知道在我们或他人的生命中会出现什么样的奇迹。”“让我们祈祷的不是拥有和我们能力相等的任务，而是拥有和我们任务相等的能力。当我们朝最远的目标前进时，我们要一直向前，带着永远敲打着我们心灵的巨大渴望。”最后，凯勒会说“真正的幸福”来自于“对有价值的目标保持忠诚”。[14]

海伦·凯勒的一生是摩羯所象征的克服限制取得胜利的缩影，她克服了童年破坏性的情绪习惯，一直从情感和感受的泉水中汲取力量，这是南交巨蟹命运的一部分。她把滋养性的能量引入所做的每一件事情中。整个世界成为她的家，残疾人是她的孩子，她不停为残疾人筹款，不知疲倦地工作。

同样从极端困难的童年中走出来，并获得令人惊讶的成就的另一位女性，在她成就自己的过程中看起来似乎使整个世界都成为了她的听众。在美国，她有 2000 万观众，在世界其他 132 个地方，包括孟加拉、塞浦路斯、蒙古这些遥远的国家还有数以百万的观众，他们带着家族成员般的忠诚，都在收看奥普拉·温福瑞脱口秀。正如她的粉丝所知道的那样，奥普拉 1954 年出生在密西西比农村的一个贫穷的家庭中。她还是婴儿时，母亲就去北边的密尔沃基市找工作，在祖母的监护下，她在养猪场度过生命的前 6 年。

奥普拉是非常聪明的孩子，3 岁时就会读书写字。她的生活围着教堂、农场和后来的学校转。在教堂，她学会背诵，并在戏剧中演出。她早熟的表演给观众留下很深的印象，她小时候就吸引了很高的评价。除此之外，奥普拉说她的祖母给她灌输了要在生命中渴望做伟大事情的信仰。这样的鼓励很显然对任何人的童年都非常重要，那些生于摩羯/巨蟹交点的人对这样的信息尤其敏感。这些很早种下的雄心壮志的种子可能会在一段时间处于休眠状态，但是当有适当的时机和合适的条件，它们将会扎根并在成就的土地上开花结果。[15]

从 6 岁到 14 岁，奥普拉大部分时间和母亲住在一起，只有在 3 年级时跟父亲住了一年时间，当时他和继任妻子住在纳什维尔。这是一段值得纪念的时光，因为父亲和继母很看重她的成绩。他们要求奥普拉一周读一本书，并写一篇读书报告。和她父亲井井有条的家庭生活相比，她的母亲在密尔沃基的公寓非常拥挤，各类朋友和家族成员杂居在一起。奥普拉和母亲及其男友住在一起，此外必须和两个兄妹以及其他常往来的亲戚分享只有两个卧室的公寓。

3 年级回到母亲那里，事情变得越来越糟。一个表弟对她进行性骚扰，后来还强奸了她，此后她成为家族男性成员及其朋友们的性玩具。14 岁与男友私奔后，奥普拉被意外送到父亲那里和他们一起居住。在几星期之后，她的继母就发现了奥普拉一直在隐瞒但隐瞒不住的事情。14 岁的奥普拉怀孕并流产了，不过她终于可以说出那些侵犯她的人的名字，还有她所遭受的性侵犯。不幸的是，正如 15 年后她所说的，

“家族中的每个人都有点想把这件事掩藏起来”。[16]

从 14 岁到 22 岁，奥普拉在父亲家庭的严格训练下开始了她的成长期。不许她再化浓妆、穿露背背心和又短又紧的裙子。重点放到了学习成绩和正派的行为上。奥普拉回忆道：“我被送到父亲那里，这样父亲就可以严格管教我，他就是那么做的。”她父亲和母亲的家庭环境的巨大反差反映了摩羯和巨蟹两极的极端。摩羯对应着纪律和勤奋工作的能力，而巨蟹和随意的、依照本能生活的习性相关。巨蟹的考虑，甚至关于安全感的考虑，也很少超过此时此地的情绪之外。[17]

这个摩羯 / 巨蟹交点的主题贯穿了奥普拉的一生。不过在许多方面她都是把这些能量发挥到最大限度的典范。她“令人敬畏的职业道德、卓越的时间管理能力和令人惊叹的商业敏锐”都是摩羯的属性。不过，她“自发的天性、真诚的情感和滋养他人的倾向”又全部是巨蟹的特点。她广为人知的与体重搏斗的故事也回应着这组交点的两极。她对食物的渴望象征了一个情感上滋养不足的孩子对食物和安全感的渴求，代表着那个受伤的巨蟹，而她的节食努力则反映出摩羯向往自我约束并渴望好好管理自己的人生和身体。[18]

在北交的一面，她获得了经常被北交摩羯追求的成功和地位。她坚定的努力给她带来巨大回报。她是美国最富有的女人之一，据报道，1998 年就有 6 亿美元，有些人估计 2000 年时她已经跨过了 10 亿美元的门槛。2009 年是奥普拉·温福瑞脱口秀播出的第 24 个年头，这个节目获得了 30 多届日间艾美奖（Daytime Emmy Awards）。在最受尊敬的美国女性排行中，奥普拉名列第二，并在 44 岁时获得终身成就奖。此前，在 1993 年，她已经获得了霍雷肖·阿尔杰奖，这是具有明显摩羯性质的奖项，颁给那些克服了巨大障碍而在自己的领域中成为领导者的人物。对于任何生于这个交点族群的人来说，奥普拉自传是一本必读书。[19]

这个交点族群另一位以情感为基础的成功女性代表是印度前总理

英迪拉·甘地。她是自由印度第一任总理贾瓦哈拉尔·尼赫鲁的女儿，在她总理任期内成为印度非正式的女主人。童年时，英迪拉就因为父亲的缺席和母亲的疾病而痛苦。在孤独和隔绝中她退缩到她的巨蟹壳中。“看起来她想避免太多的情感，害怕她爱的对象会离去。”⑳

尽管如此，有一段时间她融入环境，吸收了很多东西。她在印度特有的绝食、抗议、监禁、公民不服从的政治舞台上长大，偶尔还会去拜访圣雄甘地，并在甘地于监狱绝食期间照顾他。虽然她是个好学生，但她母亲的疾病时常中断她的教育。后来她写到，当她是孩子的时候就希望自己是个男孩。然而“几乎一夜之间”，她强调说，“作为女性的欢欣开始呈现，人群中像男孩子一样顽皮的长腿姑娘变成了身披沙丽的年轻女士”。㉑

她逐渐从一个羞涩、不幸福、看上去有些冷淡的、不停担心父亲的姑娘成长为一个有着伟大能力的领导人。在 20 岁出头的时候她就成为印度独立运动积极的成员，有时还遭到警察的殴打。当国大党的党旗从一位受伤的同志手中跌落时，她召集了一群示威者重新举起独立印度的旗帜。几天后，当一个英国中士用枪指着英迪拉的脑袋时，她的新婚丈夫弗罗兹·甘地挡在了她和英国中士之间。在危险面前，她的镇定和庄严给很多人留下了深刻印象。她和她的丈夫在狱中度过了第一个结婚纪念日。

两年后，随着她父亲在 1964 年去世，英迪拉继任总理。她干满了 5 年任期，随后又在 1971 年的全国选举中领导她的政党取得压倒性的胜利。作为总理，她的目标与她父亲不同。她本来寻求实现印度的工业化，但是发现国家常常遭遇饥荒的威胁，于是她开始投身于让印度在粮食供应方面实现自给自足的计划。她发起了绿色革命，在 3 年内实现了粮食自给自足的目标。她的领导对这个项目的成功非常重要，突显了极其高明的管理技巧。

她的奉献和艰苦工作是显著的北交摩羯的证明，也向世界成功展示了女性如何高效领导一个庞大而臃肿的政府。1966 年，美国总统林登·约翰逊总统在她出访美国时被她打动，她回国时带回了美国 9 亿美元的援助和 350 万吨粮食的承诺。经历了 1977 年的政治失败后，1980 年她再度引人注目地回到政坛。1984 年，她被做安全警卫的锡克族士兵刺杀，这个士兵是为了报复她早年镇压锡克暴乱的政策。把她当作母亲一样热爱的印度人民陷入极大的悲痛中，她一直依赖人民的支持领导她的政党。外表坚忍的英迪拉·甘地敏锐地回应了北交摩羯责任的召唤："你必须把个人的悲伤放在一旁，你必须履行你的责任。"㉒

责任这个主题也体现在另一位生于这个交点的政治传奇人物约翰·肯尼迪的作品和演讲中。"总统的责任不能被交给他人。他的办公室是唯一的渠道，在那里有洪流一般的压力和每个州、每个联邦机构、每个朋友和敌人的需求。"㉓

不像很早就表现出潜力且公开展示野心的小弟弟鲍勃（鲍勃比他小 9 岁且生于相反的交点），肯尼迪早年的表现不像是未来会有很大前途。他在兄长小约瑟夫的阴影下长大。本来按照他父亲的希望，约瑟夫应是兄弟中进入政治领域的头号人选。但小约瑟夫在二战中去世，把肯尼迪意外推到大儿子的角色，这个角色他花了很长时间才适应。对于这个交点族群，这样缓慢而不情愿地承担责任也不是一个少见的现象。然而正如约翰·肯尼迪和其他人所表现出来的，生于这个交点部落的人可以用他们日后的应付自如让那些在生命早期认识他们的人吃惊。

另一个属于这个交点族群的人是香港出生的甄爵恩，他目前是新西兰一位成功的出版人、设计师和商人。他在他的网站上说了一句很有摩羯应对挑战意味的话，值得引述——"这个世纪将会留下很大影响。我指的不仅仅是环境保护运动或向政府抗议，而是为人类迫在眉睫的问题找到真正的解决办法。你会和我一起参与其中吗？"㉔

其他有这组交点的中国名人包括：作家老舍、朱自清、丰子恺、李敖、王安忆，相声大师侯宝林，企业家王永庆，经济学家张五常，电影明星林青霞、赵雅芝等。外国的知名人士包括：诗人约翰·沃尔夫冈·歌德、政治家弗朗索瓦·密特朗、康多莉扎·赖斯、尼古拉·萨科齐，歌唱家鲁其亚诺·帕瓦罗蒂，导演伍迪·艾伦、詹姆斯·卡梅隆，指挥小泽征尔，企业家史蒂夫·乔布斯、卡莉·费奥丽娜，演员约翰·特拉沃尔塔、丹泽尔·华盛顿、戈蒂·霍恩，运动员威尔特·张伯伦等。

职业：

这组交点没有特别突出的职业方向，但是有些与职业相关的主题。首先最重要的一点是以前已经提到的晚成者综合症，对此有必要进行更多的探讨。当然也有明显例外，尤其在需要年轻人的领域，例如运动或流行音乐（大部分集中在娱乐表演领域）。总的来说，这些孩子不愿意冒失败的风险，因为他们太想获得成功了。因此，相当一部分人情绪化地游荡过 20 岁，直到他们意识到如果不做出承诺，最终命运会更糟。无法回避的 30 岁经常是一个下决心的转折点，32 岁通常标志着认真做事的开始。

许多人拥有强烈直觉，日后当他们做出承诺时，直觉将是一个优势。一位女性对城镇的破败区域的一片商业地产产生好感。每次想到那块地的时候，她都禁不住感觉那有很大潜力。32 岁时她弄到了一笔贷款买下那片地产，在相邻区域都经过中产阶级化的改造后，不到 6 年时间，这片地产比她原先买的价格升了 4 倍。

尽管依赖她的巨蟹直觉，但她更信任北交摩羯的指导，长时间的工作以使地产增值。她每天下午 5 点就离开本职工作，经常在那片地产上干到很晚，周末也干活，监督别人工作，并亲自做大部分的建设工作。她感叹她一生中从来没有这么辛苦工作过。不过这只是开始。她继续买更多的地产，复制她的成功。从最早的风险投资开始，在12年内她成为一位非常富有的女性，现在管理着自己成功的商业地产开发公司。

那些听从自己直觉的人有时可以预测短期的流行趋势，特别在与公众情感或怀旧相关的事情上。然而，即便他们可以靠直觉把握民众的脉搏，成功的关键还在于摩羯座坚持到底和勤奋的工作精神。很多客户常叹息他们没有在早期跟随自己对流行趋势或商业点子的直觉，而那些趋势或点子后来获得了巨大的成功。但是，大多数人最终变得太忙而不再抱怨失去的机会，他们一边参考南交巨蟹无所不知的孩子一端的感觉，一边遵从北交摩羯自律的成人的指引，把无限精力投入到事业中。

一位客户把童年时对宇宙书和棒球卡的沉迷变成了事业，最终开了自己的收藏店。另一位客户在情感上很依恋她家族具有南方传统的东西，开了古董店并干得很好。还有一个在家族中最小、看上去最不可能成功的成员，从拥有一家小的集贸市场开始，继而开了自己的社区熟食店，后来成功建立了连锁餐馆。

除了直觉、情感和情绪外，从南交巨蟹的一极经常冒出来的还有天生的禀赋才华。这种天赋的本质取决于个人，可能是创造性的天赋、交流天赋，或者甚至是科学天赋。发展这种天赋对任何持久的成功都很重要，关键在于允许这种情感能量自然流动并把它导引到个人的努力中，而不是错误地限制它。忠实于自己的情感很重要，也不应舍弃对成功来说必要的自律的努力，不然可能会损害你的目标。“入错行”的问题常常出现，在这个问题上，其他人好心的建议反而常常使事情变得更糟。

当然，情绪问题常常会影响工作效率和成功。通常这些破坏性的情绪深深扎根在害怕失败的恐惧中。对于生于这组交点的人来说，甚至所谓自尊问题也往往来自对成功的巨大焦虑。有些人演变为长期的焦虑症患者。但是，除了用心理治疗帮助心理和情绪问题的解决，对这些人最有力的治疗来自于行动。

很多人依赖成长时期就懂得的工作伦理。是的，一位有这组交点的客户说："看起来我做得越多，我能做到的就越多。"这个交点部落的学习课题要求他们发展自律、有效的时间管理和组织、计划、制定目标的能力。很多人发现他们具备自律的能力，当他们害怕失败的恐惧消退后，他们不能想象如果没有他们精心的安排，他们怎么可以应付过来。

自然，任何事都可能做过头。一个忙碌的、工作狂的大人，忽视他内在的孩童，就会既损害目标，也损害效率。里奥纳多·达·芬奇抓住了这点，他写道："有时应该离开一会，放松一下，因为当你回到你的工作来时，你的判断力会更准确。"关键需要在工作和游戏、大人和孩子的关系上保持平衡。大多数生于这组交点的人似乎明白这个道理，因为他们内在的孩童很少在他们的视线或思想之外。一连串的错误通常会告诉他们应该休息了。不像第四章中那些相反交点的人，疲倦和不安全感不会让他们自动变得过度勤奋。相反，在弄糟事情的惊慌和不安全感中，他们暂时会变成不好意思的孩子。但是他们不会一直这样。当他们投入新的努力去实现目标时，大笑一声或耸耸肩，他们的自信会重新回来。

对某些人来说，多少休息时间才合适是个问题，特别当经历压力和焦虑时。许多年以前，一位牙医学校的年轻客户第一次尝到失败滋味时，他对自己失望，不知道是否应该离开学校几个月。他是一个学习非常优异的学生，但他发现学会如何使用仪器的技能对他来说非常困难。他以前从来没有遇到过这样的障碍，他的焦虑使他甚至变得更笨拙。自然，他怀疑自己是不是做牙医的材料，他是否应该选择这个作为他的职业。

但是很明显，一下子就能看出他的幻灭不是和牙医职业有关，而是和他自己有关。因为他生于北交摩羯 / 南交巨蟹，我和他谈了他对失败的恐惧，使他承认如果可以的话，他多么希望能从牙医学校成功毕业。我建议在他感到有困难的地方申请技术方面的特别辅导并且立刻回到牙医学校，然后他就会知道他已经尽了最大努力。如果这样还不行，他总是可以尝试其他的东西。听从了我的建议后，他又把自己投入到新的努力中并且逐渐掌握了牙医的技术。在毕业时他几乎是全班最高成绩，继而建立了自己的事业。

对那些生于摩羯 / 巨蟹的人来说，这样的建议通常是很好的经验法则，但是有时给自己放假是必需的——给已经耗光了的情感电池充电。不能只是花些时间简单休息一下，或去休一个普通的假期，在多年的极度疲劳和奋斗后给自己放一个长假是应该的。不论在巨大的成功还是痛苦的失败后，假期将使得这个忙碌的成年人再度与他内在的孩童熟悉起来。通常，需要休假的时间比想象的更短。实际上，很多人很快就会厌倦了停工的时间而开始向前看。他们充满了新的计划，急切地期望再度忙碌，看来年纪越大的时候他们越会因为工作而欣欣向荣。

如果认为生于这组交点的人都是为了急于获得世俗的成就而卖力工作就错了。对每个人来说成功的本质和经历都非常不同。正如本章开头所说的，成功的渴望体现在许多领域，例如婚姻，为人父母，或者作出社会贡献。然而他们需要向某个顶峰努力，不论最终能否达到，对他们来说是成就的关键。

除了刚才已经说到的，其他生于这组交点的职业档案还包括几位医生，一位脊髓指压治疗师，一些抵押贷款银行家、企业管理者，两位广告代理商，六个房地产经纪人，两位歌剧演员，一位交响乐团的大提琴演奏家，一位消防队员，一位房屋重建商，一位建筑监理，两位飞行员，一位儿童和家庭服务指导，一位摇滚乐手，一位电视广告制片人，一位占星师。

关系：

这个交点简单的相处公式是一段既能提供安全的滋养的情感港湾，也能够帮助他们获得成就感的关系。那些已经完成了摩羯需求的人可能说，“对我来说，重要的是我们作为伴侣一起取得的成绩”，或者“如果不是我们有这么好的关系，我相信我不会取得现有的成就”。理论上，更多的巨蟹的情感会包含进来，比如“我感觉我们就像孩子一起玩一样”，或“在我们之间有无法言传的情感连接”，或“我们对某事情有同样的情感”。这些话对于那些既完成了摩羯需要又满足了巨蟹需求的关系来说是很有代表性的。当然，达到最佳的平衡是非常有挑战性的。

因为获得地位极为重要，有些人会选择一个可以在别人眼里提升他的地位的伴侣，寻找那些吸引人的、能干的或有成就的人作为伴侣。“看我得到的”是他们向朋友和熟人传递的信息。然而，如果缺乏真正和谐的情感关系，他们提升的名望也只能带他们走这么远了。在每个人面前炫耀的那个人可能令他们感情上失望。抱怨他们的伴侣不能滋养他们，显示出他们自己缺乏安全感。这样的婚姻即使在全世界的眼睛里都很成功，在情感上也非常不健康。一个南交巨蟹的人在他们感到自己不被接纳或欣赏的环境中会忧伤并且挣扎。他们变成了被伴侣 / 父母拒绝的郁郁寡欢的孩子。

很多时候，这些人对于自己情感的判断，使得关心他们变得困难。尽管他们声称想要被关心，但这个交点类型又对伴侣的动机抱有疑心，害怕别人以一种居高临下或有损人格的方式迎合他们，这种方式传达出了某种弱点。更糟的是，他们会和没有安全感的伴侣在无穷无尽的争夺谁在上风的游戏中竞争。这是一个孩子在和大人竞争，要求得到他们没有获得或应该获得的尊重。当然，许多这种负面行为是不成熟的表现。

这个大人与孩子或父母与孩子的主题有很多种变化形式。一方面，这些人想像大人那样得到尊重，特别在他们有成就的事情上。另一方面，他们可能像一个小孩子一样调转身离开，这个小孩子对地位责任毫不关心，只想玩耍或胡乱发脾气。除了他们对面的交点在某种程度上也有这样的特性，在大人和孩子气中来来回回比别的月亮交点都明显和普遍得多。他们的关系可以在两个极端上摇摆，一会儿扮演家长的角色，一会儿是一个非常年轻的伴侣，一会儿是一个面对成年人的小孩，一会儿是一个年龄很大的伴侣。这种极端可能和不安全的阶段有关，有时成为一个终生的模式。

另一个常见的情况与承诺有关。正如经常提到的，这个人不愿意承诺的深层原因在于害怕失败。害怕如此普遍，以至于许多人觉得不停谈恋爱更舒服。过于认同可能而不是决定，使得一些人永远单身，拖延订婚，然后继续拖延结婚。推迟婚姻就是推迟成年。当然，忙碌而又成就的职业需求也可能导致晚婚。有些人发现职业成就的万能药比婚姻更重要。在那些已婚的人中，婚姻和职业的矛盾也很常见。有些人会在婚姻和职业之中选择职业。

当然不是所有这个交点的人都晚婚，有些人虽然很早结婚，但最后离婚会加重再婚的恐惧。他们把离婚和失败划等号，而不是将它看成人生经验，所以他们再也不想重复婚姻。那些有长久伴侣关系或婚姻的人经常有其他的联系因素，比如职业的相合，还有孩子——这是最重要的。在这个交点族群中，父母和孩子之间很强的回应将他们非常强烈地和孩子联系在一起，有时甚至是继子女。他们是很重感情且滋养他人的人，当孩子牵涉进来时，会让他们非常认真地经营自己的婚姻。

如果你对生于这个交点的人感兴趣，有两件事一定要记住。第一，要尊重他们；第二，要对他们的情感有所响应。就尊重来说，确保你要对他们坚持到底或负责任的行为给予赞赏。不论他们看起来多自信，他们都非常渴望得到承认。让他们知道他们赢得了你的爱与情感。这会增加他们与你一起的成就感。除此之外，许多人是非常重感情的人。当他们还是小孩子时，看起来微不足道的小事或者特殊的童年记忆都被他们珍视。但是别认为他们的情感倾泻就等同于你赢得了他们的赞同，你可以留在你暂时建立起来的情感的国度里。因为这些人可以很快转向，要求你承认他们或尊重他们的地位。有些人甚至跟你竞争，看看你是什么样的人，或你是否值得他们的尊重或同情。

但是，如果他们太富有竞争性，特别在关系中总是想赢，太粘人或太多抱怨，或者两者同时出现时，警报灯就亮了。在最糟的情况下，这个人永远是个可怜的孩子，无法享受他们已经取得的成就。他们还喜欢毁掉别人的成就，总是抱怨伴侣对他们缺乏照料和关怀，而他们总是想毁掉那个人的生活。这样极端的负面行为很少，而且通常是因为在早期的生活环境中，他们与原始照料者的关系经常被威胁，或者他们经常被残忍或暴力地对待，这使他们完全没有安全感。

总的来说，生于摩羯 / 巨蟹交点的人可以是非常好的伴侣，一旦他们决定和准备好了。他们是很让人愉快的伴侣，有时就在一眨眼之间，可以从负责任的大人转变为欢闹的孩子，然后又变回来。虽然时间流逝，但他们会在他们所做的事情上越干越好，特别是跟你在一起。因为对这个交点的人来说，获得成功也包括有一个成功的伴侣关系。

父母指南：

那些在日后生活中对他们的成就很有帮助的特性，将在 4 岁到 5 岁时展现出来。这样的特征可能转瞬而逝，也可能非常明显，不管他们是外向的、合群的，还是羞涩的、退缩的，或者处于两者之间。这在很大程度上取决于早期他们所接触的榜样和最初的抚养者对他们的期盼。他们对大人的赞扬很敏感，并且会做出让人惊讶的认真的努力。这么小的孩子会完成任何要求他们做的事情。

不论在早期教育中他们最初的成功是什么，绘画、美术、音乐、唱歌、表演、公开演讲，逗他人大笑或建筑东西，他们不会忘记成功的滋味，并且会在这条道路上走得更远。即使有一段时间他们似乎没有进一步发展早期的兴趣或特点，他们日后也可能会以某种方式回到这条路上。此外，在 4 岁到 5 岁之前建立的自律或以任务为导向的行为习惯，将把组织或建构刻在他们的模式中，日后将在他们十多岁的时候和青年期发生作用。

但是，在 4 到 5 岁时他们的兴趣会转移，他们慢慢不再那么严肃，而更像是小孩子。在一个相对幸福安全的环境中，没有其他交点的人比这些灵魂更能释放孩子的任性。仿佛他们中的每一个生下来就是要体验一个孩子的生活。当然，不幸福的紧张的家庭可能严重地阻碍他们的童年体验。有时，当长大成人后他们会花相当长的时间试图弥补童年时的损失。然而，这些童年时孩子的喜悦，有时对他们的父母来说却是让人绝望的。

受情绪影响，当他们退缩、感到不安全、感伤、愤怒或脾气古怪时，他们经常不守纪律。这个孩子可能在 4 点的时候看起来还响应挑战和目标，到 10 点就不想坚持任何事了。那又怎么样？让他们就是个孩子。这正是他们需要的，至少到某个时候为止。别认为他们任性的行为和缺乏主动性意味着他们在生活中将不成器，永远别判他们出局，特别在 30 岁之前。他们后来可能会让你大吃一惊。

在 14 岁时，他们将重新变得野心勃勃。在这个阶段的训练非常重要。你要把标准定得和他们实际能够做到的一样高。挑战他们去取得成果。一旦做到了就奖赏他们，如果做不到就要承担后果。在 10 多岁的时候他们会和父母及成人竞争。输赢的游戏对他们来说很重要。

他们想要赢，从某种程度证明他们的身份。他们想要比妈妈或爸爸跑得快，开车开得快，长得更高，更好看，更会打扮，等等，如果这样，他们会很满意。他们尴尬的时候会感到丢面子，会寻找更多办法以获得他们认为非常重要的一切。这就是问题的关键所在。

在青少年时期，怎样才显得“酷”的想法会变化。他们的时尚和兴趣变来变去。衣服、汽车、喜欢的朋友、花钱，无所不在的象征身份的诱惑像附近的山，挡住了他们后面更高、更壮观的山。有些人意识到他们在同伴中所取得的地位，于是没有动力走得更远。因此，某些人在 18、19 岁达到顶峰，此后再也达不到更高的地位和受欢迎程度了。

但是，更常见的是，他们在 10 多岁到 20 岁的成就至少展示了他们肯把能力用在他们认为重要的任何事情上，即使他们以后的成功可能发生在完全不同的兴趣领域。在高中校队里面训练跑步因而发展出思维自律能力的长跑运动员，长大成人后可以把耐力用在其他的比赛中。21 岁时已经成功为演出、聚会、俱乐部活动签下当地各种乐队的性急的小伙子，可能到 40 岁时成为一个广告经理或演出律师。选美大赛得主和大学传播系的学生可能成为广播记者、新闻主持人或自己电视节目脱口秀的主持人。这个发展阶段最重要的是养成自律和坚持到底的习惯。与工作相关的有效率的技巧此后将会使一切大不一样，但首先他们必须经过 20 岁的时光。

生命历程：

对这些交点的人来说，20 多岁的时光可以看作情感的荒原。就是朝目标努力工作的人也会发现童年未解决的情感问题将渗透到每一件事情中。那些在稳定而幸福的生活环境中长大的人的问题明显少一些。实际上，来自没有麻烦的安全感充足的家庭生活中的人将可能建立自己的家庭。这个南交巨蟹阶段，从 23 岁开始到 32 岁的特征是做出既以感情为基础又以安全感为基础的决定。因此，对那些有父母做了好榜样的人来说，在这个阶段想要结婚和生孩子是相对正常的。

但是，那些父母没有做出好榜样的人，会压抑生儿育女的本能渴望。这个渴望很少是计划的一部分，假设真有这么个计划的话。与自己本能的一面挣扎正是这些情感动荡年份的一个特点。进入满足情感需求的关系比肉体渴望需要更多的东西，虽然性通常和情感历程相关。对这个交点部落的人来说，乱交行为通常是因为情感上需要更多更深的安全感。想要满足童年时缺乏的关爱可能会导致困难的单相思的关系，而这个关系又将被明显的障碍所挫败。

然而，在心情动荡的情感海洋中，一些教训将会显现。伤害性的或侮辱性的关系将会带来心理治疗。此外，在新的尊严的觉醒中，态度将发生改变，虽然直到 32 岁后他们才开始感知到这样的成熟。除了心理咨询和随着时间和经历而来的智慧外，自信的增强来自于职业承诺和成功的开始。

职业成就在以下阶段更为典型——从 32 岁到 41 岁，南交一端将发生显著的突破。这样的突破更多和找到一个感到安全或不安全的职业角色的历程相关。这种职业角色建立起来后，内在的指引将更好地服务于未来的职业决定，防止这些人在正确的感觉之外游离太远。就像前面提及的，在 30 岁时关键的职业经历和有关承诺的决定将会发生，虽然这个决定所带来的更大的成就要等到下个阶段。

在 32 岁到 41 岁之间，很容易有提升的动力和发展目标。对一些人来说，这个目标使他们想起 18 岁到 19 岁时的渴望，虽然现在的野心增加了成熟的味道——这种成熟将增加他们的竞争力。那些浪费了 20 岁的人发现这些清醒的年代正是心理医生指出的方向。那些在前一个周期建立了家庭并且有孩子的人，可能开始把更多的重点放到职业生活中来。早年在家里全职照看孩子的母亲更想回到工作上去。

有些月份或年份，一些人会经常开夜车，抓住那些感觉上像是命中注定的机会。当然，这些是试炼的年份，不是每个人都能达到渴望的目标。但是如果你生在这组交点，不论输赢，你努力去达成自己目标的每分钟都是有价值的。爬山并不仅仅是登上山顶，而是有关上上下下的旅程。这些努力将改变你，发展你，成就你。

失败的辛酸为后来某个阶段的胜利带来了刺激，也开启了另一条道路。对伽利略来说，他 32 岁到 41 岁在帕多瓦大学任数学系主任。这段时间非常多产且富有成就，他发现了自由落体定律，并发明了一个解决数学问题的计算罗盘。有趣的是，在此前阶段，在 28 岁的生命低谷的某个时期，皮萨大学没有续签伽利略的合同。不过，尽管这让他失望，但是在同年他第一次到了帕多瓦。所以是那次挫折为日后的成功开辟了舞台。

在下一个阶段，从 42 岁到 51 岁，这个交点的巨蟹品质又被重新凸显，这时候因为成熟，可以做更健康的建立在情感基础上的决定。动机的转移可能导致他们暂停忙碌的时间表，想要有更多时间享受个人奋斗的成果。有的人会放个长假，或让职业选择与个人及家庭安全感的需求相匹配。杰瑞·松费在 1998 年 44 岁的时候离开排名第一的情景喜剧，并在 1999 年底结婚，和妻子杰西卡开始了他们的家庭生活，2000 年女儿诞生，2003 年、2005 年两个儿子分别诞生。在这个多情且感情上得到满足的阶段，他写了一本儿童书籍，并在 2003 年出版。

当生物钟在这个阶段接近尾声时，有些女性会选择在 40 岁早期或中期的时候要孩子，其他人会收养孩子。我的一些男性客户成为投入的父亲，或在这些年想要重新和他们的孩子连接。积极参加孩子的活动及生活，和他们早年以职业为导向的努力形成鲜明对比。某些情况下，在这个南交巨蟹阶段，有这个交点的继父对继子继女表现出异常的关心和关爱。但是，这个人身上的动力会决定他所处的状况。没有解决的情感问题会浮现上来，对有些人，这是一个挣扎的时期。有这组交点的父母要小心，不要把他们自己对成功和地位的需求投射到他们的孩子的身上。夸大其词的“看重运动的父亲”或野心勃勃的“看重舞台的母亲”，这种社会老套路对这组交点的人来说也相当普遍。

在 51 岁时事业心重新被唤起，让这些人再向前跋涉下一个 9 年。对摩羯天性的人来说，的确，这些北交阶段中的每一个都是更效率导向和更有成果的周期，甚至在下一个 69 岁到 78 岁的周期。生于这个交点族群的灵魂目标是长途跋涉。然而即使他们到了很大的年纪，近看他们，你将看到一个孩子的眼睛在闪闪发光，对自己已经走了这么远仍旧感到惊奇和难以置信。

第十一章

♒北交宝瓶——南交狮子

贡献和参与的渴望

出生时间：

1914 年 12 月 03 日，06：46 a.m.——1916 年 05 月 31 日，02：15 p.m.

1933 年 06 月 24 日，11：33 a.m.——1935 年 03 月 08 日，12：38 p.m.

1952 年 03 月 28 日，05：44 a.m.——1953 年 10 月 08 日，11：28 p.m.

1970 年 11 月 02 日，03：13 a.m.——1972 年 04 月 27 日，03：03 p.m.

1989 年 05 月 22 日，06：55 a.m.——1990 年 11 月 18 日，02：20 p.m.

2007 年 12 月 18 日，03：04 a.m.——2009 年 08 月 21 日，02：24 p.m.

个人的最高意义在于服务而非统治。

——阿尔伯特·爱因斯坦

人类的真正价值主要取决于他用什么方式，在什么意义上从自我中获得解放。

——阿尔伯特·爱因斯坦

我一直在寻找解脱之道。……我们进行这样一场实修，如果因缘成熟，也许能够在今生把自我感瓦解掉，感受一种无我的体验。那么到了那个时候，你才会知道，什么叫自由。

——胡因梦

如果你记得两件事就不会出错：第一，你有宇宙中的所有潜能；第二，其他每一个人也有。

——美国女权主义者葛罗莉亚·斯坦能在她的书《来自内在的革命》中引述的一位无名教授的话

我为什么写作？我相信我自己有文学才能，我应该做这件事。但是这句话正如一个嫌疑犯说自己没杀人一样不可信。所以信不信由你吧。

——王小波

生活对你来说是非常私人的事情。即便你一生中所阐述的所有观点都来自于客观思考，你本质上仍是一个热心人，而且拥有不屈不挠的灵魂。你天生能领会生命不可思议的壮观。在渗透了你众多经历的生命戏剧中，你自然地站在舞台中心。在逐渐展开的人生故事中，你既是作者又是主角。形形色色的朋友和熟人们形成配角阵容，通过他们，你对生命和自我的认识不断变得清晰并得到升华。实际上，你通过与他人的交流变得越来越有力量，越多思想火花越有益。即使对你个人的攻击可能引发许多人自我防御的怒吼，你们大多数人还是喜欢和人打成一片。

与渴望参与相同的是渴望贡献，因此在这个交点族群的各个阶层中，有很多人已经做出巨大贡献。美国的历史人物包括美国红十字会创始人克拉拉·巴顿，赫尔大厦的社工及创建人珍妮·亚当斯。在当代美国，著名人物有消费者活动家及总统候选人拉夫尼达和女权主义者葛罗莉亚·斯坦能。在这些人当中，还有生来就充满人道主义精神的科学家，例如伟大的阿尔伯特·爱因斯坦、卡尔·萨根、巴斯德·路易斯。在现代中国，有这个交点的科学家包括马大猷、丁大钊、方肇伦、卢嘉锡等。在作家的行列里，美国的厄普顿·辛克莱和卡尔·桑德堡，中国的王小波、徐志摩都拥有自由的声音。

献身于社会的进步不是意志薄弱的人所能承担的任务。正如狮子南交所表现的，你们很多人会自然承担领导角色。不像相反的交点组合，你们对领导角色和伴随而来的个人责任感并不陌生。在你们的人生情境中，有某种命定的动力（或业力）让你们脱颖而出。在美国的历史人物中包括三位前总统，约翰·昆西·亚当、安德鲁·杰克逊和尤利西斯·S·格兰特。历史学家一致把在美国内战中打败叛乱者并结束战争的功劳归于联军总司令格兰特的意志和决心。在现代中国，这个交点的代表是有领袖风采的现任国家副主席习近平。习近平在面对腐败时展现了狮子座的意志力和宝瓶座的社会意识，表现了他在变化的社会里，既是领袖又是参与者。

不过，在参与集体事务和指挥集体事务之间获得平衡很有挑战性。意志力是福也是祸。从积极意义而言，你能够负责管理一件事以让其顺利运转，但从消极意义而言，别人可能变得习惯于你的领导！你们很多人总是自动对正在发生的事承担个人责任，很难想象要是不这样事情会怎样。“总得有人来主持，如果我不来，谁来呢？”

你在个人生活和职业领域中总是起着中心作用，以至于其他人的生活看上去在围着你转。不过你的职责有时会让你孤立，而不是让你和别人拥有更和谐亲密的关系。你们很多人承受着来自于主持工作的孤独感。虽然渴望让位给他人，不过你慢慢学会的却是如何分配工作。通过考察，你慢慢知道可以信任谁做什么事情。

同样，你对伙伴的选择也很关键。更多的人际交往和参加社团活动可以让你遇到很多才华上与你互补的人。最终，你的成就感来自于作为一个有所贡献的团队成员的归属感。不过，在寻求参与的过程中，你的风格和才华可能会不经意吓跑别人。具有讽刺意义的是，那些没敢邀请你参加的人日后遇到麻烦的时候，可能仍然会寻求你的领导或帮助。

你的困境来源根植于意志的基本结构，这就是我们所知的自我。自我真实的创造性的表达，自我的欢庆，就是狮子座“我是”原则的本质。你们中的一些人就像一个爆发出太阳能量的孩子（不像巨蟹座的那种孩子气），可能浑身都是活力，像一个两岁半的孩子趾高气扬，昂首阔步地走在舞台上，毫不害羞地只想着自己。看看你们这个族群南交狮子的极端，例如第一位摇滚乐之王埃尔维斯·阿伦·普雷斯利在 20 世纪 50 年代美国舞台上旋转的样子。还有创新的传奇舞蹈家伊莎贝拉·邓肯，大胆地解放了身体和动作；或年轻的钢琴家范·克莱本在音乐会上让观众目瞪口呆的样子。

有这组交点的很多人很自然地在表演和电影中运用南交狮子的才华。电影演员索菲亚·罗兰、克里斯托弗·里夫、皮尔斯·布鲁斯南、薇诺娜·瑞德、马克·沃尔伯格、卢克·威尔逊、米妮·德里佛都是属于这组交点。在中国的演员中有中国银幕黄金时代的影星赵丹，擅长扮演历史角色的唐国强，还有前电影明星胡因梦，虽然她在 35 岁离开了娱乐业，开始追寻一条宝瓶式道路，追寻自我解放，并在身心灵、玄学和环境领域对社会做出贡献。其他中国演艺界人士还有邓丽君、谭咏麟、曾志伟、范文芳、袁咏仪、陈慧珊、陈松伶、黎姿、朱茵等。

在摄影机前表演当然是狮子座的天性，但是在摄影机后的电影导演更是综合了狮子座掌控的能量和宝瓶座观察者的超然。电影制作也是一项需要合作的创造性工作，满足了北交的参与渴望。两位有这组交点的美国传奇导演是默片时期的大卫·格里菲斯和以里程碑式的电影《公民凯恩》而闻名的导演及演员奥逊·威尔斯。属于这组交点的中国电影制作人包括早期电影名人石辉，第五代电影的领军人物田壮壮和陈凯歌，还有女导演马俪文。

生于这个族群的导演们也有宝瓶—狮子两极共同的挑战性主题。一方面，他们有展示生活戏剧的非凡直觉，有时以非常个人化的方式，有时以宏伟壮观的方式。想想陈凯歌的电影《黄土地》中强有力的视觉形象。另一方面，他们有宝瓶式的渴望创新、实验、表达更独特或更知性观点的特色。同样，宝瓶座也想分享观点，这个观点可以解放观众看待事物的方法，有时是对社会的批评。陈凯歌的《霸王别姬》虽然着重描述的是片中人物个人生活的戏剧，但在场景中却有一双眼睛一眨不眨地看着 20 世纪社会政治动荡的中国。

这样的社会批评并不总能经受时间考验。作为一个有着杰出创造性才华的开创性的电影制片人，大卫·格里菲斯在 1915 年《一个国家的诞生》里把 3K 党描绘成英雄而不是残暴可怕的种族主义暴徒，所以尽管《一个国家的诞生》是美国第一部票房炸弹和剧情长片，但今天他仍旧被认为是一个名声不好的种族主义者。而奥逊·威尔斯的《公民凯恩》确实以前所未见的摄影角度和深焦拍摄的广泛运用走在时代前面。《公民凯恩》被电影批评家们认为是所有时代最伟大的英语影片，也是对有着超级自我的个人滥用权力的社会批评，它戏剧性地描述了真实的美国报业巨头威廉·鲁道夫·赫斯特的一生。

赫斯特不允许他旗下的任何报纸报道《公民凯恩》的上映，而这也不是奥逊·威尔斯最后一次被排挤。好莱坞同样也没有向奥逊·威尔斯的意愿弯腰。威尔斯和好莱坞机构的宿怨很出名，电影公司拒绝了他的才华、对创新的需求，以及坚持全面负责影片的要求。在职业后期，他获得了奥斯卡终身成就奖，他以所有特立独行的人的名义接受了这个奖项。①

既是群体的一部分又特立独行是宝瓶座的两难处境。和参与并作出创造性贡献的渴望同样强烈的是害怕被社会排挤和拒绝。导演石辉在拍银幕处女作《我这一辈子》之前是演员，20 世纪 50 年代早期做了导演，待在了摄影机之后。他 1954 年的电影《鸡毛信》在爱丁堡电影节获奖，为他带来了国际关注。但是，不久他就陷入反右运动，被抨击是反动分子，在 1957 年自杀身亡。有同样遭遇的还有演员赵丹，他在“文革”中也被迫害并被关了 5 年监狱。

导演田壮壮，第五代电影导演中的领军人物之一，也在早期的职业生涯中因短片《我们的角落》和 1984 年的第一部长片《九月》惹怒电影审查者。不过他作为北京电影学院的领袖的地位和影响一直在增长，《蓝风筝》的官方禁令持续了 3 年。田壮壮忠实于自己的北交宝瓶，把才华和时间贡献给训练和指导新一代中国导演上，帮助他们完成拍摄项目，直到2002年以《小城之春》宣告复出。在《小城之春》后田壮壮又回到了宝瓶主题中，2004年拍摄了关注少数民族的影片《茶马古道》，2006年则拍摄了有关吴清源的传记影片《吴清源》。

自然，电影制片人、演员、艺人可以属于任何一组交点，而且如果认为南交狮子的习惯模式总是产生这种或那种类型的娱乐业人士也是错误的。许多南交狮子的人并没有炫目的个性。一则，自我中心的倾向不必是公开的，而骄傲才是真正的共同点。可以表现为对自己能够容纳他人感到骄傲，对自己适应环境的能力感到骄傲，对自己的自律或聪明感到骄傲，等等。骄傲可以通过正反两面表现出来，特别当一个人处于防御时，骄傲可以通过沉默寡言的方式表现出来。除此之外，意志力既可能是引人注目或让人害怕的，也同样可能是安静的力量。猫王普雷斯利和爱因斯坦是这个交点组合可能的两种极端的例证。

狮子和宝瓶之间的矛盾会让故事朝着戏剧化的方向发展，除了相反的交点组合之外，这个组合可能比其他任何一对组合更是如此。基本上，这对组合对应的主要矛盾在于“心”（狮子）和“脑”（宝瓶），个人和非个人，“我”和“他们”之间。这种关系类似“神我”和“梵天”所代表的差异。理想状况下，两种能量可以协调，带来活力十足又充满贡献的人生。强烈的意志由聪明的头脑引导着服务于人类，对所有人都是幸事。

不幸的是，自我可能让这组交点的人陷入与世隔绝的情形，陷入如猫王普雷斯利职业中的状况。他经常重复的表演和电影模式，就像一个又一个日益疲惫的自我绕着业力之轮没完没了旋转。尽管他对朋友、家人、陌生人的慷慨非常著名，但他永远没能把他的明星光环转变成社会贡献。不是他不想做，而是他看起来根本不知道该怎么做。具有讽刺意味的是，1970年他曾想让当时的美国总统尼克松任命他为迷幻剂和危险药品管理局的自由特工，渴望为国家服务和帮助国家除去毒品的问题。他和尼克松见面后，制作了一个带有他名字的荣誉官方徽章，但除此之外什么都没有发生。越来越紧的所谓的朋友圈子围绕着普雷斯利，他们被称作孟菲斯黑手党，进一步让他的生活到了脱轨的地步。当他一步步沉迷于吸毒时，没有人告诉“国王”“你没有穿衣服”，而这毁了他的健康，最终让他在42岁就结束了生命。

不过，有些这组交点的人从明星生活中走出来，发现了一条更有成就感的道路。在当了15年演员之后，胡因梦离开成功的演艺事业，踏上自我探索之路。这个早熟的、充满好奇心的孩子成长在一个父母长期不和的家庭，在刚刚开始上学的时候就发现父母对下人态度的差别很大。母亲是傲慢的，而父亲却是开放的，他会和佣人及社会层级低的人聊天，并平等对待他们。尽管父母之间经常争吵，但她在父亲离开家的时候常常强烈地思念他。她说当父亲在家的时候她就是公主（狮子），而父亲不在家的时候她就是灰姑娘（宝瓶）。作为独生女，她特别珍视和其他小朋友一起游戏的时间，当朋友们离开的时候总是哭泣。

很小的时候她讲故事的才华就引人注目。五六岁的时候她喜欢登台发表演说。不过，虽然她期望与小朋友们在一起，但这么做所带来的挑战也令她苦恼。父母的长期不和及她独生女的处境让她不知道如何自在地与他人相处。初中时她的父母要离婚，而父亲搬出去和另外一个女人同住了。在困难的青少年时期，她甚至想要自杀，是新形成的友谊带她走出了忧郁。和新朋友在一起，她对生活的可能性更敞开了。这些都突出了友谊对这个交点族群的重要性，特别在他们10多岁的时候。

由于她总是富有创造性，喜欢跳舞、唱歌和绘画，胡因梦在上大学两年后就离开学校，放弃了德语专业而去做一个演员。在她的演艺生涯中，她一直在智力上进行探索，广泛阅读哲学、心理学、哲学和宗教书籍，还嫁给了著名作家李敖。后来他们的离婚成为报纸头条。

在离婚的动荡中，一位朋友送给她一本书《灵魂永生》。这本书不仅帮助她踏上一条新的道路，而且为她提供了一个更有启发性的客观框架，帮助她看待和理解她的生命戏剧。

她随后继续探索、阅读、实修、向玄学或宗教大师学习、翻译身心灵及占星书籍，最终成为了一位灵性导师。42 岁的时候她成为单身母亲，并积极投身于环保运动。胡因梦清晰地表达了她的宝瓶灵魂，她说："无论是寻道、求师、翻译和治疗，都觉得不只是为了自己，也为其他有缘的人在做这些事……今生我似乎一直企图打破内心的权威和外在的权威，因为权力和地位带来的腐败，我太熟悉了。"从胡因梦的生命历程和她自己的话可以看到，自从她永久离开演艺事业后，她开始了穿越自我限制的人生主题，用一种更为解放的方式参与到世界中，并作出了贡献。[②]

生于这组交点的人，内在有一种挣扎的孤独感。作家卡尔・桑德堡在诗中描述这种隔绝的孤独感"就像老兵的袖管一样空虚"。胡因梦也提到童年的孤独是她必须面对的情境。普雷斯利对他的一个朋友坦白说，没有人会知道他是多么孤独。像神童总是因为自己的天赋而与他人隔绝一样，他们无法参与到普通人的游戏当中，因此这些灵魂渴望参与并感受到归属感。他们还有害怕被排斥在外的恐惧，正如桑德堡在一个采访中回答的，他最不喜欢的英文词就是"排他的"。他说："我恨'排他的'这个词。"[③]

排他性显然是狮子座的特征。皇家的特权和宝瓶的拥挤的大众形成鲜明对比。当然，也可以在人群中独自一人，但却有被排斥的感觉——因为特殊而被隔绝才是痛苦的。生于这组交点的人很容易认同《王子与贫儿》里面的王子，他满怀渴望，透过城堡的窗向往眺望，嫉妒那些没有被特殊环境所拖累的来来往往的孩子。渴望独立参与，出去和那些普通人打成一片，就是宝瓶北交的主题。

当王子和长相酷似他的贫儿调换了衣服，开始对王子来说一切都很顺利，他陶醉于新发现的自由中。不过，哎呀，一旦王子发现自己处于被威胁的境地，他就企图对乌合之众说他是王子，法定继承人、未来的国王，用这种方式保护自己。他们怎么敢用那么不讲理的方式对待他！然而他勇敢的暴露身份却引来众人嘲笑，为了娱乐所有人——王子除外，那群人演了一出残酷的、模仿的闹剧嘲笑他。当被扔回狮子南交的防御习惯中，他的骄傲以挑战的方式表现出来。“你们不知道你们对付的是谁？！”当然，像王子一样，这个族群的人也不得不应对嘲笑和奚落。这样的羞辱对他们来说不啻于噩梦成真，但没人比这个交点的人更善于顶住嘲笑。有些人有很强的自嘲能力，而且带着一种气派十足的风度。

这种想要在一群陌生的同伴中获得同志友谊的强烈渴望有时会戏剧化地表现出来。一位著名的神经外科医生透露他如何平衡他的日常生活，过去他每天在手术室里，就像打仗一样，他得像英雄一样无休止地与病患的疾病搏斗。现在他离婚了，孩子们也都长大了，他在乡村买了一个农场，几乎每个周末都可以去。这样他远离了手术室中的戏剧性事件，他会穿上工装裤，开着拖拉机耕地。不过，当他穿着脏兮兮的工装裤，开着他的小货车向另一个县驶去，农村生活的吸引才真正展开。在那儿，蛮荒地区的一个烟雾缭绕的酒吧里，他和当地嚼着烟草的农民混在一起，这些人以为他也是农民。他们一起碰碰杯，交流各自村里的烦恼故事，那些人一点也不知道他们正在跟一位城市医生交谈，更别提他还是一位神经外科主治医生。如果暴露他的身份会毁了这种同志式的友谊和隐姓埋名的乐趣。过了一段时间他们开始接纳他，认为他是邻县的一个农民，而他也没有泄露身份。

幸运的是，对一般人来说，想要协调狮子和宝瓶的敌对力量很少需要花这么大力气。不过在这个神经外科医生的例子中，极端的情况激起了极端的办法。虽然他令人信服地进行了宝瓶伪装，但他必须依赖南交狮子的表演才华，这样他并不像看起来那么可笑。他其实是在农场长大的，不过，他的中产阶级的农场主父母不知道他们三岁的儿子怎么学会自己读书，而且在4岁时就会弹莫扎特和肖邦（多亏一个当地的钢琴老师看到他在教会弹钢琴）。有一段时间他甚至被培养为钢琴演奏家。总之他在尝试的每件事上都非常优异，不论学术还是体育。

从医学院以优等生的成绩毕业后，他又成为首屈一指的神经外科医生。只要他的努力能够有一线帮助病人改善的机会，他就从不在医学挑战面前退缩。他还是天生的演说家，总是被邀请到大学、医学院、会议或社区募捐中做演讲嘉宾。他总是英雄。一个又一个才华和技术的奇迹使他的传奇故事不断增加。但这对他来说太多了，他为此付出了代价。

虽然对自己的贡献感到骄傲，但他越来越对自己在社会的作用感到厌倦。“超人退休后去哪儿呢？”他有一次半开玩笑半严肃地说。“上帝保佑我乡下的伙伴永远也不在我面前突发心脏病或中风，”他慢吞吞地说，叹口气，“那就是我的小把戏的结束。”让他着迷又困扰他的主题是勇气相对懦弱，力量相对虚弱。他的前妻在结婚期间对巴比妥酸盐（一种安眠药）上瘾，但一直瞒了他很多年。“我猜那是她想要努力追上我的脚步。”他说，仍旧悲伤地思考她上瘾的动机。他最终承认“我猜年纪是我的氪星球（超人故事里的氪星球是超人出生的地方）”，看上去对上了年纪这个借口感到宽慰。他农场的熟人们显然不知道他们中的这个人是谁。可能这也无所谓。最终，他可能真的变成他们中的一个。至少这是他的意愿。

这个氪星球，即被我的客户，那位神经外科医生提到的超人里的氪星，在电影《超人》的超人扮演者克里斯托弗·里夫的生活中出现了可怕的悲剧性的反讽。在生命中的最后9年，他从马上摔下来后，脖子以下全部瘫痪。在这次事故之前，里夫已经参与人道主义事业很长时间，不过在此之后，他为了那些患脊髓损伤病症的人改善生活而不懈努力。在他1998年出版的自传《仍旧是我》中，在他无数次的公开露面中，里夫让大家知道，他把发生在他身上的事情看做我们每个人在人生中都要面对的冒险的一部分。

从清晰的宝瓶角度，他强调我们大家都要共同面对随机的、混沌的危险。他经常会提到其他人的例子，这些人不是由于自己的过失，却受到灾难性的伤害，例如一个正在开车的无辜的年轻人被一颗流弹射断了脊柱。里夫清醒地认识到把我们人类连接在一起的平等的力量(宝瓶)，同样展现了在应对无法想象的灾难面前，个人的勇气（狮子）可以让一切改变。他没有退缩到消极自怜的戏剧故事中，而是把他的力量导向了帮助他人的宝瓶理想中，一直到他去世。[4]

生于这组交点的客户经常表现出某种超人情结。虽然很多人的完美意志给人留下深刻印象，但学会向别人求助绝对是他们生命课题的一部分。他们在策划对他人有利的事情时很有能力，但让他们自己接受来自他人的同样的支持似乎显得有点怪。恭维是一回事，他们可以坦然接受，但帮助呢？不过每个超人英雄都有自己的氪星，这也是超人的朋友路易斯·琼和吉米·奥尔森对于成就超人的故事非常关键的原因，不然故事情节就陷入困境了。因此对生于这组交点的人，朋友很关键。归属感并非仅仅是在贡献的意义上参与到团队中，而且还包括接受来自别人的支持、关心和友爱。不过，敞开接受别人的支持通常是需要学习才可以获得的能力。

诚然，很难不钦佩这个交点族群的英雄般的努力。很多人是无名英雄，慢慢发现隐姓埋名的新感觉和新发展的友谊同样令人满足。当然，生于这个交点的另一些人不大容易与他人铸就友谊。此前提到的美国红十字会创始人克拉拉·巴顿就是这种自我抗拒的例子。巴顿在美国内战枪林弹雨的战场上照顾伤员，表现出无与伦比的英勇。她从一个伤员走到另一个伤员那里，有时发现她的裙子因为被血浸透变得很重，只能停下来拧干再走。不过在她的生活中，正如她的传记作家所说，她造就了某种自我强加的隔绝，远离正常的家庭和朋友的纽带。即使在晚年，她仍旧是她缔造的组织的领导，很多“她所珍视的助手仍叫她‘女王’”。[5]

当然，这种个人中心的行为方式通常掩饰了一种更深的不安全感，这很常见。在克拉拉·巴顿的例子中，她是一个已经确立的成熟家庭中计划外的一员。她是这个已经成立 11 年的家庭中最小的孩子，总是要不断地向哥哥姐姐证明自己，对于自己是否被接纳满怀焦虑。从 10 岁开始，大约两年的时间里，她负责照顾一个受了致命伤的哥哥，直到他痊愈。不过，正如她在私人信件中所表露的，她有时会陷入非常严重的抑郁和无价值感。在这个意志坚强的族群中出现这样的自尊问题有点奇怪，不过勇气、决心和意志力并不必然表明一个人珍视自己。

葛罗莉亚·斯坦能曾经写到，当她意识到自己的自尊问题时，最初很震惊。作为独生女，斯坦能在父母离婚后承担起照顾情绪不稳定的母亲的责任，那时她才 10 岁。作为记者、女权主义者和《女士》杂志的创办人，她在美国众所周知。她的一生是贡献的一生，不过一路上她从来不允许别人在那儿支持她。她很少回头看，总是跟随宝瓶式的理性道路，朝着清晰的地平线和让人充满希望的目的地前进，在那儿，每个人都会变得更好。这种拒绝承认个人需求和个人事情是自我否定的标志，就算一个人被聪明的大脑所引导。参与意味着给予和获取，要学会如何从团队中获取他人的支持。同样，对这组交点的人的一个重要的领导问题是如何给他人分配责任，这是巴顿和斯坦能都需要学习的。[6]

在本章关于追求知识与智性的无数宝瓶例子中，没有人比作家王小波更能创造性地表达这一点。他因为心脏病 45 岁早逝，让中国失去了一个可以不断对生活和社会提供新颖视角的人。就像此前提到的作家厄普顿·辛克莱的小说是对 20 世纪早期美国的激烈社会评论，大部分王小波的小说描绘了他所生活的时代的社会动荡。不过，王小波的风格和厄普顿·辛克莱完全不同，微妙得多，也更幽默，更引人入胜。王小波还非常独特地把幽默和性结合在一起探索人类尊严，暴露社会问题。虽然活着的时候他的作品并没有取得商业成功，但他死后作品备受欢迎。

他在1997年去世的时候正在准备出版他的杂文集，命名为《沉默的大多数》。在十二星座中，没有比宝瓶座更能理性地关注“大多数”的了。听听这个宝瓶灵魂的声音：“自从我成人以来，所见到的一切全是颠倒着的。在一个喧嚣的话语圈下面，始终有个沉默的大多数。既然精神原子弹在一颗又一颗地炸着，哪里有我们说话的份？”长大以后，王小波觉得“父母脾气暴躁、吼声如雷”，而家里只有哥哥“吼起来比我爸爸音量还要大”。和狮子/宝瓶的暗示形成对比的是，王小波从小就是个弱小的男孩，后来写到从小因为“吼起来音量也不够大，所以一直本分为人”。不过，虽然承认童年时的顺从，王小波仍说：“尽管如此，我身上总有一股要写小说的危险情绪。”

在那个吼声如雷的、被政治命运的变化所倾覆的骄傲的、有知识的老虎家庭中，王小波可能只是一只孱弱的虎崽，但他仍旧是只老虎。像文化大革命中的许多城市小孩儿一样，他自愿下乡到云南的乡村去。这个高个子、不好看、欢闹少年，大多数童年岁月在读书和游戏中度过，喜欢和他的哥哥玩绿林豪杰的游戏，想象自己是最喜欢的书《哈克贝利·芬历险记》里面的哈克贝利·芬。然而在云南，他却被饥饿、挨打和辛苦的劳动几乎折磨致死。他带着破损的身体回到家，但他的思考不会停止。

对这些灵魂来说，头脑是心灵的指南针，王小波想要贡献某种东西，即使是疯狂的观点，他的这种内在需要非常强烈。不论在哪里，他从来没有感到过被真正地接纳。他是一个不合时宜的人，一个特例独行者。当奥逊·威尔斯防御性地抗议“我非常憎恨融入社会的观点，一个艺术家必须是一个不合时宜的人”，王小波可能被他的说法逗乐。不过，具有讽刺意味的是，虽然死前不为人知，王小波现在却成为很多人的声音，他的思维模式、观点、风格很受欢迎。可能王小波的灵魂不需要自我肯定和喝彩，只想贡献某种东西，某种让人类思考的东西。王小波对自己的籍籍无名开玩笑道：“如果你问王小波是谁，我想他们会想到那个宋朝在四川揭竿而起的家伙（农民起义领袖王小波）。他们不会想到我。”然而他关心沉默的大多数，还有沉默的少数。他和妻子一起对中国的同性恋状态做调查，在中国第一个有关该主题的严肃的报告中，他们呼吁保护同性恋者的权利。他身体里的心脏让他倒下了，但他灵魂的心永远不会倒下，他的心灵在他的文学遗产中熊熊燃烧。⑦

需要调和个人和多数人，个人的自我和共同的自我之间的关系，是生于这个交点家族的灵魂所面临的挑战。阿尔伯特·爱因斯坦从他自己的宝瓶/狮子交点所形成的意识出发，相信“我们时代危机的本质是个人对社会的关系”。他认为人类是不安全的而且孤独的，“他们不知道自己是自我主义的囚犯。”他把贡献和成就等同。“只有通过向社会奉献自己，”他说，“才可以在生活中找到意义。”关于以恐惧为基础的自我的一面，爱因斯坦的 $E=mc^2$ 方程式可能可以解读为自我（Ego）= 人（Man）× 恐惧的速度的平方。虽然在这个交点组合下，一个更有启发性的方程式可以是：平等（Equality）= 人（man）× 贡献（contribution）的平方。⑧

爱因斯坦拥有超级自信的头脑，他自我的稳定火焰一直为他探索问题的本质的创造性思想提供燃料。24 岁时，除了一周做 40 小时专利职员的工作外，他在下班后做自己感兴趣的事，发表了狭义相对论和光量子理论两篇论文，证明原子确实存在，而且用负有盛名的 $E=mc^2$ 方程式证明能量和物质的关系。1905 年，爱因斯坦的 26 岁被历史学家称为“奇迹之年”。当然，爱因斯坦没有停步，而是继续取得“从未有人能够匹敌的成就，在物理学的尖端位置驻足 21 年”。[9]

在 1915 年，爱因斯坦完成了广义相对论，并在 1917 年 37 岁时发表。但是，直到 1919 年 11 月 7 日早上，他才醒来发现自己已经成了世界知名人物。科学家们组织了几次日食观测以验证爱因斯坦广义相对论，结果证明了爱因斯坦的预测。成群结队的记者和摄影师蜂拥而至。但是，以一种体现了他北交宝瓶的大度姿态，爱因斯坦找到了一个办法让涌向他个人的关注力转到对他人有益的方向，他告诉记者们如果想要给他拍照，必须捐钱帮助维也纳挨饿的孩子们。[10]

生于这个交点族群的著名人物提供了非常迷人的故事。有这个交点的其他人物还包括徐志摩，他一生的戏剧化使爱情、自由和美变得如此浪漫，把中国诗歌从传统中解放出来，促进了中国新诗的发展。他的文学贡献大大超越了 34 岁的短暂生命。还有卓琳，作为邓小平的妻子，她在动乱中国的勇气对邓小平是很大的支持力量。在美国，何大一是著名的艾滋病研究专家，他因为和他的团队一起创新性地应用蛋白酶做抑制剂治疗病人而出名。其他生于这个交点的名人还包括顾准、张恨水、毕淑敏、汪道涵、聂卫平、弗·司各特·菲茨杰拉德、罗曼·波兰斯基、沃利斯·辛普森夫人、索尼·波诺、沙奎尔·奥尼尔、史蒂文·西格尔、艾玛·沃特森等。

职业：

生于这组交点的客户有明显的人道主义导向，虽然也有各种各样非人道主义的职业。在我的客户档案中，科学和医学是和社会、服务有关的最大的一个组别，教学排名第二，和第一个组别相差不多。在创造性的领域，音乐遥遥领先，跟着是表演，不过比音乐要少很多。在商业领域，地产销售和开发很突出。除此之外，还有几位律师，一位是公共辩护律师，另一位是城市律师，后来他成为法官。还有两位工程师，都是各自领域的专家。有一些这组交点的客户曾经运营过自己的事业，比如录音室、平面设计公司、武术学校、理发沙龙，还有一位前船长，后来成为一艘商业捕鱼船的主人。

既能够掌控以满足其安全需求，同时又在参与和贡献中获得满足感，构成了生于这组交点的人的主要职业挑战。许多人成功地解决了这一难题。一位客户，也是我的一个老朋友，是大学的音乐教授。他既能够通过演奏满足掌控感，又能够作为老师体会和学生及同事在一起的友情。他是一位非常敬业的教授，与他人一起分享自己对音乐的热情给了他极大的满足。除此之外，他还作曲，指挥交响音乐会，参加一个在南加州俱乐部演奏不拘一格的原创音乐的音乐小组。他是天生的领导者，充满活力和创造力。他和众多组成他活跃音乐圈子的人打成一片，充分地享受其中。

在成为领导者和成为团队成员之间找到平衡并不总是容易。因为想要建立安全感，就容易激发掌控的欲望，这组交点的年轻人可能与权威之间出现冲突。因此，那些20多岁或30岁出头的人可能会被容易建立自己权威的职业所吸引，在医学领域尤其如此。医生、手疗师、牙医当然有地位，不过更吸引人的是，他们的职业有明确定义，带有自然的权威。而且医学职业被普遍认为是人道主义职业，这也为之加分。

一位客户是公共健康顾问。她负责监督研究团队，管理统计数据收集，她的领导地位使她的职业需求得以满足。除此之外，她的工作是项目导向的，这对狮子的创造性需求和宝瓶典型的多样性需求很有吸引力。另一位客户是一个家庭和儿童服务计划的项目主管。在她早年从事这个计划的时候，她经常敢于冒个人危险，进入混乱的、有暴力倾向的社区。如果没有她的坚定努力，这个项目就很难获得目前的成功。她承认她不得不学会如何授权给下属，不过她发现这项工作让她获得了巨大的满足。特别项目比一般项目有更戏剧化的模式，而且对她来说，精心组织安排一个有明确目标的团队也是很自然的事情。

当然，表演活动也是项目导向的，特别是电影表演。很有趣的是，许多有这组交点的客户都有过表演的经历，通常在高中或大学。不过，尽管他们在各自职业中仍旧是表演者，大多数当演员的人很快就累垮了。毕竟，表演行业竞争非常激烈，难以谋生。但是，对很多人来说，他们仅仅是厌倦了表演，想做一些更有意义的事。一些人在年轻的时候做过模特，跳过舞，后来他们都从事了其他的职业。

从消极意义上来说，自我问题可能明显不利于成功。狂热的自我中心导致一位吉他手在20多岁和30岁出头的时候从一个乐队转到另一个乐队，把自己的失败归罪于其他人，这是明显而可笑的自我毁灭的例子。不管一个人实际上多有才华，对这些交点的人来说，对伙伴和从属关系的选择，不仅对于职业成就很关键，而且也是表明与自我相关的事情的一个信号。总是在集体或团队遭遇失败，就一定要在和自我相关的错误上找找原因。有些人倾向于让自己身边都是无能的人，这明显表现出自尊问题，可能因为害怕自己被其他人的才华或工作胜过。在这种情况下，这些人可能仍旧很英勇，在别人犯了错误之后能够扭转败局。不过这样的情形对成功毫无益处，对安全感或满足感也没有任何好处。

但是，有些人学会把他们的自我用在利他性的目标上。自我变成更有意义的目标的仆人而不是其主人。当然，许多有这组交点的人的领导技能是杰出的。他们以身作则，通过榜样的魅力，而不是管理进行领导。他们很容易走下台来，扮演一个不那么苛求的角色，继续在顾问或辅助他人的位置上作贡献。

这种模式可能以各种各样的方式发生在小企业的企业主中。有些人将自己的企业卖给大的组织，留下来继续运营企业一段时间后，最终渴望摆脱长久以来独自承担责任的状态。公司被收购可能也是一种解放，不仅他们的领导地位得以保留，而且对方的出价还包括行政管理和财务管理的支持等。成为大组织和机构的一家连锁企业也同样有帮助。

对这些人来说，人际关系网特别有用，尽心策划则是关键。因此，小的理发沙龙可以通过成为一个全国连锁公司的一部分或代理一种特别受欢迎的产品获益，而一家摩托车商店的老板可以通过赞助社区活动或参加全国知名的活动促进他的业务。

随着经验和成熟，这组交点的人越来越发展出客观性的倾向。一位当交通法庭法官的客户说，她发现超然的态度对她的工作非常关键。“看起来我对当庭陈述的事情表现出的兴趣越少，结果越好。我刚刚稍微表现出帮助某方的兴趣，就会引发另一方的怒火。然后他们就试图把这个事弄成个人的事情，而这会更麻烦。尽可能不偏不倚，使这件事不成为个人的事情，也使我的工作更容易。”学会了这样的超然，有助于潜在的个人权威感得到更好的运用。“当然，如果我必须提醒他们谁有权力，那是另外一回事，不过我更喜欢不让事情走到那一步。”

虽然作为法官，她是在权威的位置上，但她总是体现出不摆架子、真诚、一丝不苟的风度。她一点也不独裁，总是散发出一种安静的自信，这种自信来自于她的经验和让人放心的内在力量。作为妻子和两个孩子的母亲，她总是在职业的非个人的需求和家庭生活的个人需求之间找到平衡。这样一种平衡不容易获得并维持，公众服务和私人生活中的个人需求之间的矛盾，可能对一些有这组交点的人来说是个问题，尤其在个人关系之中。

关系：

在个人需求和非个人需求之间的潮涨潮落可能表现得非常简单。一位年轻的妻子和母亲很享受她的护士工作、和朋友共度的时光，同时也满足于和孩子及伴侣在一起的时光。在这种情况下，她作为护士的人道主义的服务及和朋友一起聚会满足了她的宝瓶需求，而她作为妻子和母亲则满足了狮子南交的个人需求。

关系中的一个主要抱怨是缺乏时间和朋友在一起。和他人在一起互动对他们维持健康的思维方式很必要。甚至不定期的活动也让人感到轻松。对发展客观性而言，和亲密朋友的谈话特别重要，因为他们爱情婚姻生活的戏剧可能使人感到非常孤立。在最糟糕的情形下，严重的孤独感会让爱情变得沉重。在这种情况下他们想要努力让爱情或婚姻好起来，但却弄得精疲力竭。

虽然有些人太骄傲，甚至对亲密的朋友也不愿意承认他们的担忧，但这样的骄傲一般都出于恐惧，而且悲剧性地放错了位置。和朋友有意义的交流可以帮助他们认识到，虽然在关系的细节上有明显的不同，但并非只有他们才发生这样的事。发现和其他人相似的经历或感受可能带来启发，而且可以提供此前没有想过的观点和视角。

自然，对这个交点族群的人很重要的是，他们的伴侣能和他们的朋友相处得很好，或者起码支持他们和朋友们交往的需要，而不会感到朋友关系受到威胁。两人有共同的朋友当然是最理想的状况。

在宝瓶座要求自由和狮子座的安全感希望独占地盘之间的矛盾会以数不尽的方式表现出来。因为当涉及一段重要关系的时候，安全需求通常超过其他考量，所以南交的主题占主导。在积极的意义上，那些有健康自我的人倾向于创造并保持长久的关系，他们和伴侣都愿意也有力量承担均衡的个人责任。在这种情况下，有这组交点的客户很满足于婚姻和家庭生活，认为挑战是意料中的事。他们以幽默或戏剧化的角度看待家庭插曲，经常在咨询期间拿出家人的照片来。如果他们从外地来，之前还会寄来照片。他们为家庭而自豪，易于表达真挚的温暖之情。他们对家庭的理想各不相同，有的人可能是在家里摆满富丽堂皇的家具和装饰品，好像“我的家就是我的城堡”；有的人的家可能是一种简单的模式——在乡村有一个花园和摆满鲜花的房子。

然而，从消极的意义上看，这样的玫瑰花园场景需要不可思议的努力来维持。对有这组交点的很多人来说，面对悲剧英雄的性格的神话是关键所在。这些人往往成为自己的浪漫小说中的男女英雄。风流韵事会维持很长时间而且永远被珍视。有些情事将演变成长久的朋友关系。对任何有兴趣和这组交点的人发展关系的人，这是一条线索。如果你吸引了他们高度戏剧化／浪漫的本性，也能像好朋友那样客观地滔滔不绝，还很聪明或很有知识，那么他们可能把你看做他们的灵魂伴侣。这种友谊和戏剧化的魅力不过是客观相对主观的另一种展现。

当两人既有共同理想和智力上的默契，同时又共同为利他主义事业奋斗时，这种宝瓶式吸引力可以产生激动人心的组合。这样的组合可能发展出超出友谊的关系。一个生动的例子就是内战中的克拉拉·巴顿。她 40 岁出头的时候，驻扎在南加州的希尔顿海德岛，和一位已婚上校经历了她一生中最重要的一次恋情。她从一开始就被上校的善良所打动，说“他聪明的谈话”和“他的机智、幽默和学识如何点亮了又黑又脏的房间”。在电影一般的恢弘场景中，他们无数个小时在海边的沙滩上骑马飞驰，捡蓝莓，追逐海龟，经常在晚餐时迟到，含糊不清地说些借口，企图掩藏脸上的绯红和兴奋。他们如此彻底地沉溺于亲密关系，无视流言蜚语，在彼此的融合中忘了分寸。“清晨，克拉拉在爱的喜悦中，兴高采烈地说着话离开他的房间，”她在日记里写道，“对上校的拜访就像赴一场心智的盛宴。”

这样的思想和心灵的相遇不仅适合于恋情，也适合婚姻。因此，一位男士和他的妻子在同时做和平队志愿者的时候相识，共同度过了他称之为“光辉的三年”，在异国的贫穷中共同作出社会贡献。另一位客户也有同样的热情，她和人类学家丈夫一同工作，非常享受丈夫陪伴她一起在东非偏远地方的村庄生活。

不过，这组交点的一些客户和克拉拉·巴顿一样，他们的恋情以同样的模式展开并结束。克拉拉并没有试图引诱上校离开他的妻子，她看起来很理解他们的激情是在战争氛围中被点燃的，而且对她来说，她的人道主义工作更有吸引力。对一些有这组交点的客户来说，这种为了理想而长期工作的模式，被一段重要的或长期的思想和心灵相结合的浪漫恋情所渲染，看上去对为社会和公众而献身的生活模式提供了一个解决方案。不过，对那些如此无私奉献的人，这种心灵和思想的契合可以结成一种长久而令人满足的关系纽带。

父母指南：

这组交点的小孩在四五岁的时候常常闪现出聪明才华。一些家长常常提到他们孩子的天才表现。一位家长说女儿 3 岁的时候就教她如何在计算机上打字。另一位家长说 4 岁的儿子告诉她，他看电视的时候在纸上潦草的写写画画是在做笔记。还有一位家长惊讶地发现 4 岁的女儿用彩色蜡笔在图画纸上编排自己的舞蹈练习动作。这样的趣闻并不意味着这些孩子比其他交点组的孩子更聪明。不过，很多孩子拥有一种激情，即使还是小孩子的时候，他们也知道怎样突出他们所拥有的才华。

在四五岁的时候，聪明的火花开始在行动中表现出来。这些行动在下一个 9 年被打磨得更完美。虽然大多数孩子往往只想着自己，不过这些孩子比其他交点的孩子表现得更突出。从 5 岁到 14 岁他们将表现出高度戏剧化和个人中心的滑稽举止。作为父母，你是他们的服务员，也是他们必要的随从。即使那些羞怯的孩子也要求得到全部的关注。毕竟，你在他们的世界中。弗・司各特・菲茨杰拉德写道："直到 15 岁，我才知道世界上除了我之外还有其他人。"当你不相信或担忧地瞪着你自己的超级小孩的壮举时，可能你感觉自己就像肯特先生或肯特夫人（超人在地球上的养父母）。

理论上讲，你作为这组交点的孩子的家长的作用很简单：滋养他们的自我，同时提醒他们其他人的存在。试图压抑他们的自我是最糟糕的举动。实际上，他们越是拥有真正的自信，越不可能不恰当地炫耀或消极地行动。当处于防御姿态时，这些孩子会把事情变成意志的战斗，而他们非常任性！因此，不要让事情走到那一步很重要。显然，父母有足够的时间维护他们的权威，但关键是这么做的时候，不要侮辱孩子的尊严和骄傲。大约 10 岁的时候，他们的自我就变得很固定了。在 10 岁左右常常发生显示性格的关键事件，在这些事件中，他们的反应对他们的成人生活是一个明显的信号。

青少年时期就像一个寒冷清冽的冬日一样令人震惊地降临。他们突然意识到“他们”（即同伴压力）的存在，这组交点可能比其他任何交点都更强烈地体会到这点。大概从 14 岁开始，在整个高中时期，他们越来越想要和朋友们一起共度时光。注意孤独者的行为——如果发现他们出现对来自同伴压力的极端反应，需要和他们谈谈。这个发展阶段的好的一面是，有智慧的探讨很有帮助。他们非常害怕被拒绝，或者更糟——被排挤。让他们表达、思考、推理。他们会从客观的讨论中获益。很多时候你可以用理论或抽象讨论问题的方式处理问题，吸引他们的思考，教会他们用思考引领自我，而不是相反。

成年等同于归属感及参与的自由。这些孩子可能过于认真看待和他们一起玩的朋友，更容易受到拉帮结伙的影响。要努力让他们参与到对社会有所贡献的事情上。参加社区或教会的活动和志愿工作可能帮助他们更好地认识到他们对社会的义务。参加团队活动或有益的组织活动对引导他们走正路很重要。在上大学或选择专业上尤其如此。有些人会选择朋友们去的大学，另一些人会参与和人道主义或创造性的目标相符合的专业项目。到 23 岁的时候，他们对同伴的选择可能就会产生长远的结果。

生命周期：

从大约23岁开始，在下一个9年，自我又一次开始占据统治地位。对许多人来说，这可能是难以置信的充满活力的时期。才华有力地表现出来。正如猫王、爱因斯坦和奥逊·威尔斯所展示的，在这些年他们可能产生最大的影响。年轻、自信、才华和对戏剧的天赋让人印象深刻。当然，自我问题也会浮现出来，没有解决的自我问题可能变得非常扎眼。不过，对大多数人，这是一个非常有创造性的时期，他们真的有机会炫耀他们能做什么。拉尔夫·纳德25岁时就在《国家报》发表他在哈佛所做的研究，题目为《你不能买的安全汽车》，一举闻名世界。到30岁时，他的《任何速度都不安全：美国汽车的危险设计》让他成为代表消费者利益和公司对抗的中心，他一直都在那个对抗中心。

当然，不是每一个有这组交点的人都有兴趣造成轰动或吸引很多的关注，即使有充分的理由。大多数人只想谋生，创造美好的生活。这个9年是把个人的意志力用于实现这个目标的时期。实际上，对大多数人而言，在这个时期的重点更多是个人生活和个人发展，而非其他。婚姻和职业是获得个人生活的整个意图的一部分，有时没有太多的客观性。

一个年轻人，28岁时就成功运营了自己的摩托车修理店，在这时他不会想他37岁时是否还想干这个，或他的选择怎样和社会或他的社区结合。一个年轻的27岁女招待，结婚并有了一个孩子，幻想在乡下有个小房子，可能不会想她和世界其他人的关系，也不会感到任何想要作贡献的强烈欲望。不过，在这两种情况下，这两个人都可能发现他们在世界上并非独自一人，他们的生命以重要的方式和其他很多人相交。常常，在开始于32岁的下一个阶段，他们会经历这样的启示。

在这个宝瓶周期，这个年轻的摩托车修理店的老板开始参与到他儿子的联盟球队中，既作为赞助人也作为助教。当一条高速公路的修建可能威胁穿过他们社区中间的娱乐区时，他成为组织社区抗议的关键人物。他的视角现在改变了，他不再认为自己只是一个修理店的老板，而认为自己是社会参与和贡献的一员。

同样，那个女招待终于和丈夫与孩子搬到乡下，买了她梦想的房子，却得知在离她新家不远的乡村区域要准备建一家工厂，因此非常震惊。现在她参加到当地的抗议中，阻止把这片土地卖给预定交易的公司。她的努力成功地把她和其他有相同思想的人连接在一起。她不仅在社区中结下了长久的友谊，而且在这个过程中，她的参与还把她和更大的关注环境及组织连接在一起。这两个例子中，这些让人有成就感的经历都发生在 32 岁到 41 岁之间。

生于这个交点家族的人可能会从一个周期到另一个周期波动。当他们发展出不可征服的精神后，就会既强调狮子也强调宝瓶，而且会参与到为大众利益谋福利的活动中。甚至到 76 岁，在北交周期，克拉拉·巴顿还和她的美国红十字会忙碌在美国对西班牙战争中的古巴战场上。阿尔伯特·爱因斯坦令人惊讶地抓住了这两极的精华。对他来说，个人和众人之间的关系是人类和整个宇宙的关系。就个性而言，爱因斯坦把意识看做被时间和空间限定的一种视觉幻象。爱因斯坦规劝我们把自己从生活的限制中解放出来——在这种生活里我们只关心个人的欲望和那些离我们最近的人，从他的话里你几乎可以听到桑德堡对“排他性”一词的反应。他召唤我们身上所存在的宝瓶渴望，拓宽我们同情的范围，并拥抱整个自然和所有的生命。因此对那些在这条交点道路上跋涉的人来说，即使是拥有宇宙的或星际的归属感也是可能的。

第十二章

♓北交双鱼——南交处女

向灵感敞开和信心的显露

出生时间：

1913 年 06 月 05 日，11：32 p.m.——1914 年 12 月 03 日，06：46 a.m.

1931 年 12 月 28 日，12：23 a.m.——1933 年 06 月 24 日，11：33 a.m.

1950 年 07 月 26 日，03：56 p.m.——1952 年 03 月 28 日，05：44 a.m.

1969 年 04 月 16 日，01：54 a.m.——1970 年 11 月 02 日，03：13 a.m.

1987 年 12 月 02 日，12：14 a.m.——1989 年 05 月 22 日，06：55 a.m.

2006 年 06 月 22 日，04：05 a.m.——2007 年 12 月 18 日，03：04 a.m.

直觉会告诉头脑接下来往哪儿想。

——约纳斯·沙克（美国医学家和生物学家）

让你的灵魂成为你的领航员。

——斯汀（歌手），《水星坠落》专辑中的歌曲名

阿辽沙：我认为每个人都应该爱生命胜过世界上的其他东西。

伊万：爱生命胜于生命的意义？

阿辽沙：当然，爱它，不管你所说的逻辑。必须不管逻辑，只有这样你才能明白生命的意义。

——选自《卡拉马佐夫兄弟》，陀思妥耶夫斯基

我这样写作：当我对某件事或某个想法有灵感时，我就开始思考，我只有在差不多知道了自己想说什么之后，才开始构思情节。

——贾平凹

你专注于手边的任务，然而思想莫名其妙地开始漫游。有些事在拉扯着你的心思。是忘记了什么事情吗？你检查了一下任务清单。不，不是的。可能你需要的仅仅是更专心一点，没准儿那件事情就消失了。不过它并没有消失，反而一会儿又出现了。有时会变得有些奇怪。好像你隐隐约约听到一首歌，或风中的一个声音，但听不太清。有时就像突然记起梦的一个片段，而你的梦仿佛真事，刚刚真的发生过。你的思想在一片广阔而生动的景象中漫游，它像风景，像画，甚至像细节图一样细致，即使你从前从未见过它。

你推想，这可能仅仅是大脑的把戏，从前曾是大脑某种功能的一部分，进化后又遗留下来。这当然有逻辑的解释。但这么多巧合是怎么回事？不仅仅是你刚刚一想到已经几个月或几年没有见到的人，他们就打电话来，还有你无缘无故换了条路去上班，结果发现因此恰好避开长达几小时的交通堵塞。可能你只是侥幸猜中？是直觉吗？或者通灵？“共时性”，你听过这个词。你记得课本上的定义是“碰巧的连接性原则”。这是不是斯汀唱的同名歌曲的一句歌词？顺便说一句，斯汀也生于这组交点。

当然，你不是唯一一个经历这些有意义的巧合的人——那些把看上去无关的事件用令人迷惑又令人心动的方式联系起来的巧合，说明这些事件并不是表面看上去的样子。不过，它们时不时碰巧发生在你身上，让你不安或让你有所领悟。你注意到它们，它们让你烦恼，让你着迷，让你担忧。这些发生的事情有没有实际的用处呢？你想知道。

有些人习惯性地忽视这些小的巧合，用完善的逻辑把这些直觉的火花、通灵的感觉和印象分类整理好，仿佛它们是垃圾邮件。然而他们没有认识到，他们可能扔掉了成就自己的线索。

另一些人学会了信任自己的直觉，发展出引导自己前进的第六感，能够和生命的溪流一起流动。当这条神秘的溪流涌向大海时，生命的梦想让你向灵感敞开。许多人发现，想象的世界在非常真实且具有不可思议的可能性的无垠宇宙下蜿蜒。你被至乐的水流带着，现实和非现实、可见和不可见的界限模糊并融合，直到一切可能变得可怕起来。你头晕目眩地跋涉上岸，在沙滩上躺下休息，直到感觉手里抓着的沙子才稍稍安心。不过当你开始休息，在这片可以预见地势的陆地上感到安全后，迟早你会发现自己再一次热切地凝视那片水域，渴望获得同样的感受。

你们很多人在此生中将有机会活出自己的梦想，就像威廉·派特里克·金赛拉，他的小说《赤足的乔来到衣阿华》是电影《梦幻之地》的蓝本。故事讲述当代美国衣阿华州一个叫做雷的青年农夫，他听到一个声音对他说："如果你修建，就会有人来。"于是他一反常理地在丰收前推平了玉米地，建了一个棒球场。棒球场建成后，早已去世的棒球运动员从过去的时光里突然冒出来，出现在玉米地里。只有雷、他的妻子、女儿还有他的一个作家朋友能够看到这些运动员在打球。而他的邻居和小舅子都确信雷疯了。不过雷的小舅子在和雷的一次激烈的对峙后，看到一个运动员把雷的女儿从一次致命的窒息中救活，他瞪视着整场的球员，惊呆了，结结巴巴地问："这些球员从哪儿来的？他们什么时候来的？"面纱被揭开了——这个世界和在这个世界的其他世界之间的面纱。

当你们通过这条北交道路，意识到生命的多维度的本质时，这就是你们要面临的挑战。因为能够感觉、看到、感知到生命中有比大多数人所谈论的多得多的事情在进行，你们当中的很多人被迫变得有创造性，“这就是我看到的，我感觉到的，你也看到或感觉到了吗？难道我疯了吗？”许多人选择了创造性的生活。你有一些卓越的同伴同行，像陀思妥耶夫斯基、维克多·雨果、迪伦·托马斯这样重量级的作家或诗人。令人惊喜的中国作家贾平凹也是这组交点的一员，还有令人印象深刻的电影制作人：张艺谋、贾樟柯、陆川。

在这条生活道路上跋涉的这些创造性头脑，经常都有一种观念上的根本危机，他们逻辑理性的思维模式仿佛被拉到了极限，然后从一个旋转的由细节构成的蛀虫孔掉落穿过，就这么旋转着，拉着他们进入迷惑，进而让他们感到敬畏，然后几乎是莫名其妙地顿悟。陀思妥耶夫斯基仿佛因存在的神秘的痛苦而感到喜悦。他的主人公通常都被生活压垮了，被卷入戏剧中，就像他自己一样，在生命的奇迹和恐惧中心醉神迷。贾平凹的角色也是如此，就像小说《高兴》中的刘高兴，他面对五富鬼魂的命运沉思，想象五富的魂“在广场的那一排路灯杆上呢，还是在那一辆推过来的装满了烧鸡、熟鸭蛋、面包和矿泉水瓶的叫卖货车上？”刘高兴把双鱼的玄思和处女的担忧胡乱纠杂在一起，为了不让五富的魂魄在路上迷失这么一个荒诞不经的使命，要把五富的尸体背回清风镇老家。他把五富的尸体卷在印花被卷中，准备扛着上火车。①

贾平凹的象征是多层次的。从文化角度上看，他描述了中国城市和农村之间正在消失的联系。在城市中生活了一段时间的生命还能回到农村老家吗？同样，它代表了既然一个人已经接触到城市生活的复杂性（双鱼），就不可能回到简单的、务实的（处女）存在了。因此对走在这条道上的你来说，这就是你意识里的危机——你挣扎着企图理解这个世界，但这个世界不再是过去你认为的那个以简单实际的方式定义的世界了。“高兴”这个角色对生命的玄思可能来自于当地的迷信，但贾平凹想表达的更深的象征当然是灵魂渴望找到回家的路。这种渴望是西方占星学里双鱼座的象征本质。

在2003年12月王一燕所做的采访中，贾平凹解释他对文学深度的理解。他提到一个电视节目，那是一部舞蹈作品，描写了四个场次：镜，竞，静，净。贾平凹描述这就像故事主题的展开，也像人生的阶段。第一个阶段镜子认出你是谁、你的性格，是映像，是形象描写；第二个阶段是竞争，让你成为社会人；第三个阶段，“人会安静下来，进入理想，有了向上的追求”；最后，对第四阶段的看法，贾平凹的话变得更像他的北交双鱼，“最后，作为一种境界，他要回归到干净的东西上，要干净，回到出生状态，回到婴儿时期，但又不同于以前，回到了精神、灵魂升华的层次上”。②

黄道星座中的处女座，即处女，就是干净、纯净，而双鱼座从本质上就是有关灵魂。两种相反的宇宙能量之间的波动存在于贾平凹的小说中，你们这组交点的很多人读他的小说时会感到发现了和自己相似的灵魂。每一朵细节的水花都和混杂着残骸的洪水席卷在一起，带着读者向大海奔去。刘高兴对自己的评价包括了处女座的特点，诸如精于心算，能够用茶缸熨破衣服以保持整洁，还有反感怨恨与诅咒。对自己的评价中也有双鱼的暗示，如会吹箫，愿意饿着肚子跑三十里路去县城看一场戏，这是双鱼形式的诱惑和吸引力。贾平凹对自己写作的目标很清楚：“我的方式就是从生活中写作，通过生活获得启发。”③

不过，双鱼灵感的洪水可能漫过堤岸泛滥，因此贾平凹的《废都》在1993年因为惹恼了审查者（处女）而被禁，此后一直不能再版，直到2009年7月才静悄悄地开始重新出版。在新版的前言中（该前言实际写于2004年），贾平凹谈到1992年他自己生活中发生的一件事，恰好显示了发生在这组交点的人的生活中无法解释的事情。贾平凹有一次匆忙离开家参加一个紧急会议，碰巧忘了关水龙头——此前他洗衣服时恰好停水了，他就忘了关上水龙头。3个小时后他回到家，发现走廊里到处都是水，楼下的邻居愤怒地大叫她的屋子也被淹了。他冲进屋子，脑子里的画面只有堆在一个角落地板上的《废都》的手稿，他想手稿一定被淹毁了。他迅速关掉水龙头，咯吱咯吱踩过屋里浸满水的物品，发现水竟然神奇地在离他手稿一指之处止住了。任何理性的原因都无法向他解释这点。贾平凹写道："一年后，我搬离那所房子，但那个地方仍旧出现在我梦里，我鲜明地记得手稿没有被淹毁。"④

有些人会说这件事是个预兆，预示将来发生的事。啊，这种想法是迷信，对吗？嗯，不过不要否定水的双鱼象征，或我们生活的这个世界的神秘性。此前提到的作家金赛拉还写过另外一本书《如果愿望是马》，书中描述一个以前是职业棒球投手的记者确信他在平行宇宙中还有另外一个生命。如何解释经验的多重维度？金赛拉和贾平凹都对电影——这个双鱼中介着迷。金赛拉说他要是 18 岁时进入电影业就好了。假设贾平凹成为一个电影制作人，你可以想象他会制作一部什么样的影片。他明显在学习拍电影，和颜学恕和张艺谋这样的导演讨论过电影中的对比风格。⑤

张艺谋的故事也突出了这组交点中常见的引人注目的创造性，特别是对视觉形象的迷恋。张艺谋用卖血的钱买了第一台照相机。他拍的照片最终说服了北京电影学院的官员让他在超过法定录取年龄的 27 岁入学。直到北交阶段的关键时刻，37 岁的他才拍了第一部故事片。今天，张艺谋已经成为广受好评的电影导演，他的作品是最好的回答。不过，张艺谋很少接受采访，当被问到一部电影是否能获得成功时，他总是平静地说这是观众们的决定。

自然，像任何一位电影导演一样，张艺谋也引来很多批评。不过这些批评很少是针对他的风格或艺术价值，而更多是出于政治动机。大多数这组交点的创造性人才都会专注在他们的艺术中。当然他们对批评很敏感（正常的南交处女问题），也意识到可能的政治后果，但是激励他们的是能鼓舞他们的艺术的东西，不管那是什么。张艺谋说："任何形式的艺术的目的都不是政治。我没有政治企图。我对政治不感兴趣。”还说：“很多事情，特别是感情，对人类是共通的。只要电影诉诸普遍存在的人类情感，所有观众都会喜欢。”这是双鱼式的情感表达。[6]

其他有这组交点的电影导演，如贾樟柯和陆川，也把他们的视角和观点带到银幕上。这两个人都是第六代导演中的重要人物。贾樟柯被电影吸引是因为看了陈凯歌的《黄土地》，这改变一生的经历使他踏上了成为导演的道路。这样的顿悟在这组交点的人中很常见。他影片中的现当代现实主义场景和很多第五代导演的历史主义作品形成鲜明对比，他的现实/简约主义风格更表现了他的处女南交的特征。贾樟柯作品中孤独的年轻人形象，如《小武》、《站台》、《世界》，如果放在他的交点背景下考虑，确实是幻灭的现代童话——任何梦想家的反面。贾樟柯和陆川都有获奖作品，陆川的得奖作品是《可可西里》。就像有这组交点的所有电影导演一样，他们带来了敏感性、泉涌的灵感（双鱼）和非常关键的鉴别力（处女）。

如果你生于这组交点，处女代表你防御的一面和你让自己获得安全的方式。逻辑能够暂时让你落地，而事实为你提供可以预测未来的证据来抵抗对未知的恐惧。你的疑惑慢慢磨损信任和灵感的薄纱，让转瞬而逝的喜悦消失得更快。在处女的逻辑反省中，你的分析头脑会把你的经历分类成小而整洁的盒子，把那些还无法理解的经历标上“幻象”和“欺骗”的标签。

不过你会理解的。一定会理解。你会明智地组织你的生活，至少对你来说是明智的。带着来自于后见之明的确信，你一再整理过去的盒子以适合未来的一步步计划。你准备，练习，完善。一次又一次，你重复着，不停练习，直到你认为可能准备好了。不过即使你务实地为任何一种可能的已知情况都做好准备，还是有让人烦恼的疑惑促使你一再检查，就是为了确保所有系统都正常。你仿佛站在宇宙的边缘，系着安全带，而周围是价值十亿的复杂仪器，你总是害怕有些事情会出错。用你的月亮交点姐妹，美国宇航员萨丽·瑞德的话说：“所有的冒险，特别是进入新的领域的冒险，都是可怕的。”

信任宇宙对你来说绝对是经过学习得来的品质。所以你既是怀疑论者又是信徒，既是批评家又是梦想家。当处于防御状态时，你们一些人会撤回到愤世嫉俗中。不像第六章所讲的你的相反交点所发生的愤世嫉俗，你所拥有的愤世嫉俗的倾向源于天生对逻辑和鉴别力的强调。在负面的处女极端，你可能会过于吹毛求疵，心思狭隘，处处挑刺，特别对你自己。虽然也有人认为如果人人都像你一样有逻辑，世界会好得多。

当你感到害怕或不安全时，在最糟的情况下，你易于担忧的个性可能让你身心交瘁。你的焦虑会加重悲观主义，以为你的前景被一直威胁你的不虞之事处处阻挡。不过，大多数人会因为太讲求实效，不会让事情过于失控，而且很快就忙于重新组织和整理生活，在井井有条的、平凡单调的、规规矩矩的任务中找到安慰。重新安排你在宇宙中的角落，那里万物皆有其位，日常的简单质朴之处让你安心。你的思想暂时在一种井然有序的、熟悉的分类中感到自在，每个细节都干净、纯洁。尽管它仍是一个凌乱的世界，但至少让你有很多事可做。

因此，你常常在你的工作领域成为不可或缺的人。如果时间和精力允许的话，你的专业技能将臻于完美。许多人有难以置信的专心致志的能力，可以用不可思议的对细节的鉴别力整理好一大堆杂乱无章的事情。这样的对细微事物的审视能力在拥有南交处女才华的著名英国微生物学家罗伯特·胡克身上得到显著体现。胡克被称为显微镜的“伽利略”，29 岁发表他的《显微图集》，解释他从自己的复合显微镜的透镜里发现的令人惊讶的世界，却成为很多人嘲笑的对象。他的复杂精细的绘画第一次展现出“苍蝇的眼睛，蜜蜂螫刺结构的形状，虱子和跳蚤的解剖图，羽毛的结构，还有像植物的模型”。当胡克看到软木塞的蜂巢构造时，他创造了“细胞”这个词。在随后200年中，胡克令人惊讶的57张图片被印在教科书上。[7]

处女的逻辑专注力自然在科学和数学上得到表达。例如美国的约纳斯·沙克，他在1953年发现了小儿麻痹症疫苗。而在中国，著名科学家钱三强和伟大的数学家陈景润展示了这个南交可能拥有的难以置信的分析能力。在清华学习的时候，钱三强读的就是物理专业，24岁时获得中法教育基金的资助。他去法国后，在巴黎大学居里实验室和法兰西科学院原子能化学实验室学习和工作。在法国的11年中，钱三强和妻子何泽慧合作，极大地加深了科学界对核裂变的理解。1946年，他获得法兰西科学院颁发的亨利·德巴微物理学奖。

1948年，钱三强带着他处女式的专业水准回到了中国，在中国科学院开始工作。他先后成为物理研究所和原子能研究所的所长。他1954年加入了中国共产党。钱三强利用处女南交的组织才能，秘密地引导着承担原子弹制造任务的科学家们。1966年的原子弹项目和1967年氢弹项目的成功，自然让他当之无愧地成为中国科学和技术协会的荣誉主席、中国科学院副院长、浙江大学校长。虽然他在中国非常有名，被称为“中国原子弹之父”，但他从未担任重要的政治位置，他的关注一直在工作和学术兴趣中。

想象一个30岁左右，戴着眼镜的年轻人，坐在一间狭小的6平方米小屋里，屋里只点着煤油灯，他在一摞摞的草纸上没完没了地匆匆演算着。一夜又一夜，一天又一天，他检查再检查，核对再核对他的分析证明。他的脑海中偶尔闪过在邮政局工作的父亲一天辛苦工作后回到家里的样子，回忆打断了他的专注。他叹口气，用手推了一下桌子，允许自己有片刻想一下一切不可能的事。他还担忧他的兄弟姐妹，当中有些人还在福州老家。他面前计算的模糊图像慢慢清晰起来，他注意到一个错误，皱了皱眉。他讨厌愚蠢的错误！

陈景润从这个苦行僧一样的小屋中走出来，当他的工作成果在

1973年公之于众时，撼动了整个数学界。1966年，他33岁时的一篇现在被称为陈氏定理的论文，证明了每一个充分大的偶数可表示成任意两个质数之和，或一个质数和一个半质数之和。他已经瞥见了数学探索的圣杯，找到了哥德巴赫猜想的最佳结果。听起来处女座的特征够清晰了吧。陈景润对数论的贡献使他成为20世纪顶尖的数学家之一。当然，他在中国也得到了巨大的荣誉，在他过世后中国还发行了纪念邮票纪念他。⑧

在大约900多年前的宋代，另一位双鱼/处女的博学家也表现了他的多才多艺。他是学者、工程师、外交官、天文学家、绘图师、钟表专家、药物学家、矿物学家、动物学家、植物学家、诗人、艺术品收藏家，而这些只是他才华的一部分。他就是苏颂，字子容（1020—1101）。显然，许多课题都吸引了他的想象力。除了艺术收藏、诗歌和药物学在西方占星上和双鱼座相联系，他的大多数兴趣如天文、植物学、制图和工程往往都和处女座相关。对他众多的兴趣，他保存了详细的记录，以真正的处女座的方式对每一个领域进行了划分，并在他专注努力的每一领域中都取得了令人惊叹的专业水准。⑨

在他年轻的时候，就因为在乡试时写出了关于历法结构和原则的论文而获得认可。他对天文和历法的兴趣让他获得了很多委任，并为他铺平了在国家官僚机构中的辉煌仕途。遵循这个交点所表现出的一个明显的模式，苏颂让自己远离宫廷的政治较量。他甚至用自己绘图的专长，平息了宋和辽之间不安宁的领土纷争。

不过，他最让人纪念的是他制造了了不起的水运仪象台。运用他的工程技能和想象力，应用机械和液压原理，他建造了约12米高的水运仪象台。他增加并改善了此前的工程构想，设计了第一个永续动力传输链的传动装置，他称之为“天梯”。这种以循环水流带动旋转齿轮的设计复杂精巧，抓住了擅长机械原理的处女座和流动的双鱼座健康共存的本质。⑩

当然这种机械才华不是这组交点所独有的。不过，很多有这组交点的人天生有修理东西的才能。实际上，当你插上钥匙发动汽车的时候，应该感谢20世纪美国工程师查尔斯·凯特灵。这位南交处女的工程师在做通用汽车的研发主任时发明了自动点火系统和德科汽车的电池系统。在凯特灵之前，你发动汽车时必须到汽车前面转动手动的曲柄，如果转动不恰当，可能会弄破你的胳膊，让你的肩膀错位，或者给你留下令人讨厌的淤青。当然，让你的鞋和衣服沾满泥，同时被雨淋个湿透，在寒冷中发抖或在酷热中发蔫，绝不是南交处女认为事情应该运作的方式。必须要有一个更简单、干净的办法。

对智力游戏的兴趣是处女的特点，比如把逻辑思维用在国际象棋这样的游戏中。在中国，这个交点族群有两位国际象棋冠军——谢军和沈阳。当然，谢军曾两次在女子国际象棋大赛中获得冠军，第一次从1991年到1996年，第二次从1999年到2001年。而世界上获得两次冠军的只有两个人,另一位是生于1913年11月4日的伊丽莎白·巴柯娃，也是双鱼/处女交点！沈阳是国际象棋世界青年锦标赛冠军，2006年获得女子国际特级大师的头衔。国际象棋的复杂性和无穷多种可能的战略及下法可以充分运用双鱼和处女的反应能力。知道在国际象棋中直觉起多大作用吗？它让有这组交点的人在依赖处女的演绎推理技巧的同时可以预测对手下一步会怎么走。非常有趣的是，著名围棋大师吴清源也是生于这组交点。

此前在引言中提到的约纳斯·沙克也相信，在医学研究中直觉很重要。他在加州的沙克研究所的选址和设计是因为他感到那里可以传导直觉和想象力。那个位置庄严地俯视着太平洋。沙克的一生读起来像是双鱼/处女的剧本。他从法律专业转到化学专业后就被化学迷住了，他说他找到了可以把他的逻辑头脑、秩序感与创造性思考结合到一起的领域。在他所写的他最喜欢的三本书中，有一本叫《现实的解剖学：直觉和推理的融合》，他生动地回忆了当他还是年轻的医学院学生时，一个改变他生命历程的经历。那天他正在听一个细菌学和免疫学的讲座，突然“仿佛灯被打开，一切变得清晰起来”，他从这次顿悟中找到了治愈小儿麻痹症的方法。[11]

对于有这组交点的很多人，照亮心灵之眼的灯光会打开，这就是神秘或灵性经验的本质。一些人，像此前提到的电影《梦幻之地》的主人公雷，甚至会听到一些声音。历史上的圣女贞德的经历就是这样，这可能是北交双鱼的最戏剧化的例子。在一个夏日，一个斋戒日，贞德在她父亲离教堂很近的花园里，突然一道明亮的光让她眼花缭乱。在这个经历后不久，一个声音引导她走上拯救法国的道路——当时法国被打了近百年的英法战争弄得四分五裂。这个声音坚持让她去见王储，法国王位的继承人，说服他去兰斯，在那儿他可以依照古代的仪式被加冕为国王。不幸的是，兰斯当时处在英国人所占领的腹地中间。

贞德和她的叔叔一起来到宫廷，她在充满了好奇心的围观人群中寻找王储。王储藏身在他的侍从之中，他觉得看看这个农村姑娘能否认出自己是件有趣的事情。贞德虽然此前从未见过他，但她认出了王储，径直走到王储面前，让他大吃一惊地宣称：“我是贞德，我的主送我来告诉你，你是国王的儿子，法兰西王国真正的继承人。”按照历史记载，此后发生的事近乎奇迹。贞德带领法国军队，攻下了关键城市奥尔良并把它交给了王储，然后，她带着小股部队穿过英国占领区的中心到达兰斯，一路上打败了遇到的所有军队。在那儿——兰斯，她完成了她的使命，看到王储加冕为国王。[12]

那时她渴望回到家乡，她听到的声音消失了。不过，国王和其他人说服了她，让她相信她的领导对军队的士气是不可缺少的。从接受使命开始她就预言了自己的结局：“你现在可以充分利用我，我只会在一年中有用，也许稍微长一点。”英国人抓住了她，随后折磨她，那时她才 19 岁。她被当作女巫审判，并于 1431 年 5 月 30 日在一根柱子上被烧死。贞德的审判是对信仰的最终审判，她戴着手铐脚镣，被教会的逻辑学家连续几个月无休无止地质询，他们要求知道她的声音是通过什么权威向她说话。[13]

信仰的考验，强烈渴望信任无法被证明的感觉，可以让很多这个交点的人陷入绝望和幻灭。1537 年，一位此前治愈了很多病人的外科医生，由于无法从瘟疫中救活他的妻子和两个孩子，竟向岳父的指控低头。他的岳父认为他对此负有责任，并控告他图谋妻子的嫁妆。在行医事业被毁之后，这个身无分文悲痛欲绝的男人消失了 6 年。后来有很多故事和传奇会提到这段时间，但没有什么能跟他此后的作品——《诺查丹玛斯大预言》所激起的争论相比。

米歇尔·德·诺查丹玛斯 1554 年重新出现在马赛，又开始行医。大瘟疫再次袭来，这次他获胜了。他的信仰（双鱼）和讲求实效（处女）都赢了。病人们被他鼓舞，因为在危险面前，他愿意和他们待在一起。同样，在那个还不知道真菌的年代，他帮助病人们保持卫生和整洁。此外，他还为那些正在康复的人开出适当的饮食食谱，教他们每日练习的动作。这些务实的处女举措，连同富于同情心的双鱼的奉献和对每个人所需的异常感知，打动了很多人。1555 年他开始写他的预言。当他关于法国国王过世的预言完全按照预测成真的时候，几乎让他付出了生命代价。不过，他的生命显示了在这组交点潮汐的涨落中的极端。[14]

这样的极端看起来只是传说的材料，历史的证据被时间和象征所模糊。在中国，一个生于这组交点的传奇历史人物是张天师张道陵。一些围绕张天师的传奇故事从老子在鹤鸣山上出现在张天师面前开始。随后的神话和传奇赋予张天师超自然的力量。在服食了灵丹妙药后，他可以形神分离，可以站着的时候突然消失，然后又出现。他可以同时划船，在屋里读经典，在桌前款待宾客，或手持木杖边走边吟诵诗歌。想想这个交点族群到目前为止所讨论的这些人物的多面性，不难想象这些神奇的传说是如何演变而成的。当然，张天师的名声是因为其治疗能力和博学多识。他生在沛国丰县，开始时是太学院的一个好学的学生，在那儿他学习五经和黄老传统，7 岁时他就能掌握《道德经》和《易经》，还有《河图洛书》。

生于 900 年后的另一个这组交点的神秘主义者陈抟，也是道教传统中占有重要位置的人物。笼罩在陈抟传奇故事中的迷雾比张天师少得多。他是五代后周时期的人，在亳州真源县的一个村子长大。这是一个真正的双鱼灵魂。他小的时候就喜欢在岸边戏水，很早就对水不断变化的本质着迷。这个后来和道家的观察相符：天下之至柔，驰骋乎天下至贤。这个聪明好学的男孩，擅长算数、易经、诗歌，有着过目不忘的记忆力。他本来准备做宫廷的高官，但莫名其妙地在进士考试中失利。从此他开始了悠游的隐士生涯。有一个故事说陈抟曾和皇帝下棋，他赢了，因此他可以回到华山，既做隐士又做老师。陈抟习练武功，他还发展了一种运动，可能就是太极的前身。他被认为是气功的大师，这种功夫既能健身又可以治疗疾病。

像张道陵、圣女贞德、诺查・丹玛斯、陈抟这些历史中的戏剧化的例子，明显是和双鱼相联系的超自然的精神现象的体现。不过 20 世纪这样的现象也可能引起轰动，就像美国著名的通灵人埃德加・凯西。他还是一个小男孩的时候，就会和一些幻想中的人物交谈，这时他的父亲和家人都会责备他，只有母亲保护他。就像圣女贞德一样，凯西 13 岁时看到他自己的神奇景象，“灿烂的光芒就像早晨初升的太阳一样充满了整个房间”，光中的一个形象告诉他，要对自己保持忠实和真诚，还告诉他有一天他会帮助生病和受苦的人。[15]

欣喜若狂的凯西无法入眠，他在月光照耀的树林里度过了一个晚上。不幸的是，他过于疲倦，有点迷茫，第二天在学校表现得很差。他的父亲非常生气，告诉精疲力竭的儿子，如果他不能完成今天布置的功课就不能上床睡觉。虽然他竭尽全力，但当父亲考他的时候他仍不断出错，无法说出要他拼的单词。突然他被一个内在的声音支持着，抬起头对父亲说："如果你让我睡 5 分钟，我就能学会这篇课文。" 5 分钟后他醒来，不仅能够正确拼出作业中的每个单词，而且可以拼出课本里的每个单词。他的表现让父亲惊得哑口无言，因为他记得每个单词所在的页数、行数、还有这些页上的重点和标记。凯西后来说："从那天起，我读书一点麻烦都没有了，因为我可以学一会儿，睡一会儿，然后就能重复每一个单词。" ⑯

成年后，凯西多年以摄影谋生，对他童年的经历充满疑问。因为他是在信仰基督教的家庭长大的，所以他担心他的通灵能力可能是不道德的。他在内在的疑惑（处女）和不管怎样想用自己的天赋（双鱼）帮助别人的渴望之间挣扎，这种矛盾明显地突出了这个交点两极之间的冲突。当然凯西最终成为了"睡着的预言师"，在类似睡着的状态下为人做灵性解读。虽然他的一些预测听起来难以置信，如到 2100 年，美国的内布拉斯加州（美国中部的一个州）将有海岸线，还有他的过去世阅读间接提及传说中消失的大陆亚特兰蒂斯，美国媒体给他预言师的标签，但是他的大部分灵性阅读是对一些有严重健康问题的人的"身体阅读"。到他 1945 年去世的时候，他的 14305 个阅读按照时间顺序以处女座的方式被详细记录下来，现在仍保存在弗吉尼亚州弗吉尼亚海滩的埃德加·凯西研究和启蒙协会中。⑰

大多数这个交点族群的人不会有这么极端的表现，离以罗伯特·胡克所代表的处女座的审视能力和凯西所代表的少有的双鱼座通灵能力都很远。正如约纳斯·沙克和很多其他人所说的，要应用逻辑和直觉。推理和信任就像你脚上所穿的鞋子，你穿着两只鞋比只穿一只鞋走得远得多。不过哪只脚先走呢？

对生于双鱼北交的人，是直觉那只脚领着她走向成就之路。另外一只脚是为了安全感。尽管线性和非线性之间某种程度的波动会出现在每个人生活中，但在这组交点表现得尤其明显。有这组交点的客户激烈地在信仰和疑惑之间挣扎。很多人在创造中可以找到明显的答案，另一些人在许多精神和神秘的实践中找到成就感。在这条道路上的人比其他任何交点道路上的人都更经常走在一条被肯定和承认的通向所谓“宇宙意识”或启蒙的道路上。对大多数人，狭隘的思维模式将会让位于开放的模式，批评性的头脑将变得宽容和富有同情心。

即使那些深深扎根于处女一侧的人，也将经常把他们的专业和技能用在富有同情心的服务中，特别是健康领域。富于常识的处女座的务实可以平衡被喜悦冲昏了头脑的过度兴奋。不过，学会信任心灵的能量和直觉并不会把人变得精神恍惚。失去方向感确实是经历新的经验的征兆。需要一段时间习惯晕乎乎的感觉。当然如果海浪过大，就是老水手也会抓住船的边缘。生命无限可能性的广阔海洋可能既让人无法抗拒又令人敬畏。

其他生于这个双鱼/处女族群的有成就的著名人物包括京剧大师梅兰芳，作家林语堂、玛格丽特·杜拉斯、龙应台，导演施润玖，跳水运动员高敏等。在美国，还有伟大的棒球运动员贝比·鲁斯，很少有运动员像他那样抓住了观众的想象力。当然，挤进这个名单的还有大提琴家帕布洛·卡萨尔斯和作曲家/音乐家刘天华——他对二胡的灵感的运用让他成名，还有西部歌王王洛宾。

在本章开头所引述的创作型歌手斯汀，写了大量充满双鱼/处女交点特色的歌曲，甚至在歌名中都有暗示，如：《共时性》、《瓶中的信息》、《物质世界的灵魂》、《隐形的太阳》、《如果我曾经失去了对你的信心》。在美国和世界各地的音乐和电影领域有大量属于这个交点族群的有才华的人，如约翰尼·凯什、杰夫·贝克、威利·尼尔森、小野洋子、费雯·丽、伊丽莎白·泰勒、格劳乔·马克斯、比尔·墨里、珍妮弗·洛佩兹、马特·达蒙、乌玛·瑟曼、刘晓庆、谭咏麟、姜昆、王菲、窦唯、何勇等。

职业：

处女南交往往喜欢细致的分析，这在许多处女类型的职业中都可以体现，比如会计、工程师、实验室技师、化学家、地理学家、数学教授。分析的个性倾向绝不限于科学和数学相关领域，还会表现在诸如出版编辑、电影剪辑、剧本编辑、新闻编辑、语言学教授等职业中。另外，健康和人类服务领域，如精神分析、心理咨询师、专业的医疗从业者、手疗、牙医、医学研究、护理和社工都能用到与处女相关的才华。而双鱼的驱动力，例如同情心、灵感和创造性，正如此前所举的有关约纳斯·沙克的例子，也可以在以上职业的选择和实际工作中起到很大的作用。

选择在医疗或健康相关领域工作的人，最初经常被同情心和天生想要消除痛苦的渴望所激励。而有创造力和想象力的电影剪辑师，也可以既运用他作为编辑的筛选技能又做出重要的创造性选择。而且，电影剪辑常需要有创造性的灵感，不管在商业领域还是制作领域。同样，整形外科医生既从事精密细致的手术，也可以用创造性的方式帮助患者在整容方面作出决定。许多出版编辑也是作家，经常花很多时间创作他们自己的作品。这同样也适用于语言学教授，他在教授写作技艺的同时，也可能在创作自己的作品。

对那些生于这组交点的人，通过运用处女座相关的技能，通常在年轻时就已经建立起安全感。实际上，这些技能的发展可以让他们收费更高或让他们能够吸引自己选择的客户群。因此，凭借专心致志和完美主义者的倾向，很多人在他们选定的领域已经成为专家。除了金钱上的收益外，他们的效率随着时间越来越高，让他们有更多时间发展创造才华。因此一位工程师可能在乐队演奏，发展他10多岁时表现出来的音乐才华。或者，数学教授可能发展绘画的兴趣，在四五十岁的时候开画展。同样，会计可能成为占星师（我的档案中有两个这样的例子），他们在一个既可以为别人提供咨询和鼓舞又可以发展直觉力的领域找到成就感。占星也吸引细致的处女，因为它提供了一个以数学为基础的理解和询问的分析系统。因此，我在档案中发现有两位工程师在学习严肃占星学，这一点也不令人吃惊。

不过，除了以副业或嗜好的方式满足创造力之外，也有很多这组交点的人全心全意地投入到创造性职业中。电影界看起来到处是北交双鱼的人，不管是在摄影机前表演还是摄影机后导演。除了演员这个常见职业外，我的档案中还有好几位电影摄影师、导演、音乐指导、剧作家、电视创意导演等。摄影是另一个典型的双鱼职业，甚至埃德加·凯西也当了很多年的摄影师。当然，有些这组交点的创意人士在他们发现的独特领域或题材中掘金。比如作家 W.P. 金赛拉创造了自己的小说类型——棒球短篇小说。的确就像他的处女南交，他的技艺日趋完美。金赛拉说："这就像发现了金脉，你下工夫直到所有的金子都挖出来。"

有代表性的职业还有各种词曲作者和音乐家，从流行到古典到任何音乐形式。我的档案中还包括一位在钢琴酒吧有定期演出的钢琴家和一位职业竖琴家，还有艺术指导、视觉艺术家、服装设计师和模特。档案中还有几个有创意的作家，包括一位已经过世的短篇小说作家。除了这组交点外，只有另外两个交点族群，生于双鱼南交和狮子南交的人，看起来有这么多在创意领域工作的人。

找到一种同时满足线性和非线性兴趣的职业可能非常有挑战性。如果把创意性领域如电影、音乐、绘画、写作作为全职工作的话，可能特别难于获得成功。所以在本质上，这组交点的人的一个主要职业困境是信任危机。有些人在经历职业突破或找到机会表现他们的创意才能之前，在单调的服务工作上干了很多年，如服务员、秘书、通讯员等等。灵感不是说来就来的，不过熟能生巧。有机会的时候，这些交点的人可以通过发展一些专业领域的专业技能积累人脉，以进入创意工作的门槛。学会如何随遇而安并信任直觉是打开创意之门的关键因素。而奇迹的另一个部分就是做好准备。

当然，有时你准备半天，现实情况却跟准备的完全不同。因此可能在最后一分钟发现本来要饰演的角色变了，或让你朗读的剧本跟他们让你练习的剧本完全不同。不过，学会如何即兴表演，如何随遇而安是魔法的一部分，让你向生活敞开。很多有这组交点的客户都提到，看上去莫名其妙的事情向他们敞开了很多年他们都无法进入的门。对这些双鱼 / 处女交点的人，信任个人的直觉并对生活抱有信心是他们需要学习的品质，而这些要素经常会在职业成就领域让一切有所不同。

关系：

在伴侣关系中，没有什么比徘徊在信任和怀疑之间更让生于这组交点的人痛苦了。很多人不可思议地挑剔，总认为他们喜欢的人有什么地方不对劲，直到一天——哇，恍然大悟。恍然大悟是对的。他们已经错过了那些近乎完美的人，现在爱上了最不可能爱的人或置身最无法想象的情境。有些这组交点的人既挑剔又天真，令人难以置信地把生活弄得复杂。难以置信？是的。为什么？因为还有什么比爱上不可能的人更能唤起无条件的爱？对这些渴求爱的人，感觉到无条件的爱就是让关系得到满足的灵丹妙药。

学会如何处理浪漫爱情中的狂喜，是这些人的关键挑战，因为梦幻般的快乐总是有破灭的风险。所以这组交点的人总是从一个极端走到另一个极端。常见的模式是在两极之间波动。一个极端是像出家人似的长期的禁欲阶段，在这个阶段他们生活得井井有条（他们对过去那个阶段为什么不对劲儿的解释也分析得头头是道）。另一个极端是在他们从未经历的不可思议的爱情中完全放纵自己，所有的理智都被一扫而空。大多数人是浪漫主义者。有些人蜕变为愤世嫉俗的人。不过，在压倒一切的浪漫至乐和天生讲求实效的理智之间，他们通常学会了平衡两者。一旦他们学会了这个，事情就好办了。不过，在学习的过程中，他们可能变得很狂热。这就是北交双鱼的威利·尼尔森在写那首不朽名曲《疯狂》时所表达的。

生于这组交点的人的最佳伴侣或婚姻关系，是一种既能定期重新唤起灵感，同时两人在完成世俗责任方面又能一直保持融洽的关系。最起码，这意味着在管理和规则的需求与更具创造性的、更浪漫的让人兴奋的经历之间取得平衡。这两种动力之间长期不平衡是关系不健康的信号。

时间往往会让所有关系安定下来，浪漫的恋爱或性生活越来越少。不过如果缺少定期的仪式重新点燃浪漫爱情，可能让这组交点的人暂时退缩回日常生活的安全地带。在那儿，在忙碌的生活中，他们可能暂时依恋着过去曾经有的或还会再来的浪漫形象。他们就像忠诚的爱的信徒。因为曾经沐浴过令人惊讶的、几乎是灵性的浪漫经历的光芒，他们就像一个真正的仆人一样努力保持信心。

不过这样的信心可能会耗尽。很久前唤起的无条件的爱痛苦地消失了。如果他们的伴侣一直拒绝他们想要让新的爱和生命进入婚姻的努力，拒绝他们想要再次经历眉目传情所带来的至乐的渴望，他们可能变得很脆弱并向新的关系敞开。所以，这么一个极其痛苦的忠诚的人可能在极有耐心地忍受了很多年后，最终向另一个人敞开心怀。浪漫的恋情经常表现为神秘的经历。他们常常既能维持家庭和婚姻中实际琐事，同时在精神上又依赖着婚外恋的仪式。

当然，他们也可能走向另一条路。那些发现自己被伴侣拒绝、抛弃、背叛的人可能有一段时间感到深深的幻灭。有些人撤退到悲观主义中，要过很多年，他们对生活的信心和爱才可能回来。最终，他们想念的不是那个失去的人，而是他们曾经拥有的情感。学会如何处理对浪漫爱情的渴望，对无条件的无限的爱的渴望是一生的过程。如果他们允许其发生，这个过程可以在深刻的灵魂层面治愈这个灵魂。不过，他们既害怕这个过程不会发生，也害怕真的会发生。

年轻时，关系中的常见模式很像这组交点的极端模式。因此，他们往往在两极之间摇摆，要么跟一个和他们在实际层面上很和谐的人，即与自己有很多共同点的人在一起，要么和一个像是从他们的梦境中走出来的人在一起，但两个人几乎没有共同点。随着时间的流逝，这样一种分裂会慢慢调和，最终选择一个更合适的伴侣，一个结合了双鱼和处女特征的人。当然，成功的关系不是简单方程的推算结果，也不能写成简单的方程，而是许多努力和爱的结果。不过对这组交点的人来说，是深刻的神秘的爱的经验打开他们的心灵，并满足他们灵魂中巨大的渴望。

父母指南：

如果你的蹒跚学步的小家伙和隐形的朋友游戏，不要惊慌。这是相对正常的现象，特别在这个交点族群。小孩子通常适应力强、敏感、可爱，而且可能表现出很迷糊的样子。很多人对音乐特别敏感。早早介绍给他们各种创造性的表现方式，不仅可以安抚他们的情绪，而且也让他们为未来的发展做好准备。有些人似乎很容易记得生动的梦境，容易模糊梦境和现实之间的界限。这些小孩子的父母经常会谈到他们的孩子声称自己能够在晚上飞行，而且会提到根本不存在的人，或大人们从来没见过的情况。有些小孩子有超自然能力。一个 3 岁的小孩和父母车子后座的空位在聊天，当问他在跟谁说话，他说“我在跟耶稣说话”，尽管他的父母从来没有带他到教堂，也没有宗教信仰。

不过这样的插曲慢慢会消失，到他们 5 岁的时候会变得越来越少。通常，早期的迷惘或迷惑会渐渐让位于对逻辑类型、分类和思想结构的掌握，让人印象深刻。这很大程度上取决于他们接触的是什么。当然，这些孩子通常适应任何类型的组织。

在凌乱的、功能不良的家庭中，他们会显得偏好秩序或常规。当涉及他们擅长完成的任务或杂务时，他们总是让自己变得不可或缺。大多数人的分析或推断能力看起来相对突出，很容易掌握逻辑规则和步骤，不管是数学、科学、拼写还是作文。自然，也有例外。不过在5岁到14岁建立一种健康的、相对连续的生活习性，常常使这些孩子在学校和家里都表现很好。

一个不稳定的家庭，特别是短期的平静总是被威胁性的情况随意破坏的家庭，会显著影响他们的学习能力。当家庭不稳定又常常搬家时，认知的发展会受到损害。因为搬家通常意味着换学校，这样的变化具有加倍的破坏作用——让孩子无法在熟悉的氛围中过有条理的连贯的舒适生活。

虽然这些孩子小时候有适应能力，但5岁后他们对组织和规范的需要开始变得明显。在功能不良的家庭环境中，当可能的时候，这些孩子试图创造某种秩序和规范的外表，或在家庭之外寻求组织和活动的结构。一个从可怕的功能失调的家庭出来的例子就是棒球运动员贝比·鲁斯，如果没有一位牧师的照料和关爱，还有在天主教男孩之家的有条理的规范，可能没有人会听到贝比·鲁斯的名字。对这组交点的孩子成长最好的公式，是在一个有爱心的大人的关注下，通过每天的规范练习发展技能。不管是棒球、骑马，还是画画、素描，14岁之前让技能变得完美并建立一个系统性的底线，这可以为他们打下良好基础，即使他们后来进入的领域和这些训练完全不同。

不过，大约14岁时，一个不同的面貌开始出现在他们的眼中。对生活的敞开可能代替此前挑剔、狭隘的思想倾向。一位客户出生于南方的白人家庭，他过去抱有思想狭隘的支持种族隔离的观点，但他提到当他14岁时，学校的民权运动和种族融合如何改变了他的整个思想模式。他和一位新入学的黑人同学的友谊进一步增加了他对种族融合的认识，他随后更多地接触了马丁·路德·金和其他民权领袖的教诲。

在14岁和23岁之间，对灵感的反应将带来最重要的发展。在这些年里，不论是什么抓住他们的想象力，都有可能产生持续的影响。激励这组交点的青少年的关键是鼓舞他们。在这些容易受到鼓舞的年份所听到和看到的都会留下不可磨灭的印记。他们所看的电影、他们所听的音乐会让他们的现实膨胀。许多人变成梦想家，一些人陷入不切实际的梦想中。他们常常认为父母和权威目光短浅，不能看到他们现在所能看到的东西。药物和酒精对这些孩子可能是大问题，他们天生容易被意识变化的状态、情感的释放和刺激或逃避所吸引。

让他们能够脚踏实地，同时也让他们接触更高、更令人鼓舞的经验，对于养育这些年轻人的父母是一个困难的任务。在14岁到23岁这个阶段，从积极的意义上说，可以让新出现的对生活的信心和4岁前的开放态度相结合。当他们受到鼓舞、充满信心、自信，他们感觉一切皆有可能。许多人在这些年会创造性地发展，但关键在于眼前出现什么样的视野。不管是什么鼓舞着他们，要让他们对生活充满深深的信任，到23岁时他们将被吸引到下一个阶段。

生命周期：

从23岁到34岁，他们的梦想将经受考验。对有些人来说，这些年将逐渐让他们更实际的一面表现出来。28岁时，认识到生活必需的事物可能会给他们带来很大打击。安全感的需求促使他们回到更有条理的行为模式。悲观主义、疑惑和愤世嫉俗有时会代替早期的理想主义。不过，这取决于他们实际的方向怎样和此前对未来所抱的视野相连接。

这些年更专注的努力可以让支持希望和梦想的技能更完善。虽然这常常是练习和准备阶段，但保持信心对他们可能是很大考验。和职业、婚姻以及孩子有关的决定往往出于务实的逻辑推导。在这个阶段结婚可以提供安全感和很多其他的实际利益。对另一些人，爱情和浪漫故事的幻灭可能让人非常悲伤，不过有利于修正此前不实际的行为或期待。

不过，如果这些年忘记梦想和抱负，后来会证明这将带来同样大的伤害，特别在开始于 32 岁的下一个阶段。27 岁到 28 岁的关键时期对于重新形成安全感非常重要，因为这和一个人更大的抱负，特别和职业有关的抱负相关。可能原有的计划发生了重大修改，甚至全部改变。这一阶段形成的职业关系和联系可能在随后的年份中形成支持的基础。同样，技巧的完善可以让这些人为下一个成就阶段做好准备，或者至少能为更高理想提供实际支持。

从 32 岁到 41 岁，梦想家的能量又回来了，此前这种能量并非全部消失了。对一些人，这可能是梦想的实现和抱负真正展开的阶段。新涌动的创造性可能表现出来，此前的局限可能被抛弃。对让梦想成真的新方法表现出更敞开、更适应的态度，像磁铁一样吸引来所谓的巧合，推动他们走向人迹罕至的成就领域。信心回来了，新的灵感能力也回来了。在职业领域尤其如此。对约纳斯·沙克，这是研发小儿麻痹症疫苗最重要的年份。当他的小儿麻痹症疫苗被证明能有效预防传染时，沙克 37 岁。在 38 岁时，埃德加·凯西的工作在《芝加哥审查者报》上获得公众的正面关注。同年，他用“出神”的解读方式治愈了他妻子的结核病。

这个阶段的经历将会增加一个人的信心和自信。不过，认识总会带来挑战。在上一个阶段进入的婚姻或关系可能缺乏浪漫或创新的刺激。另一方面，当他的伴侣能够敞开的时候，灵感的更新可能让现有的关系进一步敞开到新的分享和满足感的阶段。这些年的婚姻因为更理想或更浪漫的原因，易于快乐地忽视了某些具有挑战性的细节，这些问题会在下一个阶段浮现出来。

在推理和直觉，务实和理想主义之间的矛盾是这些双鱼 / 处女周期波动的特点。一个阶段的务实的努力可能支持下一个阶段的梦想和灵感。9 年专注的工作后，是 9 年令人满足的成就期。在生命的最后一个周期，从 70 岁到 79 岁的双鱼周期中，沙克博士为了研发更好的治疗艾滋病的方式做出了巨大的努力。在加州，有以他名字命名的研究中心。此前之所以选择这个地方，是因为沙克说那个地方能唤起并鼓励创造力。治愈的奇迹将被未来的灵感推动。在任何年龄，向着生命的敬畏和神奇敞开，可能是这组交点的人经历的最大的祝福，因为这就是生活的奇迹本身。

注　　释

这本书基于我30多年的占星从业和教学生涯，除此之外，还包含了多年来从各种各样的广泛渠道收集的资料。除了逸闻趣事的评论和保密性质的引述，如果要把本书中的每一个信息来源都列出来，将会意味着这本书充满脚注，不利于阅读。不过，我还是尽可能在书中标明我所参考的书籍及其作者，或在以下的注释中列出资料来源。除非另外提及，每一章的标题页的引述也在各章相关的注释下标明出处。

本书中文版中的中国名人的资料来自于各种渠道，包括但不限于网络的搜索和与译者的通信。初始的参考资料来源在可能的情况下都将在以下列出。

本书中名人的出生资料来自于以下资料：

路易斯·M·罗登，《美国人星盘》，圣地亚哥：星盘计算服务，1980年。

路易斯·M·罗登，《女性传略》：美国占星师联盟，1979年。

马克·埃德蒙德·琼斯，《占星中的沙比亚象征》，博尔德和伦敦：香巴拉，1978年。

开普勒，宇宙模式6212 N.W.43街，Suite B，盖恩斯维尔，FL 32653。

名人星图研究，网上世界名人出生资料数据库：点阵软件公司，

1995 年。

互联网电影数据库，IMBD，1998—2002。

Biography.com 版权 2000 A&E 电视网络。

维基百科，http://www.wikipedia.org。

导论：

① 马克·威尔考斯·利特曼，肯·艾斯班克，弗莱德·维尔克斯，《日食》，纽约，牛津大学出版社，第二版，1999 年。

② 同上。

第一章：北交白羊——南交天秤

① 麦伦·塔辛，《鲍伯·马蒂亚斯：奥林匹克冠军的人生》，纽约，圣马丁出版社，1983 年。

② 同上。

③ NBC，Olympics.com，《美国的生活使乔良回到中国》，2004 年 8 月 4 日。

④ 莫里斯·J·迈斯纳，《毛泽东：政治和才智的肖像》，威斯康辛，政治出版社，2006 年 12 月。

⑤ 玛莎·格雷厄姆，《热血和回忆》，纽约，双日出版社，1991 年。

⑥ 同上。

⑦ 艾格尼丝·德米勒，《玛莎·格雷厄姆的生活和工作》，纽约，兰登书屋，1991。

⑧ 简·斯蒂文森，《她是滚动的石头》和《克劳克兰谈论她的父母》，《多伦多太阳报》，1998 年 2 月 5 日，1998 年 3 月 26 日。

⑨ 弗雷德里克·S·皮尔斯，《格式塔治疗》，简·怀松编辑，《格式塔期刊》出版，生命格式塔发展中心，1992 年。

⑩ 同上。

⑪ 同上。

⑫ 拉姆·达斯，《记住：就在当下》，纽约，皇冠出版集团，喇嘛基金会，1971。

⑬ 同上。

⑭ 梁漱溟，参见维基百科，http://en.wikipedia.org/wiki/Liang_Shuming。

⑮ 马克·莫里斯，《吉莲档案》，《风尚》杂志。人物采访，1998年6月。

⑯ 同上。

⑰ 刘玉玲，参见互联网电影数据库（IMDB），http://www.imdb.com/find?s=nm&q=Lucy+liu。

第二章：北交金牛——南交天蝎

① 柳红，《吴敬琏》，陕西师范大学出版社，2006年。

② 同上。

③ 同上。

④ 马尔科姆·罗肖尔特，《来自中国的爱心信件，1913-1967》，威斯康辛州历史协会。

⑤ 伊斯雷尔·爱泼斯坦，《世界历史中的女性：宋庆龄的生活和时代》，中国国际出版社，1993年。

⑥ 新闻网站索引，《特蕾莎嬷嬷》，洛杉矶时报，1997年9月5日。

⑦ 路易斯·M·罗登，《女性传略》，美国占星师联盟，1979年。

第三章：北交双子——南交射手

① 《我如何做到的：马云，阿里巴巴网站，中国最热的互联网巨头的崛起》，Inc. 杂志，2008年1月。

② 同上。

③ 同上。

④ 沃伦·J·哈利伯顿，《克拉伦斯·托马斯：最高法院法官》，纽约，西蒙与舒斯特尔出版社，1997 年。

⑤ 范长江，参见维基百科，http://en.wikipedia.org/wiki/Fan_Changjiang。

⑥ 参见中国文化信息网，http://www.china.org.cn/English/culture/36108.htm。

⑦ 储安平，参见维基百科，http://en.wikipedia.org/wiki/Chu_Anping。

⑧ 比尔·米努塔利奥，《乔治·沃克·布什与布什王朝》，纽约，时代图书出版社，1999 年。

⑨ 丹尼尔·波斯顿，《疯狂的翅膀：R.D. 莱恩的生活和工作》，哈佛大学出版社，1996 年。

⑩ 同上。

⑪ 同上。

第四章：北交巨蟹——南交摩羯

① 威特·宾纳，《老子的生命之道》，纽约，企鹅出版社，1980 年。

② 同上。

③ 弗兰克·布莱迪，《赫夫纳》，纽约，麦克米伦出版公司，1974 年。

④ 同上。

⑤ 瑞塔·克拉莫尔，《玛利亚·蒙特梭利传记》，纽约，G·P·帕特南父子出版社，1976 年。

⑥ 同上。

⑦ 同上。

⑧ 同上。

⑨ 同上。

⑩ 李连杰，参见维基百科，http://en.wikipedia.org/wiki/Li_Lianjie。

⑪ 艾伦·金斯堡，《咆哮和诗歌》，威廉·卡洛斯·威廉斯作序，城市之光图书，1996 年。

⑫ 李维·阿什纳，Literary Kicks 网站，《关于尼尔·卡萨迪的详情》。

⑬ 伊丽莎白·库伯勒·罗斯，《生命之轮》，《存在和死亡的纪念》，纽约，西蒙与舒斯特尔出版社，1998 年。

第五章：北交狮子——南交宝瓶

戴安娜的引述出于威尔士王妃官方网站主页，引自戴安娜王妃在澳大利亚旅游时的话，1985 年 10 月 28 日。

① 乔纳森·范米特，《纽约时报》杂志对朱迪·福斯特的采访，1991 年 1 月 6 日。

② 路易斯·费舍尔，《圣雄甘地的一生》，纽约，麦克米伦出版社，1973 年。

第六章：北交处女——南交双鱼

斯蒂芬·霍金的引述出自英国电信集团广告。

① 苏珊·奎恩，《玛丽·居里生平》，纽约，西蒙与舒斯特尔出版社，1995 年。

② 同上。

③ 同上。

④ 杨振宁，参见维基百科，http://en.wikipedia.org/wiki/Yang_Zhenning。

⑤ 加拿大广播公司对斯蒂芬·霍金的采访，1994 年 6 月 20 日。

⑥ 维格尔·约翰·A,《B·F·斯金纳》，纽约，特怀恩出版公司，1977 年。

⑦ 同上。

⑧ 同上。

⑨ 林徽因，参见维基百科，http://en.wikipedia.org/wiki/Lin_Huiyin。

⑩ 弗兰克·劳埃德·赖特,《弗兰克·劳埃德·赖特自传》，纽约，地平线出版社，1932 年。

⑪ 同上。

⑫ 弗里德里希·克斯特，亨利·克雷比尔翻译,《莫扎特：用他自己的话所揭示的这个人和艺术家》，纽约，多弗出版社，1965 年。

⑬ 同上。

⑭ 同上。

⑮ 比安奇·玛莎·迪金森,《艾米丽·迪金森的生活和信件》，纽约，霍顿 米弗林公司，1924 年。

⑯ 同上。

⑰《时代》杂志，1978 年 7 月，时代生活公司。

⑱ 同上。

⑲ 金庸，参见维基百科，http://en.wikipedia.org/wiki/Jin_Yong。

⑳ 马龙·白兰度和罗伯特·林赛,《我母亲教我的歌》，纽约，兰登书屋，1996 年。

㉑ 明姆·阿多维奇,《档案之王》,《详情》杂志，1997 年 6 月。

㉒ 杰西卡·辛格,《朱利安·摩尔，更多，更多》,《新女性》杂志，1997 年 7 月。

第七章：北交天秤——南交白羊

① 拉尔夫·G·亨利，马丁 & 克莱尔,《鲁斯夫妇亲密肖像》，纽

约，G・P・帕特南父子出版社，版权所有 Bandwagon，Inc. 1991。

② 同上。

③ 《多产作家：沈从文》，www.chineseculture.org。

④ 简・斯蒂文森，《约翰、洋子和音乐》，《多伦多太阳报》，1998 年 10 月 25 日。

⑤ 同上。

⑥ 琼・贝兹，《一起唱歌的声音》，纽约，西蒙与舒斯特尔出版社，1987 年。

⑦ 约瑟夫・P・莱施，《埃莉诺・罗斯福和她的朋友们》，纽约，双日出版社，1982 年。

⑧ 同上。

⑨ 同上。

⑩ 同上。

⑪ 孙中山，参见维基百科，http://en.wikipedia.org/wiki/Sun_Zhongshan。

⑫ 《当李小龙回到黑带杂志》，www.pia.net/jkd/lost.htm。

⑬ 皮埃尔・伯顿，《李小龙：失去的采访》，皮埃尔・伯顿谈话节目。

⑭ 同上。

第八章：北交天蝎——南交金牛

① 张爱玲，《张爱玲散文集》，经济日报出版社，1998 年。

② 张爱玲，参见维基百科，http://en.wikipedia.org/wiki/Eileen_Chang。

③ 琼瑶，参见世界媒体期刊，http://lass.calumet.purdue.edu。

④ 丹尼尔・J・布尔斯廷，《创造者》，纽约，兰登书屋，1992 年。

⑤ 同上。

⑥ 亚伯拉罕・林肯，《我又看到童年的故乡》，辉格・昆西，1847年5月5日，版权1999，亚伯拉罕・林肯在线。

⑦ 同上。

⑧ 亚伯拉罕・林肯，《给范尼・麦卡洛的信》，华盛顿特区，1862年12月23日，版权1999，亚伯拉罕・林肯在线。

⑨ 弗兰兹・卡夫卡，《弗兰兹・卡夫卡短篇小说选》，威尔・谬尔，埃德温・谬尔翻译，纽约，兰登书屋，1992年。

⑩ NBC今日秀场，《凯蒂・克瑞克谈到她丈夫的过世》，版权Enews，1998年。

⑪ 卡里・纪伯伦，《先知》，纽约，兰登书屋，1968年。

⑫ 同上。

⑬ 段祺瑞，参见维基百科，http://en.wikipedia.org/wiki/Duan_Qirui。

第九章：北交射手——南交双子

弗吉尼亚・伍尔芙的引述出自奥利弗・艾姆、安德鲁・麦克内、弗吉尼亚・伍尔芙《弗吉尼亚・伍尔芙的日记：第三卷1925—1930年》，奥利弗・贝尔版权，1980年。

① 鲁迅，参见维基百科，http://en.wikipedia.org/wiki/Lu_xun。

② 同上。

③ 罗伯特・潘・华伦，《三本伟大的美国小说：〈永别了，武器〉简介》，纽约，查尔斯・斯克里布纳父子公司，1957年。

④ A・E・霍齐纳，《海明威爸爸》，纽约，兰登书屋，1966年。

⑤ 同上。

⑥ 杰拉尔德・朗福德，《埃利斯・欧・亨利，威廉・西德尼・波特传》，纽约，麦克米伦出版故事，1957年。

⑦ 同上。

⑧ 同上。

⑨ 法显，参见维基百科，http://en.wikipedia.org/wiki/Faxian。

⑩ 林风眠，参见中国文化，http://arts.cultural-china.com。

第十章：北交摩羯——南交巨蟹

① 丹尼尔・J・布尔斯廷，《发现者》，纽约，兰登书屋，1983 年。

② 同上。

③ 同上。

④ 陈独秀，参见维基百科，http://en.wikipedia.org/wiki/Chen_Duxiu。

⑤ 同上。

⑥ 同上。

⑦ 成龙，参见成龙官方网站，http://en.wikipedia.org/wiki/Chen_Duxiu。

⑧ 同上。

⑨ 同上。

⑩ 李安，参见城市档案，http://cityfile.com/profiles/ang-lee。

⑪ 茱莉・豪威尔，《海伦・凯勒的一生概览》版权 RNIB，1998 年，www.rnib.org.uk。

⑫ 同上。

⑬ 同上。

⑭ Sperience.com，《名人名言》，1998 年 12 月 24 日。

⑮ 约翰・莫尔，《奥普拉・温弗瑞真正的故事》，西考克斯，新泽西，颂歌出版集团，1998 年。

⑯ 同上。

⑰ 同上。

⑱ 同上。

⑲ 珍妮特·罗斯，《奥普拉·温弗瑞说，来自世界最有影响力的声音的洞见》，纽约，约翰·威利父子出版社，1998 年。

⑳ 嘉德·亚当斯和菲利普·怀特海德，《王朝，尼赫鲁·甘地的故事》，纽约，电视书籍，1997 年。

㉑ 同上。

㉒ 同上。

㉓ 西奥多·C·索伦森，《让世界走向前，约翰·F·肯尼迪的演讲、声明和写作，1947—1963》，1998 年。

㉔ MySpace.com，甄爵恩，2009 年 7 月 16 日。

第十一章：北交宝瓶——南交狮子

胡因梦的引述出自胡因梦新浪博客，2009 年 7 月 29 日。

王小波的引述出自《时代三部曲前言》，www.csua.berkeley.edu。

① 约瑟夫·麦克布莱德，《奥逊·威尔斯》，纽约，达卡坡出版社，1972 年第一版，1996 第二版。

② 胡因梦，《生命的不可思议：胡因梦自传》，上海，东方出版中心，2006 年。

③ 卡尔·桑德堡，《诗》，瑞贝卡·外斯特编辑，纽约，哈考特，布瑞斯出版公司，1927 年。

④ 克里斯托弗·里夫，《仍旧是我》，纽约，兰登书屋，1998 年。

⑤ 伊丽莎白·布朗·普莱尔，《克拉拉·巴顿——职业天使》，费城，宾夕法尼亚大学出版社，1987 年。

⑥ 葛罗莉亚·斯坦能，《来自内在的革命：一本关于自尊的书》，波士顿，小布朗出版社，1992 年。

⑦ 王小波，时代三部曲前言，www.csua.berkeley.edu。

⑧ 阿尔伯特·爱因斯坦，《为什么社会主义》（论文），新泽西州，普林斯顿大学出版社，1949 年。

⑨ 托马斯·李维森，参见 NOVA 在线，www.pbs.org/wgbh/nova/einstein/genius/。

⑩ 马克·利特曼，肯·维尔克斯，《日全食》，檀香山，夏威夷大学出版社，1987 年。

第十二章：北交双鱼——南交处女

约纳斯·沙克的引述出自 Creative Quotations.com。

① 《高兴》，小说家贾平凹最近的畅销书精选片段，尼克·哈曼翻译，http://www.guardian.co.uk/commentisfree/2008/oct/05/china。

② 王一燕对贾平凹的采访，2003 年 12 月 27 日，悉尼科技大学，《世界研究》。

③ 同上。

④ 贾平凹谈《废都》再版，乔尔·马丁森，2009 年 8 月 3 日，www.danwei.org，《废都》重新发行序言。

⑤ 凯瑞·迪亚提，《回到棒球场——金赛拉新书的熟悉场景》，《埃德蒙顿太阳报》，1996 年 9 月 22 日。

⑥ 张艺谋传记，www.imdb.com。

⑦ 丹尼尔·J·布尔斯廷，《发现者》，纽约，兰登书屋，1983 年。

⑧ 《伟大的数学家陈景润》，2008 年 7 月 2 日，http://city.chinaassistor.com。

⑨ 苏颂，参见维基百科，http://en.wikipedia.org/wiki/Su_Song。

⑩ 同上。

⑪ 明迪·斯莱克尔德，《约纳斯·沙克博士简介》（论文），1998 年 12 月 8 日。

⑫ 朱尔·米什莱，《圣女贞德》，密西根大学出版社，1957 年。

⑬ 同上。

⑭ 约翰·霍格，《诺查丹玛斯——大预言家》，罗克波特基础书籍出版社，1997 年。

⑮ 罗伯特·A·史密斯，《埃德加·凯西遗失的回忆录：作为先知的生活》，弗吉尼亚，圣马丁出版社，1999 年。

⑯ 同上。

⑰ 同上。

致　　谢

我由衷地感谢促进《灵魂的目标》一书写作的人。首先，我想谢谢达斯特・杨和辛西娅・杨，他们在许多年前引导我接触占星学，感谢他们对我那时所持怀疑态度的宽容。我深深怀念并衷心感谢罗斯玛丽・琼和维克・格林，感谢他们早年对我的教导和鼓励。同样，感谢比尔・蒂尔尼趣味盎然的谈话和幽默的洞见。我由衷感激杰夫・焦耳，他从我们第一次见面起就不断激励我沿着这条职业道路走下去。杰夫在 1998 年促使我写作《灵魂的目标》，那时他担任 ACS 出版社副总裁。特别感谢玛利亚・希姆斯出色的工作，她编辑了我 1999 年的手稿，并感谢她在我风雨大作的困难时期对我的坚定支持。谢谢玛利亚的鼓励和热情的引荐，虽然我选择了一条不同的道路。

图书在版编目（CIP）数据

灵魂的目标 / (美) 瑞雷 (Railey, D.) 著；蒋颖译
—昆明：云南人民出版社，2010.6
ISBN 978-7-222-06552-9

Ⅰ. ①灵…　Ⅱ. ①瑞…②蒋…　Ⅲ. ①占星术—通俗—读物
Ⅳ. ①B991-49

中国版本图书馆CIP数据核字（2010）第096026号

著作权合同登记号：图字23-2010-019号

The Soul Purpose: Attaining Fulfillment and Security with Astrology

Published by iUniverse, Inc.

责任编辑：张　立　宁　琳
装帧设计：高　雪　陈连英
责任印制：洪中丽

书　名	灵魂的目标：从南北交看你的生命道路
作　者	[美] 大卫 · 瑞雷　著
译　者	蒋颖 译
出　版	云南出版集团有限责任公司　云南人民出版社有限责任公司
发　行	云南人民出版社有限责任公司
社　址	昆明市环城西路609号
邮　编	650034
网　址	www.ynpph.com.cn
E-mail	rmszbs @ public. km.yn.cn
开　本	787 × 1092　1/16
印　张	23
字　数	230千
版　次	2010年6月第1版第1次印刷
印　数	1—5000
排　版	九章图文设计有限公司
印　刷	河北省三河市华晨印务有限公司
书　号	ISBN 978-7-222-06552-9
定　价	38.00元

尊敬的读者：若你购买的我社图书存在印装质量问题，请与我社发行部联系调换。
发行部电话：(0871) 4194864　4191604　4107628（邮购）